致美好得难以形容的 CC·史密斯，
《节拍》杂志的共同创始人、忠诚的朋友与搭档。
没有她为我所做的努力，本书就永远不可能存在。[1]

致我挚爱的妻子玛丽，以及我们的孩子凯特与戴文。
他们坚定的支持与宽容的深度理解是上帝的馈赠。

在牙买加没有盖棺定论，只有众说纷纭。

———

老人言

目录

序言　说话之人

鲍勃·马利的《出埃及记》(*Exodus*)曾被《时代》杂志票选为20世纪最伟大的专辑。在针对其歌词所作的论文中,我曾提到他的抒情天赋是基于他"将个人转化为政治,将私密性转化为公开性,将个别性转化为普遍性的能力"。可以说,天赋不仅仅是一种杰出的个人特质,在传记与历史相结合时还可以被赋予历史性的意义。20世纪70年代后半期,经历了漫长学徒期的音乐家鲍勃·马利开始收获成果,而此时的牙买加乃至全世界正处于动荡的时期。冷战如火如荼;东西方世界在发展中国家间发动了代理人战争;非洲仍在为反殖民主义而战;南美则在进行反帝国主义斗争。牙买加正处于全面内战的边缘。在美国中央情报局的帮助与教唆下,牙买加在野党力图从迈克尔·曼利手中夺权。在那场冲突中,鲍勃·马利几乎丢掉了性命。他的音乐是那个时代的共鸣,反映了那个时代的精神。职业生涯巅峰时期的他几乎成了流行文化界的切·格瓦拉。

当一直在与癌症抗争的鲍勃·马利显然已经无力回天时,新当选的爱德华·西加领导下的牙买加政府为他颁发了国家最高公民奖励章。这不仅是对马利在牙买加赫赫声望的重视,也是对他的海外成就为国家带来了种种荣誉的认可。在推动牙买加这一"品牌"方面,没有哪个牙买加人能比他更加有所作为。作为雷鬼乐最伟大的代表,马利在这种音乐的全球化及其对全世界流行

林顿·奎西·约翰逊 | Linton Kwesi Johnson
在伦敦赫恩山，摄于 2003 年 5 月 27 日

林顿·奎西·约翰逊，"牙买加配诵诗歌之父"（dub poetry，上世纪 70 年代早期起源于牙买加的一种结合雷鬼乐的诗歌形式）、雷鬼偶像、学者和社会活动家。

文化的影响方面做出了巨大贡献。自去世以后，他已从超级巨星的高度发展为具有偶像级地位的传奇。对于一个出身寒微的人而言，这可谓是一项杰出的成就。20世纪末的各类唱片艺术家中，没有谁能够拥有马利般的全球影响力，并能将其延续到新千年。

拥有极富特色的声音、一把吉他、一支优秀的伴奏乐队与优美的和声，这个灵魂叛逆者在与"上层和底层社会的邪恶灵魂"抗争的过程中，对公国和政权的"学说与分裂"发起了挑战。他遗留的那些朗朗上口、适合载歌载舞的歌曲歌唱的是蔑视、反抗、叛逆、爱与希望，仍继续在世界各地回响；他在歌词与旋律方面的天赋确保了其音乐的时代性。内斯塔·罗伯特·马利是个什么样的人？他又是怎样的一位音乐家？许多书籍都曾写到过他，其中还包括一本供学术交流使用的马利读本，就连虚构小说中也有他的出现。《雷鬼之王：鲍勃·马利传》独树一帜的地方在于，作者并未通过自身视角来描绘这位艺术家，而是利用他人眼中的印象为我们展示了一幅拼贴画。多年来，史蒂芬斯环游世界，通过"鲍勃·马利的一生"讲座叙述马利的故事。本书中，他让那些了解马利的人讲述了自己的说法。身为作家、节目主持人、摄影师和受人尊敬的雷鬼乐学者，罗杰·史蒂芬斯还是知名的档案保管员，专门研究鲍勃·马利的唱片与日常生活。他采访了那些与马利亲近的人，听其侃侃而谈他们眼中这位歌手的人生，并将这些采访拼凑在了一起。受访者范围从与马利亲密无间的人一直延伸到与他萍水相逢之人，其中包括家属、朋友、音乐家、唱片公司工作人员、记者、摄影师和电影制片人。书中的某些证言证实了人们已知的事情，某些则提供了截然不同的说辞，还有一些为针对马利的荒诞说法提出了质疑；另外一些更多讲述的是目击者，而非主角本人。

书中还有一些令人目瞪口呆的启示与颇具争议的主张。我们会从克莱门特·"考克森"多德的口中听闻年轻时的马利在第一录音室里的时光；听传闻中与黑手党存在瓜葛的丹尼·西姆斯叙说自己与马利、约翰尼·纳什的往来；听听邦尼·威勒对这位朋友作曲技巧的形容；探究哭泣者乐队元老之一贝弗利·凯尔索口中丽塔·马利与鲍勃的关系；还有乔·希金斯对最初的哭泣者乐队成员及马利性格的培养；以及牙买加播音员、音乐理论家德莫特·赫西在马利意欲摧毁的哭泣者乐队解散时所做的采访。书中还包含了乐队所有元老接受过的采访内容。其他的声音则包括马利的母亲塞德拉·布克尔；曾经的选美皇后、达米安·"小冈"马利的母亲辛迪·布雷克斯皮尔；马利的密友艾伦·"天才"科尔、第三世界乐队的"猫咪"库尔；以及教派领袖摩尔迪莫·普拉诺。

马利在我们心中留下的第一印象是个有些复杂的男人：时而沉默寡言，时而开朗活泼，时而老于世故，时而注重精神。他既是一只敢于暴怒的睡狮，又是一个和事佬，一个讨女人喜欢的男子，一个虚怀若谷的男人。在众多目击者的口中，最令人惊讶的评论针对的往往都是马利对待艺术有多严肃认真，及其从一而终、追求完美的专业素养。马利的故事是悲惨的。他出身微寒、穷困潦倒，却在抗争中得以幸存。历经考验与艰辛，他最终获得了胜利，却还是以悲剧告终。

林顿·奎西·约翰逊

第 1 章 我的母亲在哪里

[罗杰·史蒂芬斯] 鲍勃·马利的母亲塞德拉·马尔科姆·马利·布克尔十八岁便生下了他。她的白人丈夫名叫诺瓦尔·马利，生于牙买加的克拉伦登。1945 年 2 月 6 日，诺瓦尔年约六十四岁时，内斯塔·罗伯特·马利降生在了名为九里的偏僻小村庄。九里村既不通电，也没有自来水。多年来，白人马利家族的成员之一克里斯托弗·马利一直在研究鲍勃的血统，有新发现时都会与我分享。他揭穿了持续至今的许多虚假主张，包括诺瓦尔生于英格兰，曾是一名军官的说法。

克里斯托弗·马利：鲍勃的父亲是英国人诺瓦尔·辛克莱尔·马利，母亲则是"有色"人种。诺瓦尔并不是什么"海军上校"，也不是什么"舵手""船长"或者"英军军官"，而是一名"钢筋水泥工程师"。他的英军退伍批件中显示，第一次世界大战期间，他曾在英国为各个"工兵团"工作，并以列兵的身份退伍，不曾在战场上服役。诺瓦尔·马利的家族并非是如人们所言的叙利亚裔。他是个躁动不安、漂泊不定的人。在那个旅行不像如今这般容易的年代，他便已经环游世界、四处工作了，曾去过古巴、英国、尼日利亚与南非。

在圣安区帕里什的某块偏僻土地上，他负责监管一小片退伍军人住地，并与十八岁的塞德拉·马尔科姆结婚，让她怀了身孕。他能够提供微不足道的财务支持，却很少前去探望她与两人的儿子。1955年，依靠每周8先令（约合1.2美元）的军队抚恤金过活、一文不名的他死于心脏病。

说得婉转一些，诺瓦尔是个极其多变的人。马利家族对鲍勃的排斥就是对诺瓦尔的排斥。

塞德拉·布克尔：当时，诺瓦尔住在九里村，看管政府分配给人们的土地——那是战时可供人们劳作的少量耕地。他就类似一名监工。

[罗杰·史蒂芬斯] 如果鲍勃的童年有谁真正管教过他，那就是他的外祖父、被当地人称为"姆亚尔曼医师"的奥玛利亚。与"奥比医师"截然相反，姆亚尔曼是仁慈的行医者，不会心怀不轨地在迷信的乡民心中散布恐惧。据说奥玛利亚生育的子女多达三十人。

塞德拉·布克尔：我的父亲奥玛利亚是个非常神秘的人，就像"黑心人"（施行传统医术的医师）。他就是这样，会在人们生病时伸出援手，施医送药之类的，还会用自己配制、混合的药来治病救人。奥玛利亚教导鲍勃不能偷窃，要实话实说、循规蹈矩。他拥有充足的土地，这里一块，那里一块，遍布各处。这些地产都不大，但每一块都很不错，大约三十英亩、二十英亩、十英亩、五英亩，哪里都有。鲍勃会从山上的田野赶着驴子和山羊、载着食物回家，然后骑驴去拾玉米，砍下玉米皮喂给其他动物，之后还得干些体力活。我们不得不去泉边打水。

[罗杰·史蒂芬斯] 鲍勃的表兄斯莱杰和他一同在九里村长大。在他的印象中，鲍勃是个无畏的骑手，最爱骑那头名叫宁宝的驴子。他不用马鞍就能骑着宁宝轻易越过五英尺高的围墙，有时甚至还能倒着越过！他和斯莱杰热爱音乐，尤其喜欢在星期日那天听歌。每逢这一日，奥玛利亚都会把自家的收音机插在发电

机上，让当地人收听一家迈阿密电台。猫王、"胖子"多米诺和里基·内尔森都是兄弟俩早年间的最爱。鲍勃的音乐启蒙老师正是塞德拉的父亲。

塞德拉·布克尔：我的父亲会弹管风琴、吉他和一把很小的小提琴。家族里的每一个人都会弹奏音乐。我的表兄玛尔瑟奈在一把小班卓琴上加了根琴弦，做成了吉他。这就是鲍勃的第一件乐器。他长大些后就开始抱着吉他玩了。

[罗杰·史蒂芬斯]鲍勃三岁时就表现出了准确性令人震惊的直觉。

塞德拉·布克尔：我记得在鲍勃小的时候，有个被我们称为泽恩阿姨的女人常爱和他一起玩，因此会到我工作的店里来。他开始为她看手相，告诉她一些事情。她说："这孩子告诉我的一切都是对的。"

另外一个名叫所罗门·布莱克的地区治安官也会顺路到店里来。年幼的鲍勃会拿起他的手开始看，对他说些什么。无论他说什么，那个男人都会说："你也许会把这当成笑料，但这孩子和我说的一切都是对的。"

鲍勃知道自己活不了多久，所以他必须竭尽所能。我有个朋友伊比斯·匹茨，是鲍勃1966年在特拉华州交到的第一个朋友。伊比斯说，他某天和朋友迪昂·威尔森去了我曾经住过的公园。鲍勃爬上一棵树说："我三十六岁就会死去。"那是1969年的事。

[罗杰·史蒂芬斯]在其中的一段对话中，她记起诺瓦尔曾在鲍勃五岁时出现在九里村，要她允许儿子随他前往金斯顿，好让他接受教育，有机会过上更好的生活。塞德拉同意了。那是父子俩共同生活过的仅有一段时光。可是，诺瓦尔带着鲍勃来到金斯顿时，却并没有带他回家、登记入学，而是把他送去和一个名

塞德拉·布克尔 | Cedella Booker
鲍勃·马利的母亲，在洛杉矶威尔逊山山顶，摄于 1988 年 5 月母亲节

邦尼·威勒 | Bunny Wailer
在科罗拉多州阿斯彭，摄于 1994 年 9 月

叫葛蕾小姐的老妇人同住。在接下来的几年时间中，鲍勃基本上就是金斯顿街头一个遭人遗弃的孩子。最终，九里村的某个人在金斯顿街头认出了鲍勃，并把此事告诉了塞德拉。于是她赶来把他接走了。

塞德拉·布克尔：鲍勃去金斯顿时大约五岁，不到两年就回来了。辛普森太太要他为自己看手相。他说："不，我已经不再看手相了。我现在会唱歌了。"

[罗杰·史蒂芬斯] 内维尔·奥莱利·利文斯顿——后来被称为邦尼·威勒——是哭泣者乐队的共同创始人。他第一次遇到鲍勃时，两人还都是小孩子。

邦尼·威勒：我大约九岁那年（1957年），父亲带我搬去了山上的九里村。在那里，我第一次认识了鲍勃。我们搬家、迁居。父亲在那里买了些土地，大约二十五英亩，盖了座房子，开了间商店。我们在那里停留了大约九至十个月，不过我并没有住太久。那地方太冷了，是片十分寒冷的区域。我还没有为那种冷做好准备。我过去常常胃疼，所以他们把我送回了城里。不久之后，鲍勃便搬来城里和他的母亲同住了。

[罗杰·史蒂芬斯] 年轻的鲍勃会在九里村周围四处探索，有时还会去些禁止他前往的地方。在其中的一次短途旅行中，他踩到一只破碎的玻璃瓶，划伤了右脚。因为害怕遭到惩罚，他不敢把伤口展示给母亲，却害自己感染，好几个月都处在痛苦之中。最终，他的表兄内森用橙浆和被称为三碘甲烷的黄色粉末制作了一剂膏药。不出几周的时间，伤口痊愈了。这是他即将伤痕累累的脚第一次受伤，而最终夺去他生命的恶性肿瘤生根之处也正是这一只脚。

邦尼·威勒：鲍勃是个野孩子，像只丑小鸭。他必须自己找小柴枝来捡，还要亲自做玉米面。没有人想要他在自己家的玉米地周围出没，所以他只能拿些剩下的。他必须要生存，首要目标就是吃喝。无数个夜晚，他都以冰冷的地面为铺，以石块为枕。无数个夜晚。鲍勃不是一个衣来伸手、饭来张口的孩子，他不曾得到过其他孩子拥有过的一切。

[罗杰·史蒂芬斯] 鲍勃的童年生活充斥着黑白两个种族的忽视与拒绝。白人认为他是个黑人小孩；对混血儿十分挑剔的黑人则嘲笑他是个"小黄人"。就连受他崇敬、被称为"娅娅"的曾祖母也说他是个"德国男孩"。那个年代，种族歧视盛行，浅肤色的国家领袖深受三百年的殖民统治影响。对鲍勃来说，无论他走到哪里，肤色似乎都会成为他的阻碍，导致他越来越内向，成了依赖内心力量的孤独灵魂。更重要的是，父亲的抛弃成为了他一生沉重的包袱。

第 2 章 沟镇棒极了

[罗杰·史蒂芬斯]在沟镇，回荡在鲍勃脑中的音乐梦想变得越发强烈。沟镇是海港区边缘附近一片拥挤的聚居地，矗立着政府为穷人提供住宿与自来水的一座座所谓的宅院（"宅院"是牙买加语中意指房屋的常用词）。

鲍勃青少年时期结交的朋友之一西格里·卫斯理是一位获奖歌手。2003 年 5 月，我们曾在纽约针对鲍勃早年间受训的时光和短暂的职业生涯如痴如醉地聊了好几个小时。

西格里·卫斯理：我是在沟镇的政府宅院里长大的。那里遍布所谓的 L 形住宅，也就是一居室。每条街道上都立着六座不止一层的双层住宅，被称为"楼上房"。我的父母和全家人都住在沟镇第一大街十六排的其中一间屋子里。

鲍勃·马利是在 60 年代初与我相识的。可以肯定的是，他来的时候住的是第三大街，和乔·希金斯等人住在同一条街上。我就是在那里认识他的。当时，他总是跟在派普（"哭泣的灵魂"组合中的派普·马修斯）的身旁。我能够听到一群人在后面低声吟唱，因为身处沟镇，无论你去往何处，总能碰到某个小组合。有的组合能够飞黄腾达，有的却永无出头之日。不过我听过他唱歌。他们都认识我，也知道我是谁。在那之后，他搬到了第二大街，就在我住的第一大街院子背后。

后来我知道，他和邦尼·威勒以及他的父亲托迪住在一起。

我们是朋友。他会说，西格里，来，我们来练歌。于是我们便会在厨房里操练起来——尽管那时我妈妈常说"西格里，我不想让你和那些男孩一起玩"，因为他们无疑都是些无业游民，甚至连学都没有上过。

[罗杰·史蒂芬斯]沟镇被称为贫民窟，出身那里的人一旦被潜在雇主发现家中住址，就很难找到工作。在守法之人能够从事的仅有几个行业中，体育或音乐都是不错的出路。因此，这一区域也被称为上述两个领域的杰出人才孵化器。在牙买加最早的唱片艺术家中，最有地位的人物之一是乔·希金斯。他成了鲍勃·马利最重要的导师。希金斯不仅指导过鲍勃，还是另外一众牙买加艺术家的音乐老师和领路人。其中就包括雷鬼乐的前身——斯卡与洛克斯代迪音乐初期的几位超级巨星。如今，他被公认为"雷鬼乐之父"。

乔·希金斯：我第一次遇见鲍勃·马利时，他住在第二大街，我住在第三大街。作为贫民窟的一员，鲍勃这个小伙子一直以浅肤色著称。人们称他为"红皮肤小孩"，害它曾被不少人痛打。那是鲍勃与邦尼在托迪家与塞德拉同住时的事情。

有个家伙名叫埃罗尔·威廉姆斯。他的父亲在老墙后巷附近的西班牙镇路与面包巷上拥有一小片铁料场。他曾经跟我说过，想要让我指导鲍勃·马利唱歌、弹乐器。埃罗尔就像鲍勃的家长，每天都会给他十个先令或是一英镑。在鲍勃的心里，埃罗尔一直都是一位父亲的形象，年长于他。

埃罗尔是个很不错的家伙，做事丝毫不求回报。他很喜欢我们两个，所以这次算是帮个忙，不存在什么金钱往来。他叫他罗比。"我想要你帮帮罗比。"他对我说。

我们常常一早碰面。无论我做什么——踢足球还是去海边——他都会在我们中间。我总是会在音乐上给他一些见解。如何控制气息——很多时候，聊天也是整个过程的一部分。我还会教他一些手艺与技巧——就像我教很多人的那样。在我开始教导鲍勃时，他几乎还不太会唱歌呢。

[罗杰·史蒂芬斯] 有趣的是，乔·希金斯说鲍勃·马利就住在德罗伊·威尔森——斯卡与洛克斯代迪音乐时代的著名童星——的隔壁。

乔·希金斯：在与邦尼一同长大的过程中，鲍勃并没有被当作家里的一员，倒像是个遭到排斥的人。邦尼会被送去读书，鲍勃则被送去学焊接。托迪没有在鲍勃的身上花过一分一文，母亲塞德拉也不允许任何人知道他是自己的儿子。某天，他紧紧抱着她，却被她打发走了。他睡在家里的地下室里。

西格里·卫斯理：以前，我们常喜欢在放学后到乔·希金斯家的宅院里去。我记得那里实际上并不是乔·希金斯的住所。我们还经常跑到一个名叫斯基普·拉克的家伙那里，待在他家的小阳台上——大家过去就是在那里练歌的。鲍勃是一群人中最不起眼的那一个，对歌唱的热情却比我见过的任何人都要高涨。他一有时间就会到那里去，可能还会是头一个。那时的他连吉他都不会弹，因为小组（我们连组合的名字都没有，还没来得及取名）里唯一的吉他手是彼得。不过彼得·托什并不是一开始就在的。组合里有鲍勃，还有几个女孩。一到那儿，你就能听到其他人在与他们合唱。所以我不清楚是否还有别人想要宣称自己也是组合中的一员。里卡多·斯科特是其中之一，还有"朱尼尔"布雷斯维特、邦尼和鲍勃，这几个人每天都待在一起。乔常来帮忙，指导他们什么该做，什么不该做。他一直在帮助鲍勃，因为鲍勃的嗓音其实并不出色。在我看来，即便是在乐队已经声名鹊起、开始录制专辑时，鲍勃的嗓音还是所有人中最差的。邦尼的歌声是其中最棒的。

[罗杰·史蒂芬斯] 里卡多·斯科特又被称为"拉斯"卡多，早年间在沟镇长大。他曾经写道，自己不仅是哭泣者乐队的元老，还是乐队名称的创造者，并公开声称他将方言中"街道上的女人（*streggae*）"与拉丁语中的"国王（*rex, regis*）"结合在一起，于 1962 年发明了"雷鬼"一词。所以雷鬼乐既属于人民，又属于塞拉西一世国王。这件事情的真实性存疑。

乔·希金斯：我不反对卡多认为自己早期曾是哭泣者乐队身边的人。但是针对他是元老之一这一说法，我就要表示强烈抗议了——我并不知道此事。主唱是"朱尼尔"布雷维斯特（因为鲍勃·马利并不是领军人物），但真正让乐队团结在一起的那个人是鲍勃。通过我，鲍勃做到了自己想做的事情。我就是他思想的先锋。我相信这个乐队是属于鲍勃·马利的，而不是卡多或任何人。我从未听过卡多提出为乐队起名"哭泣者"的主意。

[罗杰·史蒂芬斯] 还有其他人也曾宣称"哭泣者"的名称应该归功于自己，并暗示乐队曾有过各种各样的称谓。在邦尼的记忆中，"哭泣者"这个名称的采用颇为神秘。

邦尼·威勒：这就是另一个谜题了。是这么回事，我们一直想给自己起个"少年"或者"雄鸡"之类的名字。某一天我们排练时，大家士气高涨，因为如今距离进入录音棚的日子已经越来越近了。所有人都说，乐队已经做好了准备，万事俱备，只不过我们还是没有想好名字。于是我们一一点名，你，你，提议一个名称。隔壁或是厕所之类的某个地方似乎传来了一个男人的声音。"哭泣者。"没有人认识这个声音，或是知道这个说出"哭泣者"的男人是谁，因为他并未露面，只是用强有力的声音说了一

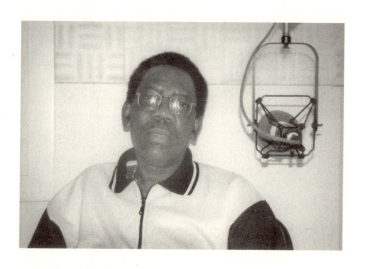

西格里·卫斯理 | Segree Wesley
马利的童年好友，2003 年 5 月摄于纽约

乔·希金斯 | Joe Higgs（右）
马利的艺术总监内维尔·加里克与哭泣者乐队的第一任导师乔·希金斯

句"哭泣者"。哭泣者乐队。所有人都听到了。这听上去不错，哭泣与哀嚎，因为我们就是在哭泣，因为我们正身处沟镇，因为我们感到痛苦。因此，"哭泣者"再合适不过了。你觉得这是个玩笑吗？！你觉得"哭泣者"这个名字是个玩笑？嘿，看看"哭泣者"的名字意味着什么。哭泣意味着折磨、叫喊、怒吼，怎么说都行——哭泣者是和我们的乐队一样穿越黑暗的人，是历经磨难的人。所以"哭泣者"这个名字不是哪个如今跑来邀功的人赋予乐队的——他是谁啊，这种话也能说得出口？他怎么能说名字是自己起的呢——他甚至都不是乐队的成员。我们听到一个声音怒吼了一句"哭泣者"。所有人都记得。

[罗杰·史蒂芬斯] 在牙买加的说法中，"*wail*"意味着大声呼吁正义，恳求全能的主与天使赐予更好的生活。它不仅仅是哭泣，还是剥去一切虚假与拘谨之后，源自灵魂深处的乞求。就像乔·希金斯所说的那样："所有人都能哭泣。这就是绝对真理。"

很早便看出乐队潜在实力的其中一个人是英俊得如同电影明星的艾伦·"天才"科尔。他是牙买加的足球明星，后来成了鲍勃最亲密的朋友，有时还是他的生意伙伴。沟镇有个颇具感召力的大人物叫摩尔迪莫·普兰诺，家中拥有不少黑人民权运动的藏书。科尔就是他家的常客。1966年年末，马利从美国回国之后，普兰诺便与他的职业生涯紧紧联系在了一起。

艾伦·"天才"科尔：1962年，我第一次见到鲍勃是在摩尔迪莫·普兰诺的家里。那时的鲍勃大约十二岁。当时我读的是金斯顿学院（一所高中），有几个同学住在沟镇的那片区域，所以我们有时——比如周末——会去找他们玩。摩尔迪莫·普兰诺在沟镇是个名人，是那一地区的宗教领袖。我们这群年轻人总是力求知道些过来人才知道的事，所以认识了普兰诺。

60 年代初，我认识和遇到的鲍勃是个极其害羞的年轻人。看着他的时候，你会以为自己眼前是个连与人交谈都不敢、非常害羞胆怯的家伙。他是那么的安静，寡言少语，却又是个非常温暖的年轻人，很有艺术性，很有创造力。

[罗杰·史蒂芬斯] 60 年代初，哭泣者乐队是通过非正式的排练开始组建起来的。

乔·希金斯：我开始教哭泣者乐队成员唱和声、组织构架等不同的内容，还有演唱方面的基本理论，以及如何尽量试着保存体力。当时，我会要求他们维持某种层次的水平。他们有时还能做到更好，但偶尔也会有人在我的面前犯点小错误。

[罗杰·史蒂芬斯] 希金斯认为，他们还没有为录音做好准备，但鲍勃的演唱欲望太过强烈，已经以独唱艺人的身份参加了比弗利唱片公司的试唱。该唱片公司的拥有者是打扮入时、衣冠楚楚的制作人莱斯利·孔。邦尼讲述了鲍勃认识孔的曲折过程。

邦尼·威勒：辍学后，鲍勃开始在一家大型焊接车间工作。与此同时，他也学得了一技之长——焊接——一周大约能赚十五先令或一英镑。这取决于老板米勒德的心情。一次，烙铁中闪溅出来的火星伤到了鲍勃的眼睛，害得他日夜流泪，在阳光下不得不戴上眼镜。后来，他必须用帽子遮住鼻子，遮挡住哪怕一丝一毫的阳光，否则眼睛就会流泪。这很痛苦，如同眼里进了沙，眯眼时仿佛眼皮下面、眼球底部有碎石在扎你。两只眼睛都是如此！我们用一种被称为"碧溪"的草药（可供涂抹或是最好用来泡茶的牙买加流行万用灵药）为他进行了治疗。此事多多少少让他动了不再从事焊接工作的念头。

德斯蒙德·德克（一位杰出的洛克斯代迪歌手）也曾在同一个焊接车间工作。他鼓励鲍勃进入录音室，还把他介绍给了

艾伦·"天才"科尔 | Allan "Skill" Cole

足球明星，马利最好的朋友，1988 年 11 月摄于洛杉矶雷鬼音乐档案馆。

比弗利的莱斯利·孔。德克录制过《尊敬你的父母》（*Honor Your Mother and Your Father*）。后来鲍勃录制并剪辑了自己的首张唱片《勿妄定论》（*Judge Not*），B面是《你是否还爱我》（*Do You Still Love Me*）。

第二次录制的唱片《恐惧》（*Terror*）（未发表）剪辑时我也在场。我本来应该参加《传承》（*Pass It On*）的录制，但是我迟到了。鲍勃领到了二十英镑，买了几件好衣服。

[罗杰·史蒂芬斯]"拉斯"迈克尔是另一位早期的支持者。他被许多人视为牙买加最重要的当地教派音乐家，是他们的最佳传承者与捍卫者。他是哭泣者乐队毕生的伙伴，曾在颇具历史意义的1978年"唯一的爱与和平"音乐会中倒数第二个登台演出，在彼得·托什与鲍勃·马利之间进行过表演。

"拉斯"迈克尔：乔·希金斯在许多事情上都是大师——不仅仅鲍勃一个人这么觉得，大多数人都这样以为。因为乔在很多事情上都是位严师。他不止一次说过："伙计，你那个音没唱对。"大多数三人组合都是他的门下弟子。去他那里唱歌，他会在某些问题上力求完美，向你展示如何唱对某个音，倾囊相授，还分文不取。

没错，我比鲍勃年长，不过大得不多。我们全都是在某个特定的地方长大的，鲍勃·马利的母亲和我的母亲都是叫卖商人。叫卖商人就是在市场里卖货的人——尤尔特街市场，公主街市场。

鲍勃是个有爱、有信仰的兄弟。他们来的时候，所有人都带着欢欣雀跃的心情。我们心里的爱是可以传染的。我还记得彼得·托什、邦尼·威勒、鲍勃·威勒、"朱尼尔"布雷斯维特那些元老，大家都情同手足。看着彼此时，你都能看到对方的三十二颗牙齿，因为眼前满是纯洁的微笑，是幸福。"你好吗，兄弟，你怎么样？"鲍勃会说："哦，兄弟，一切都好。"我们拥有金钱买不来的爱，那是无价的。我们什么都能分享，团结就是我们的财富。令我们富有的从来不是钱财，团结本身就能为我们带来财富。牛津街与岩巷、老墙后巷就如同游乐场一般。

我记得有一次，鲍勃在国王街街角附近的比斯顿街开过一家小型唱片行，规模不大。我、彼得和他坐在唱片行门口的台阶上大笑。但那段日子里，店里一张唱片都没有卖出去过！尽管当时还没有多少回报，但我们知道，自己已经达成了一个目标。因为有人已经开始聆听，开始有所反应。因为这就是真理，是人民的根，人民的心跳。

[罗杰·史蒂芬斯] 彼得·托什是最后加入组合的成员之一。他成长于海岛偏远西端的威斯特摩兰，十五岁时怀揣着远大抱负来到金斯顿，想要走上梦想中的音乐道路。他给哭泣者乐队留下了深刻的印象，因为他拥有自己的吉他——他们连一把都没有——也因为他积极的态度。

彼得·托什：我出生在乡下，威斯特摩兰。我没有和母亲同住，虽是她的独子，却并不是跟着她长大的。从三岁起到十五岁那年，我都是由母亲的姑妈、我的叔祖母带大的。母亲对我的人生从未产生过太多的影响。我的身体还是个三岁孩子时，思想却已经五十岁了，你能明白吗？因为我生来就拥有成熟的思想和创新的观念，任何时候思绪起了矛盾，内心就会产生冲突，明白吗？

十五岁时，我离开威斯特摩兰去学习。从这时起，音乐就已经在我的心中回荡。我是伴着音乐出生的。从我能够开口说话、用言语交换思维时起，我就会唱歌了。我会弹的第一件乐器是吉他，是用一块板子、一只沙丁鱼罐头和几根塑料线制成的——就

"拉斯"迈克尔 | Ras Michael（右）

鲍勃·马利的童年伙伴。图为歌手奥尔顿·埃利斯和"拉斯"迈克尔。1997年6月摄于洛杉矶

是你用来钓鱼的那种塑料线。它的音色还不错。动身前往金斯顿时，我带走的只有小小的旅行袋、一些路上可吃的食物、自己还有心中的耶和华。

乔·希金斯：我们住在沟镇时，彼得是从乡下来的。他有几个亲戚是家具木工，曾经还卖过糖浆。我最初就是这么认识他的。他有时就睡在家具店里。不过，把他介绍给我的人是鲍勃·马利。

邦尼·威勒：彼得是个革命家，傲慢而坦率，真的不在乎自己的某些言论是否会害他送命。他不是个演员，会认真对待自己所代表的一切。他很早就注意到了非洲。

彼得拥有上百万个不同的理由逗你发笑。他喜欢对姑娘们动手动脚（掐掐、捏捏她们）。你会看到彼得触碰一个跟着丈夫走在路上的女孩，趁那一眨眼的工夫望向她的眼睛，害人家差点滑了一跤。

[罗杰·史蒂芬斯] 他的这个习惯让他有了"毛手"彼得的昵称。这个名字甚至出现在了好几张唱片的演职人员名单中。

邦尼·威勒：彼得喜欢游手好闲。我们会大笑，单纯地大笑。不管彼得何时过来，都有事情能让我们发笑。他始终有故事可讲，会告诉你他刚刚目睹了什么，或是最近听说了什么。他一直都很戏剧化。一贯如此！大笑，开怀大笑！

西格里·卫斯理：彼得总是会摆出某种硬汉的形象。我们常说："彼得，你很坚定。"他不是那种愿意服理的人，想怎么跟你说话就怎么跟你说话。这与鲍勃正好相反。如果你有话要对鲍勃说，他会聆听，会回应，还能和你聊上好几个小时。彼得可不是那种有耐心的人，你懂吗？

[罗杰·史蒂芬斯] 截至 1964 年年初，邦尼、鲍勃、彼得、

"朱尼尔"布雷斯维特以及两位女歌手已经组成了乐队的核心。正是这支乐队即将改变牙买加音乐，让哭泣者乐队与雷鬼乐引起全世界的瞩目。

彼得·托什 | Peter Tosh
哭泣者乐队的联合创始人，1979 年 9 月摄于好莱坞日落侯爵酒店。他的头顶上戴着
玛丽·史蒂芬斯为他制作的帽子，上面写着《让它合法》（*Legalize It*）的歌词

第3章　第一录音室里的哭泣者乐队

[罗杰·史蒂芬斯] 莱斯利·孔的比弗利唱片公司为马利制作了两支个人单曲，均以失败告终。在此之后，乔·希金斯将这群热情却生疏的歌手塑造成了一支五重唱组合，帮他们做好了进阶职业唱片艺术家的准备。孔最大的竞争对手第一录音室将他们一起吸纳了过去。录音室的所有者是制作人、播放设备经营者克莱门特·"考克森"多德。

[罗杰·史蒂芬斯] 1964年6月，"考克森"是当时音乐界最具权势的大人物之一。尽管他毁誉参半，公平性曾遭到一些艺术家的质疑，但作为经久不衰的热门歌曲制作人，他却备受尊敬。他的录音室乐队"斯卡特莱茨"是斯卡音乐的创造者，自哭泣者乐队第一次演出起便为他们伴奏。对于这些初出茅庐的青少年来说，这简直是令人难以置信的突破。他们发表的首张唱片《冷静》（*Simmer Down*）一飞冲天，独占鳌头，据说销量达八万张，标志着乐队作为职业音乐人初战告捷。不过，尽管在接下来的两年间录制了无数歌曲，他们最终还是因为自身努力得不到相应的报酬而在沮丧中与制作人分道扬镳。

1983年，我拜访了"考克森"的母亲达灵顿女士。当时，达灵顿女士已是另一位牙买加早期制作人"里德公爵"的女朋友，而他已经给过她不少的唱片。在那个年代，能在唱机转盘的背后找到一位女性是极其罕见的。因此，她被视为一个颇具开拓性的人物。50年代渐进尾声之际，"考克森"也开始为当地艺术家制作唱片，供自己的舞会使用。回忆起那段开拓的时光，达灵顿太太还会尊称自己的儿子为"多德先生"。

达灵顿太太：多德先生会在夜里听广播，一直听到凌晨三点，聆听各种各样的歌手。他最喜欢的是比利·艾克斯汀。公司初创时，他一般都在外出差。整体运营及录音室、工厂和办公室的监管都是由我负责的。我有时还要去发掘人才。

鲍勃·马利是60年代初期入行的，当时还是个十六七岁的年轻人。他来到录音室，由多德先生进行了面试，被发现嗓音还不错，便开始录音。他还请来了他的妻子。他们与马利一拍即合。是多德先生将他们俩组合在一起的。

"考克森"多德：我的母亲一直是我得力的助手，是第一个使用我播放设备的人，一个女DJ！50年代初，我在美国工作，曾往牙买加寄过许多唱片。我的母亲就是这样开始操作播放设备的，并将其称为"考克森强拍"。我有一台伯根牌的扩音器，大约三十五瓦特，还有一台英格兰制造的十二英寸的百变龙牌扬声器，它们都很耐用。加上大学牌的喇叭，我的母亲达灵顿女士就能让唱片旋转起来了。

[罗杰·史蒂芬斯]50年代的牙买加广播电台一直受限于被称为RJR转播的有线广播系统，或者更确切地说，是牙买加广播与转播网络。电台播放的主要是外国音乐，刚刚起步的当地唱片行业制作的音乐也仅限于翻唱和卡里普索民歌1。后者被认为是源自特立尼达的一种音乐形式。

---

1 卡里普索（Calypso）是加勒比海地区的一种歌曲，起源于西印度群岛，内容以时事为主题。——译者注

唱片质量更好的那些往往能够吸引更多的人群。他们通常会在一块场地的几个角上进行声音的较量。人群则在他们之间漫无目的地转来转去，寻找时下最热门的曲子。人越多，你能卖出的酒水就越多，赚到的钱也就越多。有些时候，尤其是在 60 年代初期，这样的冲突最终还会以暴力收场——与这个或那个设备承包人存在瓜葛的暴徒会"砸碎"（摧毁）对手的设备，或是恐吓他们的听众。

乔·希金斯：在"里德公爵"与"考克森"入围的第一届"十一声"比赛中，"公爵"获得了第三名，"考克森"位居第四。我大约十五岁那年，常被我们称作"强拍"的"考克森"有了一台小小的音响。他总是跑去找姓塔克的那一家人：哈罗德、基斯、莱斯利、艾迪、格莱德斯通、德斯蒙德——他们全都是兄弟，其中最有名的那个叫吉米。"考克森"常会跑去唱小夜曲，在宅院里放些类似《等我到来》（*Be There When I Come*）的歌曲。你可以站在外面听，不过所有的音响扬声器几乎都会被挂在树上或是灯柱上，通过巨大的扬声器发声，吸引人群。我在几英里外就能听到"考克森"的声音。"里德公爵"的设备更好，但"考克森"选的歌更胜一筹。当时，鲍勃、"西科"帕特森和我大部分时间都形影不离，从沟镇到老墙后巷，再到不同的贫民窟。

[罗杰·史蒂芬斯] 在希金斯的严格教导下，哭泣者乐队的早期核心人物包括了"朱尼尔"布雷斯维特、彻丽·格林、邦尼·利文斯顿、彼得·托什和鲍勃·马利。街道上的另外几个人也偶尔客串过几次。

乔·希金斯：我敢肯定，组合中嗓音最好的是"朱尼尔"布雷斯维特。这是绝对的。鲍勃还没有什么发言权。那时的"朱尼尔"布雷斯维特沉默寡言，说起话来结结巴巴的，却拥有一副好嗓子，是个十分出色的歌手——从乐队训练刚起步时起就是如此。他的声音很像弗兰基·莱蒙，引人入胜。《那是你的爱》（*It Was Your Love*）、《孤独令人受伤》（*It Hurts To Be Alone*）都是由他主唱的。后者是哭泣者乐队最重要的歌曲之一，伴奏的主音吉他手是厄尼斯特·让林。"朱尼尔"布雷斯维特和我的搭档罗伊·威尔森是亲戚，可能是表兄弟。他的父亲是政治家泽比迪·布雷斯维特，曾经支持过老曼利。

[罗杰·史蒂芬斯]"朱尼尔"布雷斯维特的父母移民去了美国。因此，1964年，在乐队为第一录音室的厂牌开始录音后不久，他便离开了。

"朱尼尔"布雷斯维特：1949年4月4日，我出生在牙买加金斯顿的第三大街与西路交会处。这里是贫民窟的核心地带，如今被人们称为"利玛""雨林"。我住在第三大街上，鲍勃·马利住在第二大街上，乔·希金斯也在第三大街上。我的祖母还抚养了一个名叫罗伊·威尔森的年轻男孩。我俩就像兄弟一般。罗伊·威尔森与乔·希金斯是牙买加当时最出类拔萃的和声组合，时常在我家的院子后面排练。孩提时的我们经常围着他们团团转，因为大家都拥有某些共同之处——热爱唱歌。唱歌是一种天赋。我知道自己注定要成为一名音乐家。

鲍勃、邦尼、彼得、我和一个名叫贝弗利·凯尔索的姐姐组成了早期的哭泣者乐队。乐队的五名元老其实就是邦尼、鲍勃、彼得、贝弗利与我。那时的哭泣者就像一个歌唱团，一个和声组合，与乐器没有任何关系。所以，后来跟着鲍勃巡演的商业化乐队大概是他口中的哭泣者乐队，而不是最开始的那个组合。

我们是在根源音乐与文化中成长起来的。生在其中，人们都被紧密结合在一种社会氛围中，无论何时，无论何事，因为这就是团结一致的氛围。大家都不太依恋物质。一切似乎都是轻而易举、自然而然的，仿佛做什么都是举手之劳。

[罗杰·史蒂芬斯] 除了"朱尼尔"布雷斯维特，哭泣者乐队在进入录音阶段之初还有两位伴唱的女歌手。我尝试了二十多年，才让彻丽·格林（真名厄尔敏·布拉姆维尔）与贝弗利·凯尔索愿意与我公开交谈。自 60 年代中期以来，两人就没有从自己的作品中获取过一分一毫的收入，心里十分恼火。终于，2003年 5 月，我的朋友"午夜狂欢者"——纽约市 WBAI 电台的播音员们——安排彻丽和贝弗利分别从佛罗里达和布朗克斯赶来，与我私下见了面。

彻丽·格林：1943 年 8 月 22 日，我出生在沟镇北部，本名叫厄尔敏·布拉姆维尔，和我父亲的名字一样。我的父亲曾是牙医，未满六十岁就去世了。彻丽是我的小名，因为我的肤色很红，所以被他们唤作"樱桃"[1]。我有个兄弟姓格林。小伙子们可能知道此事，所以才叫我彻丽·格林。

我们曾经拥有一台很大的收音机，顶部可以播放唱片。每个星期六的晚上，当"里德公爵"出现在广播里时，我都会把音量调大，好让邻居们都能听到。他播放的全都是热门歌曲。

我曾经参与过学校演出，经常唱歌，总是试图待在次要的位置上，有点害羞。不过我还是会做点什么、唱点什么，就像我为哭泣者乐队合唱时那样。过去，我常听哈利·贝拉方提、纳京高、"艾灵顿公爵"之类的乐队大人物唱歌。是乔·希金斯发现了我。他也唱过歌。我们过去常听他唱歌，让他教我们一些小事。

有一天，我边洗衣服边（唱起了）一首美国歌曲。我无法告

---

1 "Cherry"一词在英语中的意思是"樱桃"，作为人名时音译为彻丽。——译者注

彻丽·格林 | Cherry Green
哭泣者乐队的早期成员，图为彻丽在 WBAI-FM 录制广播节目《午夜狂欢者》，2003
年 5 月摄于纽约市

诉你那是什么歌，但我一路飘起了高音，引得他马上停下了脚步。他问道："彻丽，是你吗？"我应了一句"是的"。就这样，在鲍勃需要人手、布雷斯维特又已离开的情况下，我猜他们这才找到了我。

哭泣者乐队永远都在排练，我们也永远都会在场，围着他们练歌，试着插嘴说上两句。有时你唱得太高，乔·希金斯就要开口了——他就像老师一样，会教我们如何唱出某个音符等技巧。他就是这样一个人，无所不知。我们就是这么唱歌的。乔是个喜欢自吹自擂的家伙，总是打扮得光鲜亮丽。

鲍勃刚来的时候，我们常叫他"白人小子"，因为他留着一头鬈发，还是个十几岁的青少年。他和邦尼经常打扮得十分体面，穿着第五大道的那种鞋子和上好的衬衫。刚组建乐队时，邦尼、鲍勃和彼得是在第三大街和西路尽头起家的。他们常坐在人行道上，在右翼牙买加劳工党开会的分支宅院旁边唱歌。他们就那么坐在那儿，与卡多和几个小伙子们唱歌。不过，我们是女孩，我是说，我们路过时会听到他们唱歌，但是在他们开始进入宅院时我们就走了。后来，彼得带来了自己的吉他。

我对鲍勃最早的记忆是，一些小姑娘——在丽塔还没有来之前——常来找他，对他倾慕有加。由于他过去常来看我，所以丽塔也会来看我——好见他一面。我们不叫他鲍勃，而是叫他莱斯特（他的本名内斯塔的一种变体）。这才是我们认识的他。这个小伙子很不错，风趣幽默，爱开玩笑，喜欢撩拨异性。哦，是的。不过他曾经非常害羞，你懂的，有点儿内向。不过我不记得鲍勃曾被人欺负过。

[罗杰·史蒂芬斯] 截至目前，所有的人物都已就位。在"考克森"多德的指导下，他们即将发行自己的第一张唱片，并接连

不断地推出一连串热门歌曲，跻身这座岛屿最重要的人声合唱团之列。

多年来围绕在哭泣者乐队身上的其中一大谜团始终是其首张专辑的录制情形。大部分观察家都认为，《冷静》是他们录制并发行的第一张唱片，但就细节而言，亲历者之间却存在巨大的分歧。2012年夏天，自鲍勃幼年时生活在沟镇起便与他亲密无间的打击乐乐手阿尔文·"西科"帕特森向我重述了那段重要的时光。他斩钉截铁地告诉我，哭泣者乐队是在某个星期日的下午去找"考克森"多德面试的，而且是在他的催促下前往的。

阿尔文·"西科"帕特森：鲍勃与我十分亲近，亲密无间。他从年轻时起就计划着给人们唱歌，这是件神圣的事情。后来，他发现我很喜欢音乐，于是对我说，天哪，他觉得我是能将他引荐给"考克森"的最佳人选。所以这是我们计划好的，你懂的。

当时，鲍勃与乔·希金斯之间存在些许摩擦。"考克森"与乔之间的隔阂就更大了，所以乔更愿意让我带他去。不过那天的事情不太顺利，因为他去的时候，被"考克森"找借口搪塞过去了。他回来说，"考克森"让他再等几个礼拜，还说"哦，'考克森'真是个混蛋"。你明白吗？他对付不了考克森。于是我答了一句"不会吧，先生"，还问他唱了什么歌。他把自己唱的歌一一列举了出来。我听罢告诉他，不，是你唱的歌不对。不是吗？你应该去唱《冷静》之类的歌，因为我们刚刚完成《冷静》的制作。他说，天哪，我从没想到过这一点。我说来吧，今天我和你一起回去，兄弟。我是这么说的："'考克森'，你知道吗，你没有好好听这个人唱歌。他还没有把所有的歌都唱完呢。"他问道："那他还有什么歌吗？"我回答："是的，兄弟，他能唱许多歌。"说罢，我就提到了《冷静》。他说："让我听听这首。"于是他就唱了那首《冷静》。就是这么回事。(他拍了拍手。)

[罗杰·史蒂芬斯] 邦尼·威勒口中的故事完全是另一个版本。

邦尼·威勒：其实，我们在唱《冷静》之前已经唱了大约四首歌。"考克森"不为所动，于是我问了一句："我们为什么不唱《冷静》那首歌呢？"趁鲍勃还没答应，彼得就弹起了《冷静》的旋律，我也唱了起来。还没等歌唱完，还没等我们唱满一节，"考克森"便开口说："好了，就是这首。你们明天过来，我们先录这一首。"

"考克森"多德：邦尼·威勒声称他们在面试的第二天就去录制了《冷静》这首歌。我要说，不是的，不是的。你知道为什么不可能是第二天吗？因为他们的几首歌全都是需要返工的素材，所以我指导他们试着进行了一些创作。那天晚上，我们着手找到了一个主题，将它设定为《孤独令人受伤》。在那之后，他们过来彩排过一次。后来我还派人找来了吉他手厄尼斯特·让林，把他们集合在一起。不过这花了一阵工夫，因为他们手头都是些类似早期节奏蓝调和声之类的东西。不过，他们第一次就给我留下了非常深刻的印象。我其实一直期待能够打造某个散发那种少年感的组合——拥有年轻嗓音的团体等。大家都说"朱尼尔"布雷斯维特的嗓音是最棒的。嗯，这是肯定的。他离开之后我才要求鲍勃担任领唱。

[罗杰·史蒂芬斯] 彻丽与"考克森"的说法一致。据她回忆，虽说《冷静》是乐队的第一首热门曲目，但是在它之前还有另外几首歌。乔·希金斯支持的似乎是"西科"的说法。1993年，"考克森"曾在布鲁克林的工作室里接受过一个采访，对此给出了详细的解释。

"考克森"多德：哭泣者乐队前来面试时，带来的全都是早

阿尔文·"西科"帕特森 | Alvin "Seeco" Patterson
在 1981 年的"阳光普照"音乐节上——纪念鲍勃·马利生平的年度雷鬼音乐节，摄于蒙特哥贝

克莱门特·"考克森"多德 | Clement "Coxson" Dodd
哭泣者乐队的首家唱片公司第一录音室创始人。1993 年 2 月摄于他在布鲁克林的总部

期美国乐队唱过的歌曲。他们每翻唱一首歌，都能唱出属于自己的风格。于是我告诉他们，我喜欢乐队的声音，但是他们需要拿出属于自己的素材来。

［罗杰·史蒂芬斯］在此期间，"考克森"试验过各种各样的音乐风格，从深刻的灵魂乐翻唱到福音音乐，再到一些新奇的歌曲。他力劝哭泣者乐队翻唱各种风格的艺术家作品，例如鲍勃·迪伦、迪昂与贝尔蒙茨。

乔·希金斯：在"考克森"的推荐下，哭泣者乐队开始偏重印象乐队（The Impressions）的作品，如《孤独令人受伤》之类的歌曲。他们有许多印象乐队的歌可唱。

"考克森"多德：针对如何着手处理《孤独令人受伤》，我给他们出了个主意：必须想出一个歌名或是几句歌词。他们回家去了。当天没有为我演唱《冷静》，也没有再回来。那是后来的事情了。现在我想起来了，我这么说的原因在于，他们制作《冷静》时恰逢技巧乐队（The Techniques）[1]的《你知道得太少》（*Little Did You Know*）问世。《冷静》并不是他们发行的第一首歌。《习惯》（*Habits*）要更早一些，还有《孤独令人受伤》。后来才有了《冷静》。

"朱尼尔"布雷斯维特：第一次录音时（他将面试与乐队的首次录音明确区分开来）……我们唱了《寂寞的感觉》（*Lonesome Feeling*），还唱了许多类似《狭窄的直路》（*Straight and Narrow Way*）之类的曲子。我们唱过许多歌，伙计。《冷静》和《寂寞的感觉》的背景和声就是我唱的。

1　技巧乐队（The Techniques）是 20 世纪 60 年代活跃于牙买加的一支洛克斯代迪人声合唱团。——译者注

乔·希金斯：参与第一首歌《冷静》的人远不止那几个，（他的意思是，合唱这首歌曲的人比唱片中提到的更多。）大约不止七人——合唱者中女孩更多，不止这些人。《冷静》是一首类似闲聊题材的歌曲，其实更像是民谣：贫民窟里的某个人试图自以为是地告诉他要冷静，因为斗争会愈发艰难，还设法警告这个风头正劲的家伙。鲍勃十分擅长通过歌词来表情达意。"老话说"——这些都是民谣歌手或是奴隶之类的人会说的习语，他唱过的每一首歌中几乎至少会包含一句这样的内容。

[罗杰·史蒂芬斯] 贝弗利·凯尔索是参与过《冷静》录制的众多和声者之一。她是在最后关头才加入哭泣者乐队的——就在录音前的几个小时。

贝弗利·凯尔索：我 1948 年 4 月 14 日出生在琼斯镇，遇见鲍勃是因为朋友的关系——彼得和凯尔文·理查德斯两兄弟。我们是同学，就像家人一样；沟镇的人基本上就像一个家庭，人人都是平等的。现在回想起来，我会说这是因为当时的沟镇没有穷人，大部分居民都上过高中。

[罗杰·史蒂芬斯] 贝弗利是个技艺高超的歌手，经常在教会里演出。

贝弗利·凯尔索：我曾为女王唱过歌。那可是不平凡的一天。我并不害羞，因为我知道自己是当天的领唱歌手。所有的官方人士都会出席。我开始对着教堂里所有的人唱歌，他们都背对着我——整座教堂都像是在闪光。我开口唱歌的时候，所有人都在拍照，我却并没有胆怯，并没有。我只是把歌唱了出来。

贝弗利·凯尔索：他们常有集会，比如左翼的人民民族党集会、劳工党集会以及其他政治集会。这些集会既有针对成年人的，也有针对小孩子的。小孩子会到室外去，由他们教教唱歌、缝纫，想做什么就做什么。当时，给他们上课的人是爱德华·西加（当地右翼政治家，于 20 世纪 80 年代成为总理）——因为这是劳工党的聚会，而且他们常在乔克莫草坪上举办这种集会。

我那时的几个朋友常来烦我，说，来吧，来乔克莫唱歌，来吧。在他们的强烈要求下，我站上舞台唱了《通道尽头》（*Down the Aisle*）。你知道吗，帕蒂·拉贝丽？我唱到"通道尽头，我陪你走"的那一刻，围栏被推翻了，所有人都涌了出来。我整个人吓坏了。围栏之所以会被推翻，是因为人们已经等不及进场了。门太小，害得他们无法进来。我不知道他们从何而来，但好多人就这么涌了进来，把围墙都推倒了。大家都要进来看看是谁在唱歌。他们可能以为是帕蒂·拉贝丽呢。我吓得胆战心惊，紧张得不得了，于是又把歌从头唱了一遍。我已经魂飞魄散，唱不下去了。就是这么回事。

第二天晚上放学回家后，我正忙着做事，听到有人敲门。走出门，我看到了鲍勃，便开口问他是不是要找什么人。他说，是的，就找你。我回答，我？他说，没错，我想让你与我合作一首歌，我想让你和我一起唱歌。我说，不行，要是你想让我和你唱歌，就得先问过我的母亲。可她现在不在家。

后来，他又回来征求了她的意见。她同意了，但是她说："你得照顾她。"他问我当天晚上是否愿意过来排练。我答应了。地址在第二大街的四号院，邦尼曾经就住在那里。

我对鲍勃的第一印象平淡无奇。平淡无奇。我不觉得他是什么特别的人，你明白吗？对我来说，我们都只是普通人。他只是当时一个再平凡不过的年轻人。很有礼貌，从不会感到忧郁。那天晚上，他的脸上挂着微笑。他看着我，就像在说，哦，漂亮的姑娘。我心里是这么认为的。这么说吧，因为他和我说话时一直在目不转睛地盯着我。

那天晚上，听他说完见面地点，我应了一句："好的，走吧，我会去那里见你的。"我去了。赶到时，彼得也在，还有邦尼和"朱尼尔"布雷斯维特，他们全都坐在一棵树上。鲍勃不在那里，于是我开口询问他去哪儿了，他们说鲍勃去取吉他还是干什么去了。鲍勃来了，把我介绍给了彼得、邦尼和"朱尼尔"布雷斯维特。但我并没有叫他鲍勃。沟镇没有人会叫他鲍勃。他自我介绍的时候会称自己为莱斯特。在他们把我介绍给彼得、邦尼和"朱尼尔"布雷斯维特之后，我告诉他们，我叫贝弗利。后来他们就开始演奏了。

[罗杰·史蒂芬斯] 那天早上，贝弗利、"朱尼尔"布雷斯维特、邦尼、鲍勃与彼得步行去了金斯顿五区布伦特福德路十三号，走进了历史。

贝弗利·凯尔索：《冷静》是早上录制的，因为我们是在整理好我母亲的房子后才去的录音室。一行人步行去了布伦特福德路，我们过去常常经过这条路，大家叫它救济院坟场。大家走得飞快，因为我们住在道路的尽头。

第一天，我们录的是《冷静》，去的时候没有遇到任何问题。邦尼与鲍勃事先就与"考克森"安排好了一切。那次，我直接就跟着他们去了录音室。斯卡特莱茨乐队也在那里，所有人都在。当时的录音师是西迪·巴克诺。那天，我们一直没有离开过录音室，就为了录好《冷静》。单音轨。不过你知道那天发生了什么吗？我觉得我们剪辑过的其中一首比发行的那首更好，因为你会（在唱片中）注意到，彼得插进来唱了一句"冷静"。"考克森"说，就是这样。彼得是不应该这么唱的，他应该——我们唱着唱着，乐手会加入进来，然后由彼得进来唱上一句"冷静"。"考克

贝弗利·凯尔索 | Beverley Kelso
哭泣者乐队的创始成员，2003 年 5 月摄于纽约

森"说，就是这样——这就是他想要的。这是个错误，却又不是一个错误。

[罗杰·史蒂芬斯] 这首歌一炮而红。

贝弗利·凯尔索：《冷静》播出时，沟镇就像被点亮了似的。我正在打扫房间——《冷静》！所有人的收音机都打开了，里面高声咆哮着："冷静。"这首歌被播放了大约六次。RJR转播。似乎停不下来。他们一边播放，一边说这是哭泣者乐队的全新歌曲，放了大约六遍。我记得非常清楚。沟镇就像是被点亮了似的，仿佛今天就是圣诞节。

西格里·卫斯理：哦，天哪，我们第一次听到它时——我是说，我们每天都能在排练中听到这首歌，或者就像我们过去常说的那样，每晚都能听到——因为乐队多半是在晚上排练的。能在广播里听到他们的录音，感觉真不错，就好像我们中竟有人能够走到这一步。《冷静》是当时牙买加的录音唱片中销量最大的。

"考克森"多德：《冷静》问世的那个年代，任何能够卖出五千张的唱片都算是抢手货。我敢说，销量两万张可谓是炙手可热。

[罗杰·史蒂芬斯] 《冷静》专辑在其销售巅峰期维持了四家印厂的运营。据说，在这座仅有约两百万居民的岛屿上，该唱片的销量就多达八万张。

乔·希金斯：我、托茨与梅泰尔乐队以及其他几个艺术家正在牙买加一同巡演，去的是曼彻斯特 1 或克拉伦登之类的（地方）。我们拥有许多共同之处，我们喜欢抽烟。因此，正当我们和几个抽大麻的伙计钻进灌木深处时，广播里响起了《冷静》的旋律，令人耳目一新。托茨转向自己的搭档，听听看，这就是会

1　牙买加中西部地区的一个地方行政区。——译者注

让我们吃尽苦头的那个组合，他们连调都找不到，有些地方完全跑调了。"没错，"我答道，"托茨，再给他们六个月的时间。六个月之后，你们就会想要逃跑了。"我就像是在开玩笑一样。没过多久，哭泣者乐队就成了了不起的角色。

贝弗利·凯尔索：作为哭泣者乐队的成员，最快乐的回忆就是和他们一起说起去录音室的事情，所有人都是有说有笑的。他们会拿见到的每一个人开玩笑，却又十分友善。可我听不懂任何的笑话，老实说，我跟不上他们，不知道该说些什么。

常有人会围着哭泣者乐队跑，来找我们，却没有人在乎我们是谁。人们喜欢这首曲子，会聚集在一起听我们唱歌，却没有人会真正用心——你又请不到迈克尔·杰克逊。不过他们会为我们感到骄傲，在乐队前往录音室的途中朝我们挥手。哭泣者乐队就像是一群平凡人，你能明白吗？

"朱尼尔"布雷斯维特：那时谁能料到鲍勃能成为伟大的雷鬼之王？对我们来说，组乐队不过是件好玩的事情。当时，一个人在社会上若是没有一门手艺，可以说是一种耻辱。做歌手是挣不到钱的，兄弟。大家都会劝阻我们，让我们去学些手艺。我也想要做个医生之类的，我觉得歌唱只不过是所有人都需要去做、且不得不做的事情。我们碰巧处在了某种境遇之中，得到了录音的机会。我们身边的所有人都会唱歌，教会里的人都会，还能又唱又跳。这只不过是文化中的一部分，不是什么别人做不来的特殊事情。

它能够证明我们的根基更深、更强大。当你生活在一种根深蒂固的文化环境中时，一切就都能一帆风顺。那时的我们更坚强一些，因为乐队还没有遇到任何的麻烦，不必外出旅行，不必抵御和应对种族歧视之类的一切。在离开牙买加、外出巡演之前，我从不了解"肤色壁垒"为何物。大家对此都一无所知，兄弟。这表明我们是一群坚定而沉稳的人，持重而沉着，始终处在最佳状态。

第4章 优秀的"粗鲁男孩"

[罗杰·史蒂芬斯]哭泣者乐队的唱片事业起步之际，牙买加刚刚从英国手中获得独立，正沉浸在民族自豪的狂潮之中。政坛分裂为掌权的右翼牙买加劳工党和左翼的人民民族党。夺取政府权力后，牙买加劳工党着手的第一件事就是用推土机铲除属于人民民族党的贫民区老墙后巷，声称那里遍布犯罪分子。西印度群岛大学的克林顿·赫顿博士认为这一行为是"游击政治"的开端，是将人口部族化——尤其是年轻人——从而阻碍了民主文化的发展。每个政党都有隶属帮派的支持，这些帮派终将摇身一变，成为控制整个政治过程的"头目"。

哭泣者乐队敏锐地意识到了眼下的局势。《冷静》就是对贫民区骚动的回应，呼吁年轻人"控制你的情绪"。乐队也意识到了围绕在制作人"考克森"多德身边的争论，知道他悭吝的名声。随着乐队知名度的增加，人们会在他们前往录音室的途中聚集在他们周围。

"朱尼尔"布雷斯维特：彼得过去常背着吉他走路。当时，他和鲍勃是用吉他来弹奏和弦的。我们一起散步闲逛时，还会被人们要求唱上一段。于是我们会停下脚步，在街角或是裁缝店之类的地方就地演唱。

邦尼·威勒：哭泣者乐队几乎可以说是第一个成员超过三人的组合，比三人还要多出两人。当时的乐队通常都是双人组，蓝调小子（*Blues Busters*）就是双人组，还有希金斯与威尔森、奥尔顿与艾迪、邦尼与斯库里。

[罗杰·史蒂芬斯] 这段时期，乐队的名称尚不确定，叫法各异。有人称他们为"哭泣者乐队"，有人则叫他们"鲍勃·马利与哭泣者乐队"，还有人说他们是"哭泣的哭泣者乐队"及"哭泣的粗鲁男孩乐队"。

乔·希金斯：我们最初的看法是"哭泣的哭泣者"，因为"考克森"一直试图使用这个名称，即便乐队的名字就是"哭泣者"。

贝弗利·凯尔索：除了"哭泣者"之外，我们从未用过其他名称。

"朱尼尔"布雷斯维特：乐队的名字是"哭泣的哭泣者"，不是"鲍勃与哭泣者"。我们从没有被称作过"哭泣的粗鲁男孩"。

[罗杰·史蒂芬斯] 乐队令人深刻印象的第一首抒情歌出自年少时的"朱尼尔"布雷斯维特之手，录制于 1964 年 8 月 28 日，也就是他离开牙买加、前往芝加哥的前一天。

"朱尼尔"布雷斯维特：我当时只有十三岁，父母已经去了美国，所以我不得不跟随家人迁居。我只领唱过《孤独令人受伤》，就在我飞离牙买加的前一天。因为他们让我在离开前必须独唱一段，所以我只花了几个小时学习这首新歌，并且只录了一遍。录音过程没有出现任何的问题，一遍就过，何况那只是一间双轨录音室。我是说，所有内容都是通过一个音轨播放出来的，进行一次剪辑，仅此而已，不像今天这般复杂，也没有那么多的录音室技术。我们就是这么艰苦，伙计。

在我离开家乡之前，乐队还进行过几次舞台演出。人们常会把我们从舞台上抬下来，伙计，我是说，我记得他们曾把我举过头顶，那些人呐，真是令人心潮澎湃！

邦尼·威勒："朱尼尔"布雷斯维特起初领唱过《孤独令人受伤》。那首歌真的十分走红。创作这首歌的过程是这样的：那时，我们开始聆听印象乐队的作品，了解了柯蒂斯·梅菲尔德的作品与编曲，对他创作《我很自豪》（*I'm So Proud*）的方式十分着迷，于是根据这首歌写出了《孤独令人受伤》。

不过我们从未见过柯蒂斯·梅菲尔德。60年代初，他来牙买加时我们曾去看过他，坐在加勒比剧院的第一排，欣赏印象乐队的演出。他们是我们的挚爱。大家是奋力一搏才挤进前排的。但在现实生活中，这就是我们与印象乐队最近的距离了。我们从未和他们见过面，我不知道鲍勃认不认识他们，也许鲍勃认识，这我就不清楚了。

西格里·卫斯理：哎，"朱尼尔"布雷斯维特在他们声名鹊起之际便离开了，他的嗓音更好。你懂的，是那种孩子气的嗓音，童声。不过邦尼的音准一直都很好，能够唱些旋律更加悦耳的歌，你明白吗？对我而言，彼得是这么一种人：如果你把一首本就属于抗议题材的歌交给他，他反而能诠释得更好。但是鲍勃的身上有一种独特的吟诵气质，你懂吗？他能发出某些滑稽的声响，却仍旧没有违和感，所以实际上，鲍勃具备天马行空的多面才华，却并不具备诠释它的嗓音。但是他的进步很大，是经过练习才获得今天的地位的。

[罗杰·史蒂芬斯]在此期间，哭泣者乐队开始磨炼自己的音乐技巧。

西格里·卫斯理：我认为鲍勃的吉他演奏启蒙应该归功于彼得。彼得不在的时候，鲍勃和邦尼会到我家，说："来吧，西格里，我们去干活。"他就是这么说的。于是我们就会钻进厨房——我们过去常称那里为"那间厨房"。

邦尼·威勒：哭泣者乐队的吉他演奏是自学的。彼得可没有时间坐下来教别人任何事情。有时他吉他弹得太多，都厌倦了。于是我就会来弹几天，也许是一个礼拜，就像踢足球一样：有的时候，人人都有机会持球。

彻丽·格林：大部分时间都是鲍勃在带队。排练时，鲍勃会直接拾起吉他，边想边弹上几段，让我们偶尔往里面填上几句歌词。大家都会写歌，却连一台录音机都没有。

我同意，"朱尼尔"布雷斯维特的嗓音是乐队里最好的。哦，没错，他的唱功了得。我唱的是《孤独的感觉》（*Lonesome Feeling*），那里面的高音就是我，还有《她走了》（*There She Goes*）。在后来的《杂种》（*Maga Dog*）那首歌里，你能听到我与彼得的声音。

贝弗利·凯尔索：前往录音室的路上，他们通常会边走边唱，同时故意扮出一副蠢相。鲍勃会推搡邦尼，邦尼也会推搡鲍勃与彼得，一行人边笑边装傻，彼此调侃。他们也会嘲笑别人，并且时常做出些有趣的举动——能让你坐下突然捧腹大笑的小事。当时他们还不习惯抽烟，谁都不会抽。"朱尼尔"布雷斯维特和我个子矮小，所以一直牵着手走在后面，说着悄悄话。邦尼和彼得也在，鲍勃还扛着什么东西。我跟你说，有他们在身边是件很有趣的事情。我过去很喜欢听他们聊天，看他们做些滑稽的动作。我想要处在他们中间，无论他们聊些什么，我都想跟在他们身边，你懂吗？

[罗杰·史蒂芬斯] 第一录音室是布伦特福德路上一间顶棚高耸的大房子，位于金斯顿市中心一片混乱的区域。哭泣者乐队录音时，牙买加当地教派的音乐家骨干——斯卡特莱茨乐队通常会为他们伴奏。最早的录音过程时，多德先生既是录音师又是制

作人。2003 年，彻丽·格林和贝弗利·凯尔索曾在纽约与我谈起过她们在第一录音室里最初的经历。

彻丽·格林：我第一次录音时，我们排练了一整夜，直到歌曲已经熟烂于心。他们说明天就要进录音室了。我以前还从未进过录音室，觉得很可怕、很紧张。我是说，那里有很多人。

贝弗利·凯尔索：我不紧张。他们说我还很害羞，你懂的。不过我觉得自己唱起歌来并不害羞，但是唱完就一个字也不愿意说了。要是你和我说了些什么，我会回答你。但除此之外，站在聚光灯下唱歌时，鲍勃、彼得、邦尼与其他几个人会在一个地方，我则独自一人在另一个地方。我就是个旁观者。

他们过去常说，我这人鬼鬼祟祟的，诸如此类。但我并不会为此感到困扰，因为我知道他们尊重我。我曾经是尊重他们的，他们也是尊重我的，满怀敬意。他们待我就像姐妹，对我不薄，还会好好与我说话。我很喜欢和他们在一起。

[罗杰·史蒂芬斯] 对贝弗利来说，鲍勃显然一开始就是哭泣者乐队的领袖。

贝弗利·凯尔索：鲍勃总是会把他希望我演唱的部分拿出来，教导我。他是乐队公认的领袖。第一次录音之后，我们其实每天或者每隔几天好像就要进录音棚录一次音。即便不用为自己录音，我们也会去给别人帮忙，因为别人也会来为我们唱和声。我们不属于那些乐队，但是如果有人要录音，我们就会去唱和声，比如与托尼·格里高利合唱。录音室里有任何其他人在唱歌，需要支援，我们都会去唱唱和声、拍拍手。你想怎么帮助别人，就怎么做。

我知道你们有时听不到我的声音。我就是唱不好和声，我常会一走了之。鲍勃就说，她连试都不愿意试，她是不会去尝试的，她只会走开，把大家都抛在身后。她连试都不愿意试。他曾经就是这么说的。我只会走开，把他们丢下。

乔·希金斯：他们每天都会去录音室里待上一会儿，做些自己想做的事情。"考克森"还会给他们五到十个先令。

贝弗利·凯尔索：我们就像是多德先生的家人，有时候连家都不回，在录音室里一待就是两三天。"朱尼尔"布雷斯维特启程去美国时，他们正在制作一张专辑。因此我们两三天都待在录音室里，没有地方睡觉，甚至没有时间睡觉。录音室里太有趣了：我们会在那里吃饭、坐着，打个小盹，你懂的。有些时候，我会跑回家，然后很快再回来。

[罗杰·史蒂芬斯] 多年来，针对哭泣者乐队与他合作了多久这个问题，"考克森"给出过好几个不同版本的答案。他们自 1964 年 6 月开始为他录制唱片，一直持续到 1966 年末。那一年，他们开创了属于自己的唱片厂牌"哭泣与灵魂"（*Wail' n Soul' m*），据说是因为在收入上遭到了"考克森"的不公待遇。

"考克森"多德：签下哭泣者乐队时，我既把他们当作表演者，又把他们当作词曲作者。第一份合同的有效期是五年。第二份也是五年，但是他们做到两年时就毁约了。我们得到过这三个人的监护人签字同意。

至少有四年的时间，鲍勃的食宿都是由我提供的。其他人发现之后，我不得不提供了一套三居室，也让他们在那里住了一段时间，就在布伦特福德路上。我们在录音室后面有一套三居室，他们在布伦特福德路上住了好几年。

[罗杰·史蒂芬斯] 乐队的导师乔·希金斯开始觉得自己遭到了学生们的怠慢与利用，因为他在帮助乐队组建方面付出的重要努力没有得到适当的承认。

乔·希金斯：我认为，第一个教会他们利用别人的人就是"西科"帕特森。为什么？我以前曾经有过与"考克森"打交道的经验，不过现在已经不会和他有什么联系了。我和威尔森的二人组曾为"考克森"制作过一首位居榜首的歌曲《我如何能够肯定》（How Can I Be Sure）。多年之后，我重新为"考克森"制作了一首名为《有所回报》（There's a Reward）的歌。这首歌和哭泣者乐队的《孤独的感觉》是同时由我录制的。两首歌的演唱者都是同一批人，除了我之外，还包括我其中一个孩子的母亲西尔维娅·理查德斯，以及邦尼、鲍勃、彼得、彻丽·格林和贝弗利·凯尔索。

起初，哭泣者乐队是在没有我的情况下去找"考克森"的，因为我是不会让他们去找他的——我不愿意回到某个我不喜欢的地方。"西科"认为，我与某个制作人之间的任何问题都不是他们的问题，因此决定带着他们去找"考克森"。为"考克森"制作《冷静》那首歌时，他们肯定领到了一百二十至一百三十英镑。

[罗杰·史蒂芬斯] 暂且不提后来的分歧与纠纷，在哭泣者乐队早期取得突破性进展并获得成功的过程中，"考克森"多德是个至关重要的人物。他会调配手下最顶尖的音乐人来支持他们，还为他们挑选了可供翻唱的有趣曲目，并通过自己的播放设备和广播积极推广他们的唱片。

"考克森"多德：为鲍勃挑选这些外国热门流行歌曲的人是我，我挑选的都是些稍有意义的歌曲。哭泣者乐队没有和我做过未发表的试听唱片，不过他们的确在宅院舞会上跟着这些唱片假唱过，我们就是这么将它们投入市场的。

[罗杰·史蒂芬斯] 丹尼斯·汤普森是一名录音师，曾在鲍勃职业生涯的最后五年间跟随他巡演。他是哭泣者乐队的早期支

持者。

丹尼斯·汤普森：我过去只不过是在录音室里到处闲逛，主要是操作播放设备，为试听唱片混音。鲍勃会把试听唱片拿给我播放，好观察人群的反应。我记得我们试播过《葬礼》（*Burial*），这首歌是在一个被称为 VIP 的地方播放的。我曾用过一套名为美利通的设备。每次我们在 VIP 放歌，人们都会一拥而上。还有《梦境》（*Dreamland*）。我们还会制订一个计划，播放四张人们熟知的唱片，然后把一张全新的唱片夹在其中，在人们不知道它来自哭泣者乐队的情况下观察大家的反应。还有一家名为莲花的俱乐部。一个叫 KG 的商人买下了这个位于半途树的大场子，却不知道该拿它做些什么。我们将它改头换貌，改造成了一间大型迪斯科舞厅。这是牙买加的第一间迪斯科舞厅。每个周六的晚上十一点半，"考克森"都会怀抱着一捧试听唱片进来。"里德公爵"也会把他这个星期录制的东西全都送来，打开一台盘式录音机，旋律在一边，声乐在另一边，由我们来混音。有些人会跳起舞来，还会在旋律被关掉时跟着唱歌。"塔比国王"[1]会做的所有音效我早在 1966 年、1967 年之前就做过了。

[**罗杰·史蒂芬斯**] 哭泣者乐队所做的不只是翻唱，他们也有原创音乐。"朱尼尔"布雷斯维特还记得大家合力创作的氛围，但是并非所有人都得到了自己应得的赞誉。

"朱尼尔"布雷斯维特：我写了《孤独令人受伤》，而且总的来说，我们都为录音出了一份力。其他歌曲也一样。我们必须跟着感觉走，通力合作。不过令人吃惊的是，最后大部分歌曲的署

---

1 "塔比国王"本名奥斯本·拉多克，牙买加录音师，对 20 世纪六七十年代的混音技术发展产生过巨大影响。——译者注

名都不是哭泣的哭泣者乐队，而是类似鲍勃与哭泣者乐队，虽然我们作为一个组合全都参与了进来。当时的我们其实不曾期待任何的财富或名声。就我个人而言，多年以来，我从未亲眼见过我们版税收入的一个子儿。我把所有的歌曲都看作是上帝——是耶和华的赐福或赠予。

西格里·卫斯理：起初，我认为邦尼是最棒的作曲家。我如此看待邦尼的唯一原因在于——也许我现在可以这么说——邦尼是我认识的人中唯一一读过初中的人，比小学学历强多了。所以，我认识的邦尼就是一个工匠，是最勤快的音乐工匠，即便所有人都会随时携带创作的小本子，全身心投入的人还是他。没错，从一开始，我就认为邦尼是最棒的。

贝弗利·凯尔索：我们进入录音室，你知道那里是怎样的——我就从没有见过鲍勃拿着纸笔坐下来写东西。我不知道乐队过去是怎么唱歌的，因为他总是能够出口成曲，还边唱边弹吉他——鲍勃和彼得，弹起吉他，开口就唱。他们会从屋里钻出来说，唱吧，而我有时连要唱什么都不知道，就这么唱了起来。我从未见过鲍勃坐下，也没有见他真正排练过——从来没有。他们一拍脑门就能想出一首歌，就是这样。鲍勃、彼得、"朱尼尔"布雷斯维特在作曲方面全都有所贡献，他们都是合著者，有什么都一起分担。我们走进录音室，该做什么就做什么，现场为伴奏乐队演唱，他们听完就能跟上来，开始弹奏。鲍勃还会告诉那些乐器演奏家，他想要他们弹些什么，或者说，要用 A 调来弹（A 小调、A 大调等）。没错，我们偶尔也会排练一下，但只会在录音前不久。他们会说，好了，我们就唱这首歌吧，于是你就要唱这唱那。

我不知道鲍勃是否得到过报酬，也不知道他是否每个星期都有钱可领。不过我知道自己是没有拿到过一分钱的，彼得也没领到过钱，因为他——在我看来，有钱可发的时候，如果邦尼真的发了钱，被彼得知道了，他会非常沮丧，说邦尼和鲍勃是兄弟，所以肥水不流外人田。我认为这就是彼得离开乐队的原因之一。我从未开口问过钱的事情，作为乐队的成员之一，也从未领到过任何收入。我们玩得很开心，管它呢。乐队第一次在皇宫剧院登台演出时，我的衣服都是我母亲做的。

[罗杰·史蒂芬斯] 据"考克森"回忆，那场演出的举办地是在沃德剧院，不过邦尼肯定了贝弗利的回忆，说演出是在皇宫剧院里举行的。

"考克森"多德：他们为我做的第一场大型演出在沃德剧院，我记得是圣诞节。起初他们还有许多需要改进的地方，但你是知道的，鲍勃很有天赋，愿意行动起来。他是有潜力的。当时，他们主要的竞争对手是技巧乐队。技巧乐队带着《你知道得太少》出道时，对于（哭泣者乐队）来说真的、真的非常艰难，因为与鲍勃相比，(他们的主唱)"瘦子"史密斯是个更好的歌手，你懂的。

邦尼·威勒：哭泣者乐队第一次在皇宫剧院露面时，曾经炙手可热，一登台便燃爆全场。现场人头攒动，还有人流不断从墙头上涌下来。我们上场时，半数的观众都离开了座位，蜂拥来到几乎靠近舞台边缘的位置，因为哭泣者乐队就像体操运动员一样——翻转、劈叉、猛然下落，乐队里所有的人都会劈叉。我们还做了几个动作，让鲍勃接住我、把我抛向空中之后双双劈叉。鲍勃会跪倒，让我劈开双腿从他的背上跃过。彼得则会跑来在我们身旁蹦跳，如同橡皮球一样上上下下。我奔向他，他接住我，在我的肚皮与他的一只手臂相交时，他便翻转身体、劈叉。

人们以前从未在牙买加看到过任何类似这样的演出。组合一上台就边唱边跳，摆出各种动作，因为我们的身体真的非常、非常健壮。

[罗杰·史蒂芬斯] 他们的演出过程中出现了一次大规模的断电故障。一群恶棍突袭了观众，竭尽全力偷走了所有的东西，搞砸了演出。退伍军人、小号手鲍比·埃利斯就是皇宫剧院混乱局面的目击者。

鲍比·埃利斯：电力中断时，谁都无法离开。有人说，大家不要离开，因为电力会恢复的。任何试图出去的人都会遭到瓶子的一阵乱砸，不得不返回自己的座位。直到一点钟左右，他们才终于意识到电力是恢复不了了。

邦尼·威勒：我得说，我从未见过瓶子这样来回飞舞。皇宫剧院里所有的屏幕都被砸碎了，乐器被砸坏了，椅子都被砸烂了。为了修复皇宫剧院，活动赞助商"考克森"赚来的钱好像全部血本无归。

[罗杰·史蒂芬斯] 第三世界乐队的"猫咪"库尔曾目睹过他们早期登台时的另一起不幸事故。

"猫咪"库尔：一次，（鲍勃）在沃德剧院的慈善演出中摔倒了。我永远也忘不了那一幕，他在舞台上仰面摔倒在地。那还是电视现场直播的音乐会，肯定会有录像，是一场为了募捐而播出的马拉松式电视节目。

西格里·卫斯理：我记得"强拍考克森"在沃德剧院和帝王剧院都举办过演出。观众对乐队的接受度还不错，因为你必须记住，牙买加人第一次听说哭泣者乐队时，并没有把他们当作表演艺人，而是当作唱片艺术家。因此，他们带着《冷静》之类的（热门歌曲）来参加现场表演时，一下子就被接受了。我就知道，这支乐队是不必经历被人喝倒彩等竞争局面的。他们只需要出现在演出现场，露个面，演完就走。他们很在行，知道该如何发挥自己的所长。

彼得·托什：你瞧，一站上舞台，他们就会爱上你，伙计，太令人吃惊了！他们还会朝你丢掷鲜花和钱。有一次，我和哭泣者乐队在沃德剧院演出。天哪，我一开口唱歌，老天！各种各样的钱就飞上了舞台。哇！有些还落在了我的脚边，哇！见鬼！我看着那些砸向自己脑袋的硬币之类的东西——简直是数以百计——心想，我为什么不能这么做呢？于是我停止唱歌，走过去捡起了那些硬币。你知道我捡了多少吗，伙计？我捡了整整两袋！还没等我走下舞台，那些钱就被要了回去。观众席里的每一个人都跑过来，想把钱要回去。把所有的东西都要回去！我就这么看着，一只手里还剩下大约两先令六便士，是的兄弟！

我在舞台上有过许多美好的经历，兄弟。有一次，我去皇宫剧院演出。人们都在等着看哭泣者乐队，却见不到他们。一支名叫"北欧海盗"的乐队正在表演，人们却在高喊："我们想要哭泣者乐队！哭泣者乐队！"他们看不到哭泣者乐队就不罢休。当时我们正在化妆间里候场，必须等待那支乐队演完。观众十分不耐烦。有些人的反应就像这样——汪！（怒不可遏）害得那些人不得不从舞台上落荒而逃，兄弟。没错，兄弟。所有乐器都被砸坏了，因为大家想要看的是哭泣者乐队。

贝弗利·凯尔索：我与他们的第一场演出过程中，观众向我们投掷东西。演出开始后便断电了，断电之后，我们等了半个小时，待灯光重新亮起时才上场。演出再次开始时，鲍勃仿佛是从舞台的一侧飞出来似的，彼得则是从另一侧飞出来的，两人都拍打着双臂。他们开口唱歌的那一刻，灯光再一次灭掉了。舞台上遭到了瓶子的狂轰滥炸，他们把所有能丢的东西都丢了上来。鲍勃不得不跑回了后台。我们在后台躲了很长一段时间，直到所有人都离开了剧院。不过，那一晚剧院里简直是人山人海、摩肩接踵，到场人数众多，我们却没能演唱。

第二场演出是在蒙特哥贝，内容其实是一样的。老实说，我们为了登台演出，开了一整天的车，赶到那里时，却发现他们没有音响，也没有灯光。事情不太对劲。鲍勃试图让人群冷静下来，说我们没有那些东西也能唱歌。我觉得那就是个圈套，不知道"考克森"是不是既想赚钱又不肯出面，任由乐队就这么解散，因为我们连唱歌的机会都没有。那是让我们束手无策的第二场演出了，就是一场灾难。后来，我们最精彩的一场演出是在阔边帽俱乐部进行的。他们拥有自己的现场播放设备，一应俱全，不是吗？观众的反响很好，棒极了。

所以我只参加过三场现场演出：第一场在皇宫剧院，第二场在蒙特哥贝的一家舞厅，第三场在阔边帽。

彻丽·格林：我只参加过一场现场演出。"考克森"给了我们五英镑，让我们去买连衣裙。演出的地点在阔边帽。我和贝弗利穿了同样的裙子。然而，他们为唱片拍摄封面照的时候却没有带上我，而是偷偷溜走了。也许那天我正在上班。我曾在加勒比果酱厂工作，制作葡萄柚果酱。这是一份季节性的差事，所以当季节来临时，你就得去上班。这样我才能给自己买些衣服、鞋子。我还有一个孩子要照顾。那份工作能挣到七至八英镑，在那个年代，这可是一笔不小的财富。

[罗杰·史蒂芬斯] 随着哭泣者乐队的演出与录音工作越来越多，彻丽不得不偶尔离开乐队。

彻丽·格林：到了1965年，我就不再跟他们去演出了，因为他们偶尔还要去录音，而我无法出席，因为我还有个女儿。我得去个能够挣钱的地方。就这样，我离开了，去做自己的事情。他们也是我行我素，就像是一群没有任何责任要负的人。而我还肩负着重任。

贝弗利·凯尔索：我们没有太多的演出可做，因为乐队当时似乎正与托德先生渐行渐远。一切发生得太快了。

[罗杰·史蒂芬斯] 随着哭泣者乐队在舞会、俱乐部和剧院的曝光率变得越来越高，他们的唱片持续霸占着榜单。鲍勃·马利开始被视为一位重要的新兴艺术家，不仅能够翻唱外国音乐，还能谱写属于自己的经典曲目。

当时，在第一录音室旗下的几十位艺人中，有一个名叫奥尔顿·埃利斯的歌手风格颇为独特。他的职业生涯起步于堪称热门歌曲制造者的二重唱组合"艾迪·帕金斯"。奥尔顿成了洛克斯代迪之王，早期时还曾试图给马利建言献策，教他如何与"强拍考克森"多德共事。1983 年，也就是鲍勃逝世两年之后，我们曾在《雷鬼节拍》节目中进行过交流。

奥尔顿·埃利斯：你知道的，鲍勃不是一般人。要想让我告诉你，我了解的鲍勃是个什么样的人，那就说来话长了。鲍勃不是一个很好相处的人，他很强硬，非常强硬。他这个人过分自信，年轻时不需要任何的帮助。我可以告诉你我与鲍勃的第一次对话。他到"强拍"的录音室里录了几首歌。那时他住在北边的第三大街，而我住在第五大街。乔·希金斯住在第三大街，曾帮忙指导过他，因为乔出道比我还早。我路过鲍勃家，看到他们在一棵大树下练歌，于是开口对他说："我的兄弟，我想告诉你些事情。我喜欢你创作的这首歌，但你见到那个名叫'强拍'的制作人了吗？防着点儿他。"令我感到惊讶的是，鲍勃停下手里的事，和善地对我说："我不需要任何建议。等见到'强拍'，我能应付得来。"那一天，我转身离开了那里。他怎么能如此生硬地回答我？多年之后我才意识到，那正是因为这个男人内心的肯定与坚强。我所有的小建议都是不必要的，因为他确实通过了重重考验。

鲍勃就是这么一个人。大块头都害怕鲍勃。所有人都害怕鲍勃，他的精神是如此强大，就连大块头都要退避三舍，虽然他从未动手打过架。他是不会打架的。每一次，在对的时候说出对的话，就能让高大如山的人都后退。这就是我要对你说的那个男人，不是他的音乐。鲍勃能把一个故事轻而易举地转换成歌词！那些每天都围绕在你身边、却被你视而不见的事——在鲍勃拼凑歌词时，它们都会被视为重要的故事。他还能将歌词与音乐联系在一起，让音乐紧紧围绕歌词，使旋律悦耳动听，如同行云流水一般。我在许多歌手身上都发现过一个问题：他们的歌词太过深刻，缺乏与音乐的结合，听上去似乎无法给人留下任何的印象。像是缺了点什么，你懂的。鲍勃就有能力将歌词与旋律合而为一。在唱片艺术家中，能被我放在鲍勃前面的就只有甲壳虫乐队了。

[罗杰·史蒂芬斯]1965 年，哭泣者乐队占据了歌曲十佳排行榜中的第一名、第二名、第三名、第五名和第七名，分别是《冷静》、《孤独令人受伤》、《粗鲁男孩》、《监狱》(*Jailhouse*)、《穿上》(*Put It On*)。在此期间，他们与高产歌手、词曲作者鲍勃·安迪成为了朋友，他在自己的网站上分享了与哭泣者乐队的一段亲密插曲。

鲍勃·安迪：第一录音室里有一个房间，我们过去常在那里听唱片，"考克森"会用转盘和扩音器给艺人们放音乐。不过，他里屋的办公室与音乐房之间还有另外一个房间。你可以把自己锁在里面，谁也进不去。哭泣者乐队能够进去，我也能。某一天，我目睹了一场十分特别的表演，这是我第一次见到哭泣者乐队的成员人手一把吉他。每当想起这件事，都像是在回忆一场梦境。我坐在那里，他们则胡乱哼唱着歌曲。不久之后，高潮终于来了，那是一首名为《十比一》（Ten to One）的歌曲。我后来才发现它是柯蒂斯·梅菲尔德的歌。

鲍勃唱了第一句，邦尼紧跟着唱了第二句，三个人一起唱了下一句。彼得的那句过后，三人唱起了和声，紧接着又是鲍勃与邦尼的独唱。他们唱歌时，我看到了哭泣者乐队不为人知的一面。这仿佛是属于我一个人的启示。我从未听到过如此美妙的音乐，此生也从未见过这样的爱与友情。我那时便知道哭泣者乐队是一群特殊的人，但他们的特殊之处就在于他们是哭泣者乐队，是一个整体。回想起那一幕，真是绝妙，如同身处一艘宇宙飞船之中，聆听着来自天体的乐曲。我整个人都出了神。这段记忆将永远铭刻在我心间。

奥尔顿 · 埃利斯 | Alton Ellis（右）
作者与洛克斯代迪之王奥尔顿 · 埃利斯手举他在雷鬼音乐档案馆的单曲唱片，1997 年
6 月摄于洛杉矶

鲍勃 · 安迪 | Bob Andy

作曲家、歌手,图为安迪在牙买加金斯顿展示自己的目录页,2001 年 7 月摄于作者在"玛丽皇后号"游轮上举行的雷鬼音乐档案馆展览

第5章 爱情与倾慕

[罗杰·史蒂芬斯] 即将嫁与鲍勃·马利为妻的年轻女子丽塔·安德森生长于沟镇边缘的一处墓地旁。在她未婚先孕之际，孩子的父亲却被派往了英格兰。生下女儿莎伦之后，她加入了苏莱特斯组合——由马利指导的第一录音室旗下合唱组合。她将为鲍勃生育三个子女，并最终成为他的某种保护者，忍受他的众多婚外情。

丽塔的表弟康斯坦丁·"梦想"/"憧憬"沃克尔是未被承认的哭泣者乐队"元老"之一，乐队某些最为动人的作品中都能听到他的声音。他出道时与丽塔·马利及另一个年轻女子组成了苏莱特斯组合，还在鲍勃·马利于 1966 年前往特拉华州工作时顶替过他几个月的时间。他与众不同的男高音成为了哭泣者乐队许多经典之作的特征，例如《周日早晨》（*Sunday Morning*）、《让他走》（*Let Him Go*）、《我需要你》（*I Need You*）等等。

"憧憬"沃克尔：我之所以会得到这个昵称，是因为我的母亲去看医生时得知自己怀孕了。她答道："哦，医生，那是一个梦想。"因为她已经三十多岁了，不相信自己会怀孕。在我去沟镇开始和哭泣者乐队一起唱歌时，一个名叫菲欧利的兄弟说："不是梦想，伙计，而是憧憬。"因为梦想是属于老人的，年轻人看到的应该是憧憬。""憧憬"这个名字就是这么来的。

我出生于 1950 年 10 月 19 日，和彼得·托什同一天。开始唱歌那年，我十三岁。我来自音乐世家。有一天，丽塔要唱一首名为《血渍》（*Blood Stain*）的歌，便对我说："来吧，帮我唱它的和声。"我们就这么唱了起来。"苏莱特斯"这个名字是丽塔想出来的。我们第一次通过广播为观众唱歌是在威尔·琼斯的节目中（一档一小时的业余爱好者节目），唱的是《你叫什么名字》（*What's Your Name*）（唐与胡安乐队的一首美国蓝调音乐经典翻唱曲目）。我们的和声常令人如痴如醉，听上去就像唱片中的一样！组合的灵感来源包括格伦·米勒、印象乐队和柯蒂斯·梅菲尔德——他是个优秀的作曲家，我很尊重他。

我们是通过一个名叫安迪的朋友认识哭泣者乐队的，安迪经常听我和丽塔唱歌。有一天，他决定带我们去见"考克森"。"考克森"与他相熟，很喜欢我们的组合，于是开口说道："我们还是能够做些什么的。"我们就这样遇到了哭泣者乐队，他们当时也被签给了"考克森"。在沟镇时，我们常能看到他们经过我家的宅院，去找"考克森"，却几乎不认识他们。不过，看到他们总像是看到了什么大阵仗，因为这些人走在路上就如同一个帮派！那副架势总是引得孩子和人群跟在他们身后。邦尼和我也曾由东向西横穿金斯顿，为人们唱歌。不为钱，而是为了传道。因为这是我们的事业。我们会用自己所拥有的团结来触动每一个人。

[罗杰·史蒂芬斯]"憧憬"所说的"传道"是他们信仰的一种表达。不过，被丽塔重复过多次的初遇情形却遭到了贝弗利·凯尔索的质疑。在哭泣者乐队与丽塔最初相识的过程中，她一直在场。

贝弗利·凯尔索：丽塔很会讲故事。她说自己之所以认识我们，是因为常有许多人追在我们身后喊"哭泣者，哭泣者，哭泣

"憧憬" 沃克尔 | Vision Walker

丽塔·马利的表弟,三人组合苏莱特斯的共同创始人,曾在鲍勃·马利于 1966 年离开牙买加时参与过哭泣者乐队的合唱。1994 年 9 月摄于科罗拉多州阿斯彭

者乐队"。她就是这么知道我们的。这是谎话。没有人会跟着我们走街串巷，因为沟镇的歌手实在是太多了，没有人会向我们任何人低头，跟着我们四处奔走，嘴里还喊着"哭泣者乐队、哭泣者乐队"。我们只不过是在路上行走的普通人，和普通人一样前往录音室。

往返于录音室的那段日子正是我们会经过丽塔家的时候。在此期间，丽塔常常一只手怀抱着婴儿站在门口，朝着我们和鲍勃挥手。看到丽塔挥手，鲍勃、彼得和邦尼会爆发出一阵大笑。你会听到鲍勃说："多么丑陋的黑人女孩啊。"他就是这么说的。"多么丑陋的黑人女孩啊！她在呼唤谁？"彼得和邦尼会一起捧腹大笑，其中一个说道："真像只猴子。"没错，他们曾经叫她猴子，还会骂她。这总是让我感觉非常难过，你能明白吗？

丽塔告诉我，她想唱一首歌。我问道："这首歌的名字叫什么？"她回答："《机会》（*Opportunity*）。"于是我让她给我唱了一小段，她照做了。后来我告诉他们，说她想唱一首歌。我还找到了"考克森"，说我有个朋友想唱一首歌。他问："歌名叫什么？"我说："我不知道，不过她为我唱了一小段。"我把这一小段唱给了他听。他告诉我，把她带来，明天就把她带来。

第二天一早，我在去录音室录音的途中顺路去看望她，把这个消息告诉了她。她说自己上午去不了，但是下午等"憧憬"和"珍宝"（玛利琳·吉福德，丽塔的校友）放学回家之后就可以了——因为苏莱特斯是个三人组。于是"考克森"说，把他们都带来好了。她说等他们放学后就来。我问她知不知道"考克森"在哪儿，然后把布伦特福德路十三号这个地址告诉了她。那天晚上，我一直在留意他们的动向，待她来到录音室便带着她去见了多德先生。就是这么回事。丽塔带着苏特莱斯合唱团录下了那首歌。现在又有另一个家庭加入了我们的乐队。丽塔不再是什么黑人姑娘了。如今的丽塔就是丽塔,你能明白吗?

[罗杰·史蒂芬斯]丽塔与苏莱特斯组合加入了第一录音室,成为了哭泣者乐队的随从人员之一。

贝弗利·凯尔索:丽塔加入了我们,却并没有与我们合唱。不过,我们还是会一起待在录音室里。

[罗杰·史蒂芬斯]"考克森"多德眼中的是另一个版本。

"考克森"多德:苏莱特斯组合的这几个年轻人是单独来见我的。与他们合作之后,我提议大家一起工作,他们合作得非常不错。不管怎样,鲍勃是我旗下的主力,所以我可能要求过他一路多多提携他们。在他们的某些唱片中,我也能从背景中听到鲍勃的声音。

[罗杰·史蒂芬斯]丽塔·马利告诉一个英国记者,在她的组合苏莱特斯与"考克森"多德签约之后,鲍勃"就像是我们的老板。从保护的角度来看,他就如同我的父亲一般,似乎会留心不让周围任何一个男性攻击我,还要防范制作人们靠近我。这对我来说帮助很大,让我能以一种受人尊重的方式进入这一行"。

贝弗利·凯尔索:有些人说,彼得和丽塔才是一对儿。老实说,彼得和丽塔并没有在一起过,没有。我心里清楚,局势曾经一度变成了彼得注视着丽塔,鲍勃也注视着丽塔,仿佛两人正在拔河。谁能够得到丽塔的芳心呢?她不再是那个丑陋的黑人女孩了,所以谁能够得到丽塔的芳心呢?这是一场激烈的竞争。我一直都在旁观,却没有说过什么。拔河始终都在进行。

西格里·卫斯理:丽塔早期的关注点更多在于爱情,她想要成为鲍勃人生中的一部分。我的意思是,我知道的就是这些。当时哭泣者乐队本身还不是那么出名,出过唱片,却仅仅是另一个微不足道的组合，你明白吗？有过那么几次，她来的时候，我们几个正在角落、厨房或是别的什么地方随口唱歌。她会逗留片刻，似乎是在等待鲍勃。她不想走，从第一大街走到第七大街来——那可是七个街区呢，没准快有十个街区了。她不得不等到凌晨。我们工作的时候，他是不会允许任何东西挡在排练之前的。即便我们走了之后，他还会在那里漫不经心地拨弄吉他。回来时，你会发现他依旧原地未动。你会咒骂他真是疯了。没错，他已经入迷了。乐队不在，他也会坐在那里，不会等到乐队来了才工作。

[罗杰·史蒂芬斯]1990年，我采访了邦尼·威勒。他多次坚称丽塔在两人的爱情刚刚步入正轨时曾意图"拆散哭泣者乐队"。西格里·卫斯理提出了异议。

西格里·卫斯理：要说丽塔想要拆散乐队，我觉得也许是邦尼或其他几个人的观点不同。好吧，她当时可能正沐浴在爱河之中，从而占据了乐队的彩排时间，无意间影响到了其他人。于是他们便说，她在干什么呀，你懂吗？她为什么要等？诸如此类的。

我知道（鲍勃）喜爱女人，毋庸置疑。他是个花花公子，这我清楚。你懂的，年轻时你会到处乱跑，和不同的女孩眉来眼去。不过，在我认识鲍勃时，他的初恋就是音乐与足球。我从未见过他和许多不同的女孩嬉笑打闹——因为他去哪儿都要练歌，你明白吗？他是直接一头扎进了录音室，在那里茁壮成长起来的。

当时，贝弗利目睹过彼得·托什与丽塔之间一段令人胆战心惊的遭遇。

贝弗利·凯尔索：丽塔并不情愿和彼得在一起。录音室的构造是这样的，侧面有一个小房间，我们都会去那里排练、放松，想做什么就做什么。这一天，彼得在房间里待着。我看到丽塔也进去了——如我所言，任何人、所有人都可以进去。录音刚一结束，我就感觉想要坐一坐，于是钻进了屋里。进门时，我一头撞见了什么事情。丽塔背对着我，彼得则正对着我，和我面对面。他正强行把自己压在她的身上。事情不太对劲，因为彼得和丽塔并没有在一起——他们只是朋友。那种动作就像是他想要与她做爱，而她想把他推开似的。所以说，彼得是意外被我撞见的。我只是不慌不忙地退了出去，脸上微微笑了笑，被坐在对面的邦尼看到了。我出来的动作慢条斯理的。邦尼反应过来，想要进屋，却被我拦住了。你懂的。我不想让他看到我所目睹的事情，所以怎么也不肯放他进去。就这样，我拦着他，把他挡在了外面。邦尼这才意识到出了什么事情。时至今日（2003 年），我都不曾告诉过彼得，不曾告诉过邦尼，不曾告诉过任何人。现在，我之所以要在录像中把话说出来，是因为他们正在诬陷丽塔（换句话说，他们指责丽塔曾经勾引过彼得）。这不公平。

你能看到，是彼得把自己压在她身上的。不过这件事的结果——在邦尼没能进屋之后——可能是彼得什么事也没能做成，所以丽塔很快就出来了。我觉得发生了什么，邦尼也意识到了。也许在我们留在那里反复练歌的时间里，他对彼得说了些什么。到目前为止，我不认为他们说的话曾被鲍勃听到过。他若是听到了，是不会接近丽塔的。

同样是在那段时间里，鲍勃把丽塔追到了手。如我所言，彼得和鲍勃都在追求丽塔，所以彼得也许是在炫耀，试图通过霸王硬上弓的方法看看谁能先一步得到她，你明白吗？不过据我所知，此事最后无疾而终，因为她不假思索地投入了鲍勃的怀抱。所有人都知道他们即将走到一起。

[罗杰·史蒂芬斯] 在此期间，丽塔仍在与莎伦身在英格兰

的父亲频繁通信。鲍勃偶然发现"憧憬"拿着丽塔给孩子父亲写的一封信，一把夺过信，结束了他们之间的关系。鲍勃如今把丽塔视为他的女人，还充当起了莎伦父亲的角色。与此同时，苏莱特斯组合也开始录音了，第一首热门歌曲《我爱你，宝贝》(*I Love You, Baby*) 广受赞誉，伴唱阵容中还有另一位少年老成的年轻歌手德罗伊·威尔森。同时，哭泣者乐队进行了裁员，裁掉了乐队中的女性。但鲍勃仍与贝弗利保持着联系，还时常向她倾诉自己与丽塔之间出现的问题。

贝弗利·凯尔索：有一件事我是知道的，并且可以告诉全世界：鲍勃十分信赖我。我不明白他看中了我哪一点，不过每当有什么小事令他伤神，他都会来找我，虽然我长大后就不再去录音室了。我不知道他已经不和彼得、邦尼说话了，什么事都不愿告诉他们。他每次和丽塔吵架，两人之间出现一星半点的矛盾，他似乎都会来找我。他为丽塔怀孕的事不知所措时就来过我，是我叫他把此事告知多德的。从多德先生那里回来时，他说他们就要结婚了，日期在哪天哪天，并邀请我参加。邦尼和彼得什么都不知道。那个星期六的下午，彼得来找我："哦，你就不能告诉我鲍勃和丽塔结婚了吗？我不知道你为何什么都不告诉我。"我答道："我没去参加婚礼。他们邀请了我，但是我病了。"鲍勃从未告诉过我，他为何没有邀请他们。

西格里·卫斯理：我没有听说结婚的事情。第一次知道此事时，我听到的都是些流言蜚语，"鲍勃之所以向丽塔求婚，是因为她怀孕了"之类的。可鲍勃从未提起过这件事情。我不知道他们后来在结婚的地方有没有走过法律程序。我猜鲍勃要娶丽塔的话，肯定会邀请他的朋友们，除非他们去了就在一旁一声不吭。

这太奇怪了，伙计。我真的无法理解。鲍勃要结婚，却没有告知我们。邦尼不曾听说，彼得也不曾听说。贝弗利和丽塔十分亲近，所以婚礼的事情也许是丽塔告诉她的。但我还是不理解鲍勃举办婚礼时竟然没有邀请或告知他的朋友们，毕竟那些都是与你无话不说的人啊。因此，从背后隐藏的含义来看，一定是"强拍考克森"安排了那场婚礼。我们都不知情。事实上，我甚至不认为他已经结婚了。即便是在听说此事的那一刻，我也说过，我不觉得他结婚了，还说这只不过是个谎言之类的。

邦尼·威勒：哭泣者乐队的每个成员都曾宣誓，除非自己负担得起，否则永远都不结婚。所以鲍勃结婚的时候破坏了乐队的规矩。他的母亲也毫不知情。我和彼得正在塔塔家（文森特·"塔塔"福特）练歌。一个男人走过来说："鲍勃在一间教堂里结婚了。我说是那个黑人小姑娘，丽塔。"他告诉我，鲍勃修剪了发须，看上去仿佛变了个样，像是个刚刚退伍的人。所有人都倍感惊奇，不知道是怎么回事。我大约三天后才见到鲍勃前来道歉。他说自己非常抱歉，别无他法，但是某些事情是一个男人必须做的，就连朋友也不能告诉——我们就这样接受了他的道歉。

我们无法赞同鲍勃，也向他说明了他为何不能这么做的原因。这让我们所有人都很难堪，因为鲍勃是穿着舞台演出服结婚的，他买不起西服套装。他是被骗了，才身陷这样的处境之中。这段婚姻是怎么成型的，谁也不清楚。

丽塔·马利 | Rita Marley（左）
与编辑 / 发行人 C．C．史密斯在洛杉矶《节拍》杂志办公室，摄于 1996 年 11 月

第6章 脏辫战士，振作起来

[罗杰·史蒂芬斯]1966年，埃塞俄比亚皇帝海尔·塞拉西一世即将访问牙买加一事令全国上下议论纷纷。牙买加人对于这位国王神性的向往源自他们针对《圣经》某个片段的解读。《圣经》中预言，耶稣转世再生时将成为王中之王、万王之主，是犹大部落的征服之狮。1930年，被称为"拉斯"·特法里（阿姆哈拉语中的"首领创造者"）的一位埃塞俄比亚贵族加冕为王，夺得了"王中之王、万王之主、犹大部落的征服之狮"头衔。他的名字海尔·塞拉西被翻译成"三位一体之权力"。

意大利人入侵埃塞俄比亚之际，牙买加报纸上出现了脏辫战士的图片。图片中，这些战士被称为"奈亚宾尼人"——意为"黑人与白人压迫者的死神"——正在朝着意大利坦克用力丢掷矛枪。为了模仿他们，追随者们也开始蓄起了脏辫，正如《圣经》圣约中力劝的那样。他们维持着"顺其自然的生活"，不吃肉与甲壳类动物。早期的门徒主要由穷人和遭到驱逐之人组成，他们大多生活在林区，进城时会遭人极度蔑视，被人避之不及、指责为"黑心人"。还有很多人传言他们会吃小孩，而且藐视殖民地法令。

他们也拥有自己的语言，以词语、声音与力量的神圣三位一体为基础。想象一个词语，当它发自纯净的心灵时，便有了自我创造的能力。其中一种最受欢迎的说法是："会削弱心灵的想法必须被放下。"也就是说，如果你的动机不纯，无论说什么，都注定要死亡和毁灭。因此，其语言中的一切都必须是积极的、富有建设性的。

除此之外，天堂注定在地球上就能到达，不必死后才能见到耶稣。"我们知道，我们理解，全能的上帝是个活着的人。"哭泣者乐队在赞美诗《起来，站起来》（*Get Up Stand Up*）中唱道。彼得为塞拉西的到访创作了一首单曲，并在国王离岛几天之后将其录制了下来，哭泣者乐队在自己的首张唱片中也特别提到了塞拉西。

贝弗利·凯尔索：事情始于丽塔的兄弟，我觉得他曾经读过西印度群岛大学。这个人不梳头。我记得他过去常会向他们布道，讲述腐败的政府制度之类的事情。布道开始之后，他们抽烟抽得更加频繁了。

西格里·卫斯理：我不认为大麻对鲍勃有什么影响。可以说，我知道他就是个烟鬼。你一早见到他时就会看到他在抽烟，嘴里还说着，我得放松一会儿。不过我从未看到抽烟对他产生过任何的影响。

贝弗利·凯尔索：他们抽得越来越凶，越来越凶了。后来，他们开始宗教，滔滔不绝，你懂吗，说得热火朝天，直到鲍勃开始留长发，彼得、邦尼也跟着效仿，再也不梳头了。我开始与他们渐行渐远，因为他们会把大麻烟卷递给我，我躲开了，我可不想沾染上那玩意儿。

[**罗杰·史蒂芬斯**]1966 年，鲍勃与搬去特拉华州的母亲团聚，鲍勃搬去特拉华州的八个月中，哭泣者乐队剩下的几个人偶尔会和苏莱特斯组合录上几首歌。丽塔则会骑着自行车在金斯顿的大街小巷分发这些早期的唱片。

"憧憬"沃克尔：哭泣者乐队与苏莱特斯组合的声音从我们初次见面起便成型了。我们一起彩排，逐渐塑造出了这种声音。鲍勃去了美国之后，我代替了他。他并不知道自己走后会由我担任乐队的歌手。但这就是一个统一体，一个家庭，而不仅仅是音乐。

[罗杰·史蒂芬斯] 此时正值贫民窟的政治动荡时期。乐队们正被转变成与两大主要政治党派为盟的"卫戍部队"。美国中央情报局会向右翼政府输送枪支。为了自我保护，在野的人民民族党也开始武装自己。经济机遇是有限的。许多牙买加人纷纷迁往美国或英格兰，因为那里会积极招募他们从事一些低贱的工作。一个由叛逆年轻人组成的新兴底层阶级逐渐为人所知，被称为"粗鲁男孩"。"憧憬"沃克尔就唱过那个时代情感最为强烈的两首"粗鲁男孩"歌曲：《放他走》和《我要占领主导地位》。

"憧憬"沃克尔：那个年代对于粗鲁男孩——坏男人的解释是以他保护自己团体的方式来定义的。这样的人不需要拉帮结伙。我一个人就能站得住脚，"我要占领主导地位"。兵来将挡，水来土掩，但你必须独自面对。这才是一个坏人，他不需要拉帮结伙。哭泣者乐队就是这样的人，他们都各自为战。

剪辑歌曲时，我们最多会录三遍。第一遍永远是最好的，因为我们是从单轨录音时代走过来的人，大家总是会边弹边唱，否则其他所有人都会生气。你可不想让整个录音室里的人——也就是斯卡特莱茨乐队的成员与你怒目相向。你得尽自己的本分。他们是按照唱片的面数领薪水的。

1966 年，我和彼得一起录制了诱惑乐队的歌曲《别回头》（*Don't Look Back*）。我记得彼得是第一个在实际录音过程中弹吉他的人。他的身上有种乡村民谣音乐人的风格，真的很可爱。还有一首未曾发表过的歌名叫《忧郁的小男孩》（*Little Boy Blue*），歌中唱道："你在哭，忧郁的小男孩，你失去了你的妈妈。"成长过程中，我们都像是一群没有妈妈的孩子，大多数人都是孤儿。那是一首感人至深的歌，却从未被发表过，都是政治的缘故。

丽塔·马利：《忧郁的小男孩》，呜！这是哭泣者乐队的一首歌！是他们从印象乐队手里拿来的。哦！它还是他们经常在夜里排练的其中一首歌，和声听上去仿佛和印象乐队唱得一样，颇具他们的音乐风格。因为那段时间里，哭泣者乐队听的都是他们的歌。苏莱特斯组合听的则是至上合唱团。和《继续前进》(*Keep on Moving*) 一样，《忧郁的小男孩》是印象乐队的歌。

"憧憬"沃克尔：我们做什么都是出于对音乐的热爱。其实谁也不知道事情会怎么样，只是做着自己的工作。这就是我们的氛围，你懂的，不是政治氛围。牙买加试图歪曲我们，让我们看上去十分糟糕。我们得不到工作，还会被说成是"沟镇来的脏小孩"之类的。不过，这种说法是在教徒们开始留起脏辫之后才形成的。

[罗杰·史蒂芬斯] 摩尔迪莫·普拉诺留着一头令人印象深刻的脏辫。他是当时沟镇的主要当地教派教徒，颇具影响力。他家的宅院位于第五大街35号，里面包含一座图书馆，收藏的都是有关埃塞俄比亚历史与黑人民权运动的书籍。他对受苦受难之人及市郊年轻人颇具吸引力，还时常招揽西印度群岛大学的学生。鲍勃不在的那段时间，彼得与邦尼也是那里的常客。鲍勃一回来便主动和他们一起到访普拉诺的家，渴望更多地了解国王的一生。

在一部分牙买加人寻求接纳的这段动荡历史过程中，1966年4月21日，被称为"上帝"的海尔·塞拉西一世陛下在巡访加勒比海地区的途中来到了牙买加。如此重要的场合中，彼得、

摩尔迪莫·普拉诺 | Mortimo Planno（左）
马利的导师。图为普拉诺与文森特·"塔塔"福特在金斯顿技术大学，后者据说是
《女人，不要哭泣》的作者

邦尼、丽塔和"憧憬"都在场。牙买加当权派普遍希望塞拉西能够公开否认其仰慕者加诸在他身上的神性。而与他见面的该教长老们却声称，他说"我就是你们所说的那个人"。

塞拉西的接待规模可谓是史无前例的。在他到达金斯顿机场几天之前，人们就开始安营扎寨。飞机着陆时，人群涌过屏障，吓坏了塞拉西。他在飞机上驻足了近一个小时的时间，直到摩尔迪莫·普拉诺亲自登机，力劝他在人群前露面，才走下飞机。照片中，身披一袭白袍的普拉诺先国王一步迈上踏板，走向了狂热的崇拜者。

1991年，在加利福尼亚州文图拉市的一家夜店后台，丽塔与我私下说起了这个改变人生的时刻，叙述了她亲眼目睹的一切。

丽塔·马利：哦，那简直是醍醐灌顶，我视它为心怀质疑的人接到的启示。我正在前往机场的路上，就在水泥厂旁听到了车队上路的声音。车队已经离开机场，即将到来，于是所有人都在原地停下了脚步。天下着雨，阳光却依旧灿烂。一切正在发生。我前一天刚去理发店烫了满头的鬈发，结果全都被打湿了。我说："见鬼，我为什么要害自己的头发被弄湿，落得这副模样，就为了看一个小个子男人？这个人究竟是谁啊？他有什么重要的？我感觉好蠢。"然而，另一个声音却在说："不，如果你感觉到这里来很蠢，那就错了。你来这里是为了一个目的。"我说："好吧，唯一能让我真正相信这个男人就是上帝的象征、弥赛亚或是耶稣以新名义转世的事，就是让我看到他两只手上的指甲印。"我之所以如此固执，是因为我一直都在读书。嫁给鲍勃、送他离开之后，我终日都在读书，满心期待能到特拉华州去，或是能让鲍勃回来。

陛下的车队行驶到我前面时放慢了速度。那个男人目不转睛地盯着我，做了这样一个动作（挥手，手掌朝外）。我就这么望着，读着他的眼神。他在与我说话。我感觉全身上下一阵嗡嗡作响，于是又看了一眼。他还在做着这个动作（挥手）。我放眼望去，那个男人的手上赫然留着一个指甲印。我说过，只有这个指甲印能让我相信这个男人就是他们公开宣称的那个人。因为，至今为止，他从没有为自己说过些什么，都是他们在宣称信奉他。我相信这个人就是我一直在寻觅的上帝——他挥手时我看到了那个指甲印。我就像一只羊羔，内心当即发生了转变。我是说，我全身上下的力气都去了另外某个地方。回家时，我所认识的那个丽塔已经去了别的地方，再也无处寻觅了。

同一天，我回家后给鲍勃写了一封长信，告诉他这里出事了。在自己身为黑人这件事上，邦尼与彼得之前就很在意，但这里还没有任何能够占据主导地位的宗派体系。他们不过是几个漂亮的年轻小伙子，而不吃猪肉这件事——鲍勃坚称："丽塔，别吃猪肉，别吃这个，你不应该吃这个。"但他不想阻止我拉直头发，因为他觉得这很适合我。只要我能意识到上帝是黑人，就可以维持自己的发型。不过，那天目睹了眼前的一切之后，我回到家便开始阅读《圣经》的《以赛亚书》，阅读有关虚伪美貌的内容，还有走起路来脚下会发出清脆声响的锡安的女儿们。我说："天哪！这就是现实。"回过头来，我说，"我得把这件事告诉鲍勃。"于是我写了封信给他。他在回信中说我疯了！"你肯定疯了，丽塔！"

"憧憬"沃克尔：我们全都去看塞拉西了。我、丽塔还有"珍宝"一起从沟镇由西向东步行，走过主路帕里萨多斯路，碰到了从海边绕过来的车队。那个男人仿佛转向我们，做出了这样的动作（缓缓来回挥了一下手，沉稳持重）。雨水把我们全都淋湿了，大家仿佛正在穿过旗帜飞扬的街道。这对我们来说是特别的一天。没有人能够真的相信。没过多久便有人喊了起来，"快看！是陛下！"他转过身，做出了这样的动作（挥手）。我也在他的手上看到了圣痕[1]。真是令人叹为观止！天哪，我看到的太多了。大家还看到了些别的什么。我感觉到了一股力量，仿佛我能看到这个男人身上的能量。他转身的样子，仿佛是在转向我们——还那样挥了挥手！真是神秘莫测。他们驶过的速度有点快，而那正是触动我们的原因。多年的追随之后，那个星期成了某个值得期盼的日子，在人们的心中逐渐积聚起了期待。他们都说："哦，上帝就要来了！"

邦尼·威勒：我记得 4 月 21 日是个星期五。所有人都在准备去看皇帝陛下——教会里的人全都挥舞着棕榈树叶，场面蔚为壮观。从我听闻人们会在耶稣经过巴勒斯坦时挥舞棕榈树叶以来，就从未见过这样的场面。没错，塞拉西国王到来的时候就是这样的。望一眼他的尊荣，我就改变了。他就是万能的神。你看到的正是万物的创造者。你内心的一切都会发生改变，仿佛有个开关被打开了，另一个就会被关上。所有人都是这么认为的。

[罗杰·史蒂芬斯] 塞拉西的到来对牙买加年轻一代的信仰，当然还有哭泣者乐队都产生了深远的影响。鲍勃不在时，乐队创作的曲子开始包含更加强烈的政治因素，尤其是一首名为《拯救我》(Rescue Me) 的歌。它是以塞拉西的到访为灵感创作的，后来才为世人所知。

邦尼·威勒：《拯救我》也是我们在后院里创作的其中一首歌。彼得还在自己的其中一张专辑中用另一种方式演绎过这首

---

1 圣痕指圣徒手足上的伤痕，与耶稣身上的钉痕相似。—— 译者注

歌，不过它还是属于那么一种类型：金斯顿西部硝烟四起，到处枪声不断，任何人都有可能被击中。人们其实并不是要用枪瞄准某个人的身体，而是在为了开枪而开枪。政治动机。大家只想让所有人都被卷入其中，所以朝谁开枪并不重要，只要对着某人开上一枪，对方就会找人回击。事情其实就是这样激化起来的。看到这一幕，我们决定坐下来写一首歌。这是哭泣者乐队的职责所在，我们就如同报纸。那时候，皇帝陛下刚刚离开（1966 年 4 月），政治活动已经拉开序幕。你会注意到，我们写到的是皇帝陛下将我们从那些枪支中拯救了出来，从那些连我们都说不清楚为何会领到自动化武器的年轻人手中拯救了出来。

［罗杰·史蒂芬斯］人们害怕共产主义者会占领牙买加岛。在这种恐惧的推动下，政治暴力冲突日渐升级。邻国古巴的成功革命导致美国试图破坏牙买加的类似活动。在如此危险的环境形势下，心怀对黑人权利斗争的全新憧憬，鲍勃即将返回自己的故乡。

第7章 哭泣者即将哭泣

[罗杰·史蒂芬斯] 马利在特拉华州度过了大约九个月的时间。在此期间，他一直在威尔明顿市的杜邦酒店擦地板，去克莱斯勒工厂的零件车间开铲车，想要努力挣够能让哭泣者乐队自立门户、掌控自身事业的钱。此前的两年间，他的热门单曲一首首上榜，却没能让他斩获任何经济上的奖励，这令他心灰意冷。他清楚自己和乐队伙伴们想在音乐之路上获得成功所需的一切要素：有趣的嗓音、能够谱曲写词的乐手、稍加设计的（通常能够引人发笑的）舞台表演以及对听众来说越来越有意义的歌词。这些都能令他们在人群中引起轰动。

邦尼·威勒：鲍勃回来时，独自一人去找了"考克森"，没有带上彼得或我，因为我与"考克森"正处于交战的状态。两人理论一番之后，鲍勃找到我们，说"考克森"是这样问的："你还打算用他们吗？"鲍勃回答："你说'用他们'是什么意思？你是说他们没落了，没有长进了吗？你这话是什么意思？""考克森"回答："当然了，他们有进步，进步还很大，但那两年都是你在带队。我想要知道你还愿不愿意带领他们。"所以说，他是在试图影响鲍勃，问他如今为何还要与这些人为伍，来唱歌就好了——就是你，鲍勃·马利。他并没有直话直说，但鲍勃可没打算这么做。他甩掉了"考克森"的手，答道："我不知道你在说些什么。他们依然很优秀。""考克森"知道，鲍勃已经察觉到我们之间正处于交战状态。若是他对我太过敏感，鲍勃会掉头就走。于是，他赞同地说了一句："是啊，鲍勃，你可以用他们。他们很好，正在进步。"

听了鲍勃出来后所说的话，我答道："听着，如果你打算去为'考克森'唱歌，就去吧。这一次我是不会和你一起的，我再也不会为'考克森'唱歌了！"但鲍勃想在第一录音室把《低弯下腰》（*Bend Down Low*）和《自由时间》（*Freedom Time*）的第一遍录完。录音的费用出自他从美国带回来的微薄存款，再加上"考克森"说的、克里斯·布莱克威尔寄来的英国唱片销售收入。布莱克威尔寄给"考克森"的钱可能有十万英镑，但"考克森"给我们的只有九十五英镑，就像饭桌上掉下来的面包渣。可哭泣者乐队还要拾起这些面包渣，把它们变成面包。就是这么简单。我们只会从中拿出几分钱来吃饭，剩下的都存起来去做唱片了。

既然有了属于自己的唱片厂牌，我们就可以开始自称"哭泣的哭泣者"了。对于"哭泣者"这个词的意义，我们已经有了更加深刻的理解。启用这个名称时，我们还是一群寻寻觅觅的年轻人。可如今我们已经找到了自己要找的东西：哭泣的人，那些正在哭泣的人。我们要为人民而哭泣，为那些受压迫的人而哭泣，为那些哭泣的人而哭泣。所以如今的我们就是"哭泣的哭泣者"。

我们设计了一个商标，三只手紧握着彼此，称它为"哭泣与灵魂"。这个名字的由来在于鲍勃娶了苏莱特斯合唱团的成员之一——所以哭泣者乐队与苏莱特斯组合如今已经紧紧交织在了一起，难分彼此，一脉相连。我们决定也称厂牌为"哭泣与灵魂（*Wail and Soul Them*）"，简称为"*Wail'n Soul'm*"，因为这两个名字的发音很像。

我们钻进录音室，录好了歌曲，带着磁带离开，压制了大约一千张空白的白色标签七英寸单曲唱片。《自由时间》是我们摆脱"考克森"的呼喊。相反，它另一面的单曲却成了热门。"划呀，渔夫；划呀，一分耕耘一分收获。"如今的我们可以收获自己的努力所得的回报了。即便到了那个时候，"考克森"还是自行发表了这首歌，从《低弯下腰》中分到了一杯羹，即便他并没有权利这样做。我们租用"考克森"录音室的钱是自己出的，不惜一切代价就是为了给自己的厂牌录歌，却还是被他占为己有。这全都是"考克森"耍的把戏，他就是吸血蝙蝠之父。

《低弯下腰》卖出了大约五万张的销量，而且在两三个星期的时间里一直盘踞榜首。起初，空白唱片的售价为二十一先令，后来被我们砍到了十二先令六便士，最终是七先令六便士。为"考克森"录音时，无论销量如何，我们每张唱片只能领到九英镑，现在百分之百都能到手。"考克森"每张预售十二英寸唱片要卖二十一先令，雇佣的乐手每张单面唱片却只能领到十先令。想象一下单面唱片只能领到十先令，公开售价却是二十一先令，乐手们会作何感受？这会让他们心烦意乱，就像让唐·德拉蒙德满心不悦一样。他过去常坐下来思考，可他的脑袋就是接受不了这种待遇，嗡嗡直叫。（1966 年时，一英镑的价值为 2.8 美元，所以唐·德拉蒙德一首歌的酬劳还不到 1.5 美元。）

[罗杰·史蒂芬斯] 刚刚归国的马利陷入的纷争还不仅仅是钱的问题。乐队内部的矛盾与国内的冲突局势都在持续恶化。到了 1966 年，在塞拉西到来之前，贝弗利·凯尔索就退出了乐队。她为鲍勃对丽塔采取的行动愈发感到忧心。

贝弗利·凯尔索：与丽塔成婚后，鲍勃暂时没有离开。动身前往美国之前，他在丽塔家的宅院里开了一间唱片行，就在丽塔家房子的前面。唱片行是用木板搭成的，地址是金斯顿 5 区格林尼治公园路 18A。唱片行的销量不错，规模不大，还算红火。我不常到那里去，因为我不喜欢看到鲍勃开店之后的生活，不喜欢他们如今起家谋生的生活方式。

西格里·卫斯理：我知道鲍勃刚开始的时候殴打过她。这就是他的性格特性之一。他是个十分严厉的人，说一不二，做起事来也是如此。如果你说的事情正是他要做的，他就不会动粗。但如果你说的事情招致他问道"你这话是什么意思"，那么它就像是一个球，你会看到他不管不顾地追在后面，一心只想要得到它。他真的是个非常激进的球员。

贝弗利·凯尔索：鲍勃在和丽塔结婚之后，家庭越来越大（也就是说子女越来越多），他却开始拈花惹草。其他女人还会到家里来探望他。他们将唱片行从格林尼治街迁去了奥伦治街，后来又搬去了比斯顿街。在奥伦治街开店时，鲍勃变得越来越受欢迎，乐队的名气也越来越大。女人们迎来送往，都是些不同的面孔。邦尼后来回到沟镇时，又和第一大街上另一个名叫达尔西的女孩扯上了关系。达尔西的姐姐帕特过去时常带着她到唱片行来，后来还怀上了鲍勃的孩子。鲍勃的第二个孩子名叫小罗伯特·马利。夹在中间，我不喜欢这个组合，因为他（罗比）的母亲和他母亲的妹妹都是我的朋友。看到他不想要丽塔，我为整个局面感到恼火。他曾经对待丽塔是那样的糟糕。我认为她不值得这样的待遇。

[罗杰·史蒂芬斯] 一次激烈的冲突终结了贝弗利与丽塔的友谊，导致她最终与乐队分道扬镳。

贝弗利·凯尔索：一天晚上，丽塔和我正在散步。帕特看到我们沿着街道走来，便走下台阶与丽塔争辩。丽塔不认识她，心中一无所知，于是我介入来，几乎失去了一只眼睛——那个女孩用一根手指直接戳向了我的眼睛。鲍勃听说此事之后便不再和我说话了，因为我差点儿要了她的命。她倒是很有勇气，用手指戳了我的眼睛。我随手抓了一块石头。她的哥哥和所有家人都在场，却没有人开口说些什么。正因如此，我没有回过头，而是避开、疏远了乐队。我是因为她、因为目睹了鲍勃在利用她才离开乐队的。

[罗杰·史蒂芬斯] 在听闻丽塔力图结束自己与鲍勃的婚姻之后，贝弗利不久便离开了牙买加。

艾伦·"天才"科尔：我觉得那段时间发生的事情真的让人十分沮丧。有些人甚至以为鲍勃一度发了疯，他们会说："天哪，他看上去已经疯了。"但事实并非如此，只不过是压力的缘故。他们看着他的表情——他是个喜怒形于色的人，事情不对劲时就会通过表情表现出来。那段时期，他们说他的脸上永远都"眉头紧锁"，永远，永远眉头紧锁。有过之而无不及，情况非常糟糕。这并不是他装出来的，你要明白，只不过是压力的缘故，和你想的装腔作势之人不一样，完全不是一回事。这只是鲍勃而已，只是一个注视着地球、看着眼前正在发生什么的男人。偶尔事情不遂他愿时，他都会憋在心里、挂在脸上。

[罗杰·史蒂芬斯] 最终，压力大到马利抛却了金斯顿的喧嚣，回到九里村，还带上了丽塔、邦尼、"憧憬"和彼得帮他务农，试图冲破文思全面枯竭的局面。这对于一向忙碌的哭泣者乐队来说算是彻底的隐退。

西格里·卫斯理：说起来真让人寒心。鲍勃回乡下务农去了。唱了这么多的歌，做事又那么优秀，出手的作品个个堪称一流——我觉得他却十分沮丧，而且什么钱也没有赚到。他的膝下还有刚刚出生的婴儿，日子着实艰难。

87

[罗杰·史蒂芬斯]这几乎就是《圣经》中的画面。颇具深意地结伴隐居山林，坐上年轻时最喜欢、有时还会在别人面前倒骑的驴子。他会经历可怕的伤痛，为自己的艺术找到新的焦点，带着焕然一新的自信回归。

西格里·卫斯理：作为一个出身山林的孩子，他回到乡下，着手种起了田，不过有时也常回到沟镇。那件事已然是他心里的牵挂，所以他必须回到城里，投身音乐事业，因为他的心中怀揣着音乐，一定要将它释放出来。这就像是约拿进入了鲸鱼的肚子！他必须要回来。

第 8 章　九里村的放逐

　　"憧憬"沃克尔：鲍勃回国后不久，我们便去了九里村。他想要回归自然，寻找自我，种种田，挖挖父辈便开始栽种的山药。我一直和鲍勃、丽塔待在那里；邦尼则是去了又回。我们从不会只待在一个地方，总是停留一阵便离开，回到镇子里去。不过鲍勃计划在乡下待上一段时间，整理一下思绪。音乐依旧常伴。入夜后，我们多半会在他当年出生的那间小屋里练歌。不过那里的夜可真是冷啊！山上阴冷刺骨，迷雾与云朵从门前飘过。鲍勃曾在那里写下《阳光在闪耀》（*Sun is Shining*），后来又在特拉华州写了《雾气弥漫的清晨》（*Misty Morning*）。当时我们正在弹奏甲壳虫乐队的《埃莉诺·里戈比》（*Eleanor Rigby*）。正是它给了鲍勃创作那首歌的灵感。《雾气弥漫的清晨》也一样，不过我们把那盘带子弄丢了！我真希望自己能把它找回来。

　　西格里·卫斯理：我还记得鲍勃的话是怎么说的。他说："西格里，山区之类的乡野非常清静，能让我们集中注意力。你懂的，我们在那能做的事情比山下多多了。"他也常回城里，偶尔还会四处拜访，不过他说在山上骑着驴串门的时候更接近大自然。他并没有说要远离疯狂的人群，不过他就是这个意思。

　　邦尼·威勒：哭泣者乐队曾经隐退过一段时间。鲍勃在写歌方面遇到了问题，所以我们决定动身前往九里村，那里是鲍勃的故乡，我也曾跟随父亲在当地住过一段时日。那是我们录完《美好时光》（*Nice Time*）之后不久的事情（1967年6月前后），是由许多原因导致的。普拉诺那一大堆妓院的事情让我们全都非常沮丧。这个狡猾的男人开始带着我们每个星期五出入舞厅。我们已经不再过那种生活了，审视并接受了拿撒勒教徒的誓言，不剪头发，不饮用任何的酒精。此外，由于我们来自沟镇，还和斯卡特莱茨之类的音乐家存在联系，我们被迫离开了公众关注的焦点。这对于哭泣者乐队来说是件好事，因为它给了我们离开的时间，让我们得以成为强大的作者、强大的歌者。

[罗杰·史蒂芬斯]九里村是他们重振旗鼓的一个机会，让他们得以思考自己真正想要成就什么，以及如何才能将其实现。

邦尼·威勒：哭泣者乐队所有的人都去了——我和当时的女友珍·沃特[1]、丽塔、"憧憬"、鲍勃还有彼得。乡下的人真的非常喜欢我们，我们曾经习惯与他们为伴，九岁、十一岁的时候曾与这些人相伴长大。所有人都是幸福而欢快的，是发自内心地欢迎我们，因为我们是来务农的，让他们感觉自己更优越、更重要了。原来哭泣者乐队也会来种田。这说明他们所做的一切都是好事。

鲍勃的外祖父曾经拥有一块被称为"史密斯"的田地，不过我们称之为"斯密特"或"西米特"。我们过去常说，"我们要去西米特了，去种地。"那是坐落在两山之间的一片美丽土地，其间还夹着一条很短的山谷小路。这么好的一片田地，没有一处斜坡，水是无法破坏任何东西的（也就是说，洪水是冲不垮任何一棵庄稼的）。我们种了山药、可可、黄豆、玉米、卷心菜、佛手瓜，还有一些南瓜——应有尽有。那地方距离我们居住的地方有三四英里远，每天往返就要七英里。

---

1 珍·沃特是朱迪·莫瓦特的化名。——译者注

我们有一头驴，是鲍勃童年的最爱。它是只长寿的动物，名叫宁宝。去种地的时候，我们都会牵上它，让它驮着两只篮子，里面装着所有重物，比如原料、面粉之类的。那段时间里，在工作最忙的某个夜晚，我们正用锄头清理田地，因为需要除掉灌木而把锄头磨得十分锋利。田被我们清理得干干净净，你几乎能够就地吃饭。锄头是鲍勃磨的。他肯定把它头朝上地丢在那里了。要知道，锄头的刀锋非常锋利时，是要头朝下放在地里的。他将锄头仰面放回地上，一不小心向后退了一步，忘记锄头还竖在那里，将右脚的脚底从一边割开到一边，割成了两半。伤口处连白骨都露了出来，也许大约有一英寸深，贯穿了整个脚底板。

他跌倒在地。我们一把抓住他，试图查看他的伤口。所有人都差点昏厥过去。丽塔开始胡言乱语，叫喊起来，意思大概是，我们该怎么办呀？鲍勃只说了一句"冷静"，然后开始挖土。他挖呀，挖呀，挖掉表层的土壤，直到露出纯粹的泥土，紧接着捧起一把土，撬开脚底的伤口，把泥土丢进去，再合上，然后撕下一截衬衫，把伤口系紧。痊愈之前，鲍勃一直踩着那只脚劳作。鲍勃·马利就是这种人，这种领袖，永远都不想让我们同情他的处境，动摇我们的内心。不过我们还是会让宁宝驮着他，好让他在康复期间不必下地走路——这大概花了一个月的时间吧。

彼得并没有在我们身边逗留太久。他始终都不想在乡下种什么田，才过了一个多星期便开始想念城市里的生活。他告诉我们："天哪，我可过不了这种日子。那么多萤火虫之类的东西。见鬼，我可应付不来。"

鲍勃终于开始重新写歌了。他再次拾起笔，找回了那种氛围，因为他当时正在经历一些着实十分严重的问题。就连他动笔写下的歌都能让人听出些许忧思，比如《麻烦又来了》（*Trouble*

内维尔·威洛比 | Neville Willouhby
退伍军人、牙买加广播员，图为威洛比在俯瞰金斯顿的山间住宅，摄于 2003 年 1 月

on the Road Again）。不必劳作的时候，我们会练歌，乐队的许多歌曲都诞生在这里：《葬礼》（*Burial*）、《智慧》（*Wisdom*）、《逗号，逗号》（*Comma Comma*）。一切是那样的单纯而和谐。我们常在山顶上的房子里练歌。那里曾是鲍勃的第一个家。内维尔·威洛比会从金斯顿赶来为鲍勃录像，记录下他抱着被我们称为"贝琪"的大吉他唱歌、骑着宁宝翻山越岭。

[罗杰·史蒂芬斯] 内维尔·威洛比是牙买加广播界的老前辈之一，毕业于金斯顿学院和多伦多大学。他的第一份工作是供职于牙买加广播与转播网络公司，后来去了牙买加广播公司的电台，还参与过该公司的早期电视运营。他将亲眼目睹马利有幸与美国灵魂流行乐之星约翰尼·纳什在金斯顿的教派集会聚会上见面，还将担任颇具历史意义的1978年"唯一的爱与和平"演唱会主持人，并将于1973年和1979年对鲍勃·马利进行他最著名的两次访谈。

内维尔·威洛比：老实说，鲍勃·马利第一次引起我的注意是他那首《美好时光》。太好听了，我实在太喜欢那张唱片，播放过它许多次。一天，我正待在牙买加广播公司的其中一间演播室里，一个男人走了进来。我正坐在控制室中，而他穿过房门，步入了走道。出于某种原因，注视着他进屋时迈步的样子，你就会为他身上散发出的某种气质魂颠倒。我清清楚楚地记得，他穿着一身卡其布衣裤，脚蹬一双沙漠靴，手里攥着一把吉他，还留着一头脏辫。这是我第一次亲眼见到这个家伙。老实说，我起身走到屋外，询问话务员："刚才走进录音室的那个男人是谁？"他可不是什么穿着奇装异服的人，而是背着一只几乎破损了的吉他箱。不过他走起路来的样子倒像个大人物——我觉得可以形容为庄严而气派。我问道："那个男人是谁？"她回答："鲍勃·马利。"你是说唱过《美好时光》的那个人吗？"我追问道。从那一刻起，我便下定决心，嘿，我一定要试着和他聊聊天。这稍稍费了些工夫，因为他不想和任何人说话，对参加广播节目并不感兴趣，何况采访他还必须经过两个人的同意：要不就是他的妻子丽塔，要不就是摩尔迪莫·普拉诺。他们必须开口证明，打算采访他的那个人是没有问题的，并没有任何企图。显然，他曾经有过和某些制作人、采访者交恶的糟糕经历。我不知道以前有没有人采访过他。现在回想起来，我认为这可能是因为他是个内向的人。

话说回来，在下定决心要试着去采访他时，我去了沟镇（我找到了他住的地方）。丽塔微笑着开了门，看上去十分亲切。你知道，她是个非常讨人喜欢的人。我把自己想要采访鲍勃的事告诉了她。我能看到，他正和普拉诺坐在里面。我不记得那是谁家的宅院了，但记得他正和普拉诺坐在里面的一张长凳上。我说，我想要进行一次采访。她表示自己得和鲍勃商量一下，最后告诉我改天再来，看看鲍勃答应了没有。她会告诉他，我是个可靠的人。我很可靠，你知道吗！我觉得自己曾在联邦唱片的录音室里见过她一面。我第二次回来的时候，她告诉我："没问题，他愿意接受你的采访。""好的！"我回答，并决定在电视节目《这里见》中采访他，去乡下拍摄一部小短片：（用煞有介事的声音说道）"驴背上的鲍勃·马利的传奇影片"。一片雾气之中，鲍勃骑着驴出现在普利克利·波尔区，就在九里村的附近。那天晚上，他其实跟我提起过，他们拥有一小片田地，有机会便会去瞧瞧自己种的山药长得怎么样了。在此之前，我们其实去过普利克利·波尔区，并且曾经在地里驻足。他和丽塔还下地挖了些山药之类的东西。我们决定拍些他们挖山药的照片，用在影片里。当时还是胶卷录像带的年代，必须把负片转换成能够播放的正片。当时我并没有意识到应该把胶卷保存下来。

那个时候正值鲍勃暂时从乐界隐退。他离开了那个圈子，返回九里村生活。在某种程度上，他是在九里村隐居。我不知道是什么令他如此心烦，又让他对旁人如此多疑。

[罗杰·史蒂芬斯] 起伏的山峦间，时间缓缓流逝。挺着孕肚的丽塔在田间艰难地栽种山药、土豆和卷心菜。后来，哭泣者乐队的一次分裂导致了其音乐风格的重大调整。邦尼因为吸食大麻而被逮捕入狱。

第9章 在 JAD 唱片公司的岁月

[罗杰·史蒂芬斯]1967 年 7 月至 1968 年 9 月，邦尼因捏造的大麻罪名锒铛入狱，刚开始时在普通监狱服刑，后来去里士满的劳教农场忍受了一年艰苦的劳作。那里的囚犯每周五晚都会收听《哭泣与灵魂的时间》（*Wail' n Soul' m*）的节目。在这个以哭泣者乐队厂牌歌曲为特色的节目中，他听到了自己不在时录制的一首首歌曲：《英镑遭到了打击》（*Pound Get a Blow*）、《内心受伤》（*Hurting Inside*）等。邦尼坚称，它们中没有一首成为过热门歌曲。

邦尼·威勒：如今的哭泣者乐队似乎已经失去了活力。老实说，某个阶段，鲍勃曾经陷入过沮丧，只能胡乱拨弄着吉他说："啊哇哦，哭泣者乐队在监狱里见鬼去了。哭泣者乐队已经不复存在了，我们回不到正轨上了。"

内维尔·威洛比：在那之后，约翰尼·纳什和丹尼·西姆斯就来了。大约是 1967 年的事情。

[罗杰·史蒂芬斯]丹尼·西姆斯是个颇受争议的发行人、唱片公司老板。在鲍勃·马利以专业唱片艺术家和曲作者身份出道的过程中，他将扮演至关重要的角色。

丹尼·西姆斯：开曼音乐是我在 60 年代中期创建的一家发行公司。我的一位律师朋友带我去了开曼群岛，于是我以群岛的名字命名了这家公司。1962 年，我开始与约翰尼·纳什合作，并于 1965—1966 年间组成了开曼音乐 JAD 唱片公司。公司签下了鲍勃·马利与彼得·托什作为词曲作者和唱片艺术家。丽塔·马利也拿到了录音与发行合同。邦尼出狱时签订的是词曲作者的合同（这一点遭到了邦尼的否认）。

我在牙买加有个非常好的朋友名叫内维尔·威洛比（威洛比的父亲是位律师，帮忙建立了 JAD 唱片公司），我和他的家人都是挚友。他毕业从英格兰回到牙买加时，曾在广播电台工作。一天，他来请我们前往沟镇参加一场教派庆典。约翰尼·纳什去了，当晚回家后对自己遇到的那个名叫鲍勃·马利的小伙子赞不绝口。他说鲍勃唱的每一首歌都直击人心，应该马上把他签到我们的唱片公司里来。

内维尔·威洛比： 丹尼是个出色的商人，还是我们全家人的朋友、我侄女的教父，所以经常会来家里做客。他拥有自己的唱片公司 JAD（即约翰尼、亚瑟和丹尼的名字首字母的缩写）。公司名称中的第三个人是亚瑟·詹金斯，一位制作人，也是个出类拔萃的音乐家！

丹尼聪明绝顶，几乎签下了你能想到的所有牙买加音乐人，以防制作完任何人的唱片之后破产！我也被签给了 JAD 唱片公司。还有德雷克·哈里亚特、拜伦·李——凡是你能说出来的，就没有不归属他旗下的。如今，他正在等待某个能够一鸣惊人的人，然后就碰巧听说了鲍勃·马利。

那天晚上，他们来找我，被我带去参加了一场传道活动。哦，如今回想起来，这就像是一场梦。那场活动类似肃穆的教派礼拜，不是在普拉诺家的宅院里举办的那种。我们最终来到了金斯顿深处的一个地方，进门后看到里面全都是宗派门徒；长老们也在场，就像一场教堂礼拜，十分引人入胜。我猜测，那里应该有四五十人，大部分都是年龄各异的教徒，还包括孩子在内。丽塔、彼得和鲍勃也出席了活动，以三人组的形式献唱。一切都伴随着阿基提鼓（Akete）的声音和宗教鼓点催眠般的响声。

丹尼·西姆斯：第二天一早，在摩尔迪莫·普拉诺的陪同下，鲍勃带着妻子丽塔和彼得·托什来到了我家。鲍勃弹着吉他，为我们演唱了大约三十首歌。我邀请鲍勃在我家吃早饭，可我的仆人却拒绝为他服务，掉头走开了：他们是不会服侍一个抽大麻的教徒的。后来被我找来的仆人也拒绝为他服务，纷纷辞职。于是，摩尔迪莫让蓄着脏辫的杰夫来到我家，为我们做饭、工作。

内维尔·威洛比：丹尼第二天有没有把他带去他位于罗素山庄的家？我不知道此事是否准确，但我知道在那之后，鲍勃、彼得、丽塔、约翰、丹尼、亚瑟、我，以及另外好几个人经常待在那座房子里，排练节目，日日如此。后来，我们还会去录音室。不过，重要的是，鲍勃的歌都是在（制作人）兰迪·金的 17 录音室楼上录制的。

丹尼·西姆斯：摩尔迪莫是他的经纪人。鲍勃说他想让摩尔迪莫与我们达成一项协议，由我们来处理他的唱片，于是双方展开了谈判；我们开始在沟镇逗留。鲍勃会在这里留宿，还会趁我们不在家时占用房子。某些夜里，我熬得实在太晚，便会睡在那里。约翰尼·纳什也一样，我们成了朋友。这些都是在罗素山庄 43 号发生的事情。他在那里待过两三年的时间。

[罗杰·史蒂芬斯] 很快，哭泣者乐队开始为丹尼·西姆斯效力，给约翰尼·纳什与其他艺术家写作歌曲。

丹尼·西姆斯：我会给彼得、鲍勃和丽塔开固定工资，每周一百美元。邦尼还在监狱里。我与鲍勃·马利的合同中指明，他在合同期内为我录制的任何内容都归约翰尼·纳什和丹尼·西姆斯所有。此外，摩尔迪莫·普拉诺、鲍勃·马利、约翰尼·纳什和丹尼·西姆斯之间还有口头协定与同意书，是由内维尔·威洛比的父亲起草的，表明鲍勃·马利录制的所有歌曲最终都会被写进后续那份更加宽泛的合同中。我们希望能在美国签署这些内容，因为当时的牙买加基本上就是个盗版市场，不存在版权法，所以在这里签署合同的有效性值得怀疑。我们想在自己故乡的管辖下签署合同。

在原始的合同中，摩尔迪莫·普拉诺可以从我们当时和未来发行的所有作品中抽取百分之一的提成。邦尼·威勒服刑期间，丽塔将代替他领取版税。当时，丽塔能从我们为她和鲍勃制作的所有产品中获得版税，不管他们是出任和音歌手还是领唱。邦尼·威勒出狱后将她踢出了乐队，不想让她从中获得任何一个百分点，也不同意能让她分钱的那份协议。

内维尔·威洛比：约翰尼录制的第一首出自他们之手的歌是彼得·托什的《爱》（*Love*）。实际上，彼得·托什写下这首歌时，我就在房间里。我们坐在罗素山庄宅院的其中一个房间里，等待丹尼。天色有些晚了，于是彼得漫不经心地弹啊，弹啊，开口唱了一句，接着又唱了些别的什么，然后唱到了爱，随后继续漫不经心地弹啊，弹啊。过了一会儿，他开始往里面添了几句什么，紧接着又加了些别的。老实说，我对他说了一句："嘿，等等，你在写歌吗？"他说："是的"。于是我坐了下来，在他写下这首歌的过程中一直聆听着。当我把这件事情告诉大家时，他们却说："彼得·托什怎么能写出'你出于爱做过的每一件小事'？听上去不像是彼得·托什的作风啊。"你懂的，他们认为彼得·托什就是"行走的剃刀"，始终是个叛逆者。不过他的身上也有那样的一点，能够写出优美的情歌。这首歌就是优美的情歌，"你出于爱做过的每一件小事"。

[罗杰·史蒂芬斯]20世纪60年代，不满金斯顿设备匮乏、牙买加音乐人又缺乏正式培训，JAD团队在北美针对最顶尖的几位乐手进行了尝试，使岛国的旋律能够适应品位更加复杂的观众。

丹尼·西姆斯：让我来给你解释一下那个年代的录音方式吧。我们前往牙买加时，那里的音乐人其实是不会准时来录音室的，乐器其实也弹得不准。因此，我们当时与亚瑟·詹金斯和约翰尼·纳什合作起来感觉不到什么共鸣，与多伦多的林恩·泰特合作了（约翰尼的）《抱紧我》(*Hold Me Tight*) 专辑（这也是纳什的主打热门歌曲）。我们还与（键盘手兼编曲家）杰基·米图一起录过许多次音，发现生活在多伦多的牙买加音乐人与美国或加拿大的音乐人是平等的。因此，我们与杰基·米图等人的合作十分频繁，还把埃里克·盖尔带去进行吉他伴奏。休·麦塞克勒也被我们带了过去，在多次录音过程中吹奏小号。伯纳德·普尔迪、查克·雷尼、理查德·蒂也曾为艾瑞莎·富兰克林伴奏。

我们想要使用地道的旋律乐器，但是为了拥有完成制作的有利条件，总是要转战美国或英格兰。在牙买加，我们始终没有拥有过什么设施或是多音轨设备，有的只是双轨或三轨。当时，三轨设备在牙买加就已经是非常了不起的东西了。我们为兰迪·金引进了这种设备。双轨设备的下一级就是三轨设备，兰迪·金就有这么一台。我们替他负担了费用，每天都去那里录音。可当我们转战美国时，下一级就是八轨设备，再下一级则是十二轨，所以我们在制作唱片时与普通人有着很大的不同，因为我们的唱片是按阶段剪辑的，也是按阶段完成的。我们剪掉了许多音轨。

丹尼·西姆斯：我们的目的是配合美国与英国的广播格式，根本就不在乎唱片在加勒比海地区的销量。反正我们也领不到报酬！约翰尼是个充满创意的家伙。要是他想做成什么事情，我就会让它实现。要不是因为约翰尼·纳什，雷鬼乐永远都成不了影响全世界的国际化音乐。

[罗杰·史蒂芬斯] 约翰尼·纳什还会继续录制许多首哭泣者乐队的歌曲，比如《逗号，逗号》(*Comma Comma*)、《激情燃烧》(*Stir It Up*)、《番石榴果冻》(*Guava Jelly*)、《美好时光》、《美妙心情》(*Mellow Mood*)、《百老汇大街上的雷鬼乐》(*Reggae on Broadway*)以及《动起来，宝贝》(*Rock It Baby*)。这些歌大多都是美国人初次接触洛克斯代迪音乐与雷鬼乐时的曲目，虽然都是为了迎合外国听众而被"净化"过的版本。当然，伴随小米莉·斯莫的《我的棒棒糖男孩》(*My Boy Lollipop*)，斯卡音乐早在几年前就已成为世界各地最热门的音乐类型。尽管如此，这张唱片还是被视为是某种创新。

在这样的背景下，JAD唱片公司对将哭泣者乐队推向主流怀抱着很大的希望，尤其是乐队的主要词曲创作者马利。公司还希望按照国际化的标准来打造他们。

丹尼·西姆斯：我在思考为鲍勃录音的事情。在我眼中，他是个唱片销路大好的艺术家。和亚瑟·詹金斯、约翰尼·纳什与吉米·诺曼一起，我们把哭泣者乐队送进了录音室。

内维尔·威洛比：亚瑟·詹金斯是位出类拔萃的曲作者，是个真正的行家，我非常钦佩他。他真是个优秀的音乐人，即便偶然碰到他，任何乐器他都能上手教你如何弹奏。

丹尼·西姆斯：录音这段时间前后，内维尔也陪在我们左右，因为他是广播界的重要名人。他的家人与我如同世交，所以他知道正在录制的一切内容。我们会使用兰迪·金的录音室，有时也会使用拜伦·李的录音室，不过占用前者的时间最多。我们的许多作品都是在联邦唱片的录音室里制作完成的。拜伦·李还为我们贡献了《美妙心情》这首歌。厂牌上写了鲍勃和另外两人的名字，那是在邦尼入狱服刑期间，所以这两个人便是丽塔与彼得。

[罗杰·史蒂芬斯] 初次接触国际流行音乐专业人士的经历迫使马利和他的乐队伙伴们去接受新的训练。

丹尼·西姆斯：我们带来了吉米·诺曼，由他来辅导鲍勃。"贸易船"组合最热门的歌曲大多数都出自吉米之手。我们得到了大约二十三首由吉米创作、鲍勃演唱的歌曲，着实喜出望外。约翰尼·纳什也为鲍勃创作了《你的心意》（*You Got Soul*）之类的歌曲。当时，吉米·诺曼与我们合作得非常卖力，因此我在第一张专辑中采用了他的两首歌。

吉米·诺曼：第一次见到马利，我就对他的精神追求印象深刻。当时，他还没有蓄起脏辫，一心想着音乐，随时随地都在唱歌。这正是他吸引我的地方，因为最初的三四个月中，他与彼得说的话我一句也没有听懂过，全都是方言。我们会坐在草坪上写歌，然后钻进用丹尼家客房改造成的排练录音室，当场将歌曲录制下来。在那里，我们装配了一台小小的纳格拉磁带录音机。我还记得鲍勃总是说，音乐能给他们带来教训。每一次，他们交错安排和声的方式都会给我留下深刻的印象，和印象乐队有几分相似，只是有些落后，这赋予了他们某些特别之处。只要是与音乐有关的事情，他睡觉、起居时都会惦记在心里，非常重视。我几乎没有见过他吉他离手时的样子。鲍勃见到丹尼家的宅子时说过："老天啊，我有一天也想住进这样一个地方。"

丹尼·西姆斯：我认识约翰尼·纳什时，他还十分年轻，训练有素，能够熟练地运用话筒技术等。我们想让鲍勃唱歌，这样你才能看到他的脸。他长着一张十分英俊的脸。不过，他要是把麦克风举到面前，脸上的表情就看不到了。因此我们会要求他把麦克风举到下颚下方，得到的音量是一样的。这花了很长一段时间。一唱起歌，他就会手舞足蹈。只要歌声一起，他就会进入最佳的神游状态之中。

吉米·诺曼：我记得的最初几件事情之一是他必须让鲍勃在麦克风前站稳，因为鲍勃会到处乱蹦，害得我不得不教他如何才叫好好录音。

[罗杰·史蒂芬斯] 通过 JAD 唱片公司的人脉，马利从美国录音室乐师那里受益匪浅。反过来，他们也受到了他的影响。这批新来的导师中就有亚特兰大唱片公司的主力鼓手、录音室乐师伯纳德·普尔迪。20 世纪 60 年代，伯纳德曾为约翰尼和丹尼替哭泣者乐队的许多录制内容进行伴奏。

伯纳德·普尔迪：我曾在牙买加为鲍勃伴奏，随他录音。我们着手处理音乐的模式不拘一格，还有时间进行修正，使之成为了令我倍加珍视的一段记忆。他的音乐总是令人愉快，旋律优美，曲调与众不同。一想起鲍勃，我的脑海中总是会出现这样一幅画面。我们离开录音室稍作休息时，鲍勃经常爬上山，找一块大岩石躺在上面，点支烟，心平气和地问道于自然。那里的音乐家们教会了我，真正的雷鬼乐通常要由五个不同的人来弹奏打击乐器。凭借从鲍勃·马利的乐手那里学来的东西，多年来，我在自己的音乐中也融入了不少雷鬼乐的感觉。举例而言，你可以听听艾瑞莎·富兰克林的《白日梦》(Day Dreaming) 和《洛克斯代迪》(Rock Steady)、凯特·史蒂芬斯的《外来人》(Foreigner)、约翰尼·海瑟威和罗伯塔·弗拉克的《爱在何方》(Where is the Love)。

丹妮·西姆斯：我们和鲍勃制作许多首歌时，都只是在录音室四处走动，看看自己能想出什么主意。鲍勃是个灵活变通的人，愿意与我们一起进行种种不同的试验，试图想出一首主打单曲。我们发行过考希尔合唱团的作品，还让鲍勃翻唱过他们的歌。"箱顶"合唱团（Box Tops）的那首《书信》（*The Letter*）也是我们鼓励哭泣者乐队翻唱的。我们还和鲍勃做了许多柯蒂斯·梅菲尔德已经录制完毕的歌曲，甚至以为这些歌起初是鲍勃自己写的。

[罗杰·史蒂芬斯] 服刑十四个月之后，邦尼终于获释出狱了。

邦尼·威勒：1968 年 9 月，我一出狱便一门心思投入了录音室的辛苦工作之中，连续数个小时倍加努力地唱歌，唱的是《奶昔与薯片》（*Milkshake and Potato Chips*）。我们两三天就要学唱一首歌，因为吉米·诺曼写歌的速度很快。他们会选择由谁来领唱这首，由谁来领唱那首，还会强塞歌来让你领唱。不过乐队的事业已经走上了正轨，何况这些家伙知道他们在做些什么。他们认为你的嗓音适合哪种模式，就会把哪种垃圾塞给你。当时，约翰尼·纳什的手头十分阔绰，因此我知道他花了不少钱。他们来牙买加不是做生意的，而是来消遣的。阳光岛屿、日光浴和无数的姑娘——肤色纯净的非洲姑娘。所以说，这才是他们到这里来的目的，只不过后来偶然遇到哭泣者乐队，才发现这种音乐和这个组合。他看到了签下鲍勃发行权的机会，便放手一搏，竟然做得还挺顺手。

丹尼·西姆斯：我想说，在这些艺术家中，邦尼可能是歌唱水平最好的，只要他一直演唱现代美式歌曲。鲍勃别具一格，魅力四射，显然是个超级巨星。不过你能在这个组合的身上看出，他们三个全都是超级巨星，从小一起长大——全都是超级巨星。而且他们都会写歌，当时也都出过单曲。我们为他们录制过近九十首歌曲。

[罗杰·史蒂芬斯] 邦尼的回归再次改变了乐队的互动方式，使他很快就被卷入了 JAD 唱片公司要求的系统性工作安排中，录制吉米·诺曼针对白人青少年市场创作的歌曲。与此同时，彼得也在接受录音任务，以弥补"哭泣与灵魂"的微薄薪水，并为另外几位制作人发行了几首器乐曲单曲。不过，他对哭泣者乐队不断发展的音乐风格作出了重要贡献，甚至曾被带去美国，在纽约各大录音室里为其他的艺术家录音。

丹尼·西姆斯：彼得还有自己的事情要做，不过他百分之九十的时间都与我们在一起，大家每制作一首歌几乎都要用上他的吉他。是他将我们团结在一起，将我们的韵律凝聚成歌。在洛克斯代迪音乐风格方面，彼得就是一位老师——还有保罗·扈利。彼得会指引我们，而我们也会围绕在彼得·托什的身旁。与我合作的人中，没有谁能比彼得更招我喜欢。他永远都和我们在一起，永远！在韵律方面，我将他视为如直布罗陀巨岩一般可靠的人。

我们也不能轻视丽塔·马利的角色。我记得约翰尼·纳什曾称她为"非洲的麦当娜，她拥有丝绸与蜂蜜般的嗓音"。她每天都与鲍勃在一起，为他演唱各种和音。我觉得她的嗓音是我听过最能赚钱的之一。

我为他们所有人感到兴奋，尤其是鲍勃。我记得自己曾给鲍勃身居特拉华州的母亲塞德拉·布克尔打过电话，告诉她鲍勃的乐队即将成为全球最受追捧的音乐组合之一。每次我见到她，她都会提醒我这一点。

丹尼·西姆斯 | Danny Sims（左一）　　　　乔·梵纳瑞 | Joe Venneri（左二）
吉米·诺曼 | Jimmy Norman（右二）　　　　亚瑟·詹金斯 | Arthur Jenkins（右一）
JAD 唱片公司团队在 SOB 音乐演出场所庆祝互动光碟《全能上帝的灵魂》（*Soul Almighty*）发行，1996 年 4 月摄于纽约

第 10 章　莱斯利·孔与塔夫冈的相遇

[罗杰·史蒂芬斯] 所谓的 JAD 时期（1968—1972）为哭泣者乐队开辟出了两大并行事业：一方面，乐队利用自己的唱片公司"哭泣与灵魂"——后来改名为塔夫冈——在加勒比海地区的国内市场制作并发行唱片；另一方面又通过 JAD 公司出品投放于国际市场的作品。在唱片的播放方面，他们仍会遭遇困难，因为要想在当地播放唱片，只能依靠贿赂。因此，乐队的销售额始终不足以完成他们建造自己的房子和录音室这一梦想。

1970—1971 年间，马利曾与约翰尼·纳什前往瑞典，帮助纳什在那里制作的一部电影配乐。牙买加制作人莱斯利·孔与李·"斯科拉奇"佩里都为鲍勃带来了新的机遇，但这两条道路都是在极度沮丧中黯然收场的。鲍勃建议哭泣者乐队让他的足球偶像、好友艾伦·"天才"科尔担任经纪人，因为他非常愿意通过非传统的方式播放哭泣者乐队最新的作品。

与此同时，鉴于乐队正努力从第一录音室脱身，法律事务也占据了他们不少的时间。

丹尼·西姆斯：约翰尼·纳什的《抱紧我》制作完成之际，我们已经与鲍勃·马利合作了近一年，而他这才签订正式的合同。尽管大家每天都在一起工作和录音，但是在鲍勃·马利坐进我方律师沃特尔·霍夫勒在美国的办公室之前，我们一直没有签订过什么正式的合同。我们回到特拉华州之后，他、丽塔与他的母亲这才北上，签下了他的第一份合同。后来，我们又把合同带去牙买加，签下了乐队里所有的人。

[罗杰·史蒂芬斯] 在这份协议的约束之下，鲍勃将为约翰尼·纳什以及 JAD 唱片公司旗下的其他各国艺术家创作歌曲。

摩尔迪莫·普拉诺： 这对乐队来说是一段艰难的时期。我、丹尼及约翰尼下定决心，不能再让鲍勃陷入相同的境地——坐在沟镇的宅院里忍受警察的暴力与骚扰——以保护我们的成果。我们想要展现鲍勃最优秀的一面，而他最优秀的一面是需要由他自己来发掘的。

丹尼·西姆斯： 鲍勃与我们取得联系，说他想要获得在加勒比海地区发行唱片的权利。我们批准了。毕竟他也得谋生。我们拥有在全世界范围内发行其唱片的独家权利。那些作品当时已遭世界各地盗版业者的非法播放，盗用现象屡禁不止，其始作俑者便是（莱斯利·孔的）比弗利唱片和李·佩里。

[罗杰·史蒂芬斯] 马利与 JAD 唱片公司之间的协议以及丹尼提到的盗版现象将成为日后紧张局势的主要原因，导致众多的冲突。不过，截至彼时，丹尼还是马利及其天赋的坦诚支持者，会在其事业的关键时刻为他提供经济与专业上的支持。

丹尼·西姆斯： 我与摩尔迪莫·普拉诺的首要任务就是向"考克森"索要版税。鲍勃和摩尔迪莫告诉我，"考克森"还欠他十几万美元的版税，想要我把钱要回来。于是我找到了内维尔·威洛比的父亲。他说："丹尼，你在牙买加的法院里是永远打不赢'考克森'的。"那白人马利家族的权势呢？我找到了诺瓦尔·马利一位做律师的兄弟。马利家族都是些有钱人。我告诉他们，我认为鲍勃·马利可以成为比肩猫王的巨星，他们当即便有了兴趣，表示愿意替他申诉。他们说这个案子是可以接的，但条件是要鲍勃·马利谴责当地教派。

就这样，1967 年，我将"考克森"告上了法庭，却发现他手握一纸合同，并不欠鲍勃一分钱。非要说的话，他并没有在加勒比海地区卖出足够收回录制成本的唱片。于是我道了歉，放下了此事。

[罗杰·史蒂芬斯] 摩尔迪莫·普拉诺扮演着哭泣者乐队顾问的角色，却并非总是将他们的利益放在心上。邦尼获释出狱之后，鲍勃曾给他讲述过普拉诺背信弃义的一件事。

邦尼·威勒：哭泣者乐队想举办一场免费演出。鲍勃正在家中做着准备，却接到消息说摩尔迪莫·普拉诺正在剧场收钱，于是他决定不露面演出，而是开着小小的大众汽车去了九里村。当人们听说鲍勃·马利不来的消息时，普拉诺不得不退还自己收下的每一分钱，气得他一路开到九里村，扬言要杀了鲍勃，身旁还带着一个名叫杰夫·福克斯的小矮个，这个疯疯癫癫的小伙子是普拉诺的小跟班之一。

[罗杰·史蒂芬斯]：普拉诺利用免费演出骗取观众钱财的行为令鲍勃怒不可遏。要是鲍勃登台演出，会害他看起来像个伪君子，与普拉诺沆瀣一气。据鲍勃所言，普拉诺总是试图设计陷害自己。

后来，鲍勃的朋友弗兰基·达克听说普拉诺的人正在谋划烧掉鲍勃和丽塔居住的小棚屋，也就是丽塔的姑姑在金斯顿的宅院。鲍勃提醒了形同社区保护者的维京帮派，让他们在普拉诺等人接近目标的途中冷不防地发起伏击。在弗兰基·达克的亲自带领下，这群人十分愿意将他们赶尽杀绝。普拉诺手下的暴徒们惊恐地四散逃开了。尽管如此，马利与普拉诺在未来的日子里还是有过多次合作。

艾伦·"天才"科尔：1968 年 6 月，鲍勃对摩尔迪莫·普拉诺为他创作的《塞拉西即教会》(*Selassie is the Chapel*) 进行了剪辑。录音时我并不在场，而是去了学校，不过我知道这件事情。唱片的节奏中伴有"FVR"的唱词。我觉得它的意思应该是类似"为了拉斯特法里的胜利"。

[罗杰·史蒂芬斯] 作为鲍勃所有作品中最罕见、最受欢迎的其中一首，《塞拉西即教会》最初只印制了二十六张唱片。它是《在教堂中哭泣》(*Crying in the Chapel*，猫王时期一首近代流行热门歌曲）的独唱版本，被普拉诺改编了一些歌词。据他所说，这首歌是 1968 年 6 月 8 日在牙买加广播公司的录音室中录制的。没过多久，哭泣者乐队集体离开了普拉诺，从而得以在牙买加范围内开始对自身事务掌握更多的控制权，一边践行自己对JAD 唱片公司的承诺，一边制作唱片。

艾伦·"天才"科尔：至于我与鲍勃的相识是如何转化成友谊的，让我来告诉你好了。1968—1969 年间，我在穿过沟镇时常偶然遇见鲍勃，于是会走过去与他打声招呼，看到他和普拉诺在一起。大部分时间里，我都是在普拉诺家的房子里和他见面的。不过，我曾有一段时间会和一个名叫盖理·霍尔的家伙为某（足球）队伍踢球。盖理对音乐行业很感兴趣，他也许算是在伦敦为英国广播公司工作的第一批牙买加人之一。当时，盖理是"活力之声"的总经理。出于某种原因，我在为他的球队"真实莫娜"效力。那段时间里，我、鲍勃和几个小伙子开始在球场上与他们对抗。我们会从沟镇带来一支队伍，他们也会从东边赶来与我们比赛。所以，是盖理将我们集合在了一起。当时的鲍勃（以及哭泣者乐队）已经独立一段时间了，遭遇了一些问题，于是盖理把我叫来，开始教我从业之道，我便带着鲍勃找到了他。

1967—1968年间的一蹶不振令他们经历了许多磨难。鲍勃一度心灰意冷，动身回到了乡下。他赚不到一分钱，也没有人愿意播放他的音乐。不过我出现的时候，一切都有了改观。我们开始通力合作，改头换面，还开辟出一条路，使当时的许多独立承办人都能得以共同存活。那是个十分艰难的年代。顶尖公司与独立制作人把持着一切——哦！我的上帝，令人难以置信。那个时候，要是你作为制作人甚至是艺人却进不了牙买加的大公司，就没有任何希望。当时的牙买加艺人对音乐行业一无所知，所以一直备受折磨。那些没有良心的制作人简直就是在剥削这样的天赋。要是艺人着手试着为自己录歌，是无法得到广播电台的播放的。哭泣者乐队的遭遇就是如此，他们和其他所有艺人毫无二致——没有播放量。如我所言，在此之后，我们对这一切发起了挑战，深入业内，使得万事都得以改头换面。

[罗杰·史蒂芬斯] 他们掀起的变革偶尔还会招致恐吓或是肢体冲突。

艾伦·"天才"科尔：当时的制作公司就是制作人。他们掌控了一切：广播电台、商业贿赂、榜单等。直到我们深入其中，才开始分得一杯羹，但我们不得不打破重重阻力，因为那时没人肯收我们的钱——没有谁会从那些人手中拿钱。我们不得不集结街头势力，按照自己的意愿行事。如果有人不愿播放我们的音乐，我们就必须去找他谈话，威胁他，有时还不得不做些扎车胎之类的事情。那都是我们逼不得已才做的：把拳头举到某个人的面前，我们不得不这么做，派那些能够包办此事的人去下手。必须如此。但我们从未杀过任何人，你懂的！

邦尼·威勒："天才"所做的一切的确促进了哭泣者乐队在广播界的发展。他这么做都是出于自己的缘故，可不是代表哭泣者乐队，因为我们并不支持他。我们从未叫他出手打过任何人，一个也没有！恐吓是有的。因为这就是游戏规则。

不过，说到打人，"天才"可从未打过任何人，只会带着几个肌肉发达的家伙走来走去。那都是些你不敢与之说话，也不会与之理论的人。皆大欢喜。"天才"也会给这些家伙分红，给他们点钱，但只是为了确保唱片能够有人播放！他把唱片送去广播电台的时候，我多半都在场。谁也不曾出手打过谁，只是恐吓而已。

[罗杰·史蒂芬斯] 鉴于"天才"开始让哭泣者乐队得以在公开场合更加频繁地露面，鲍勃重新起用了曾在 1962 年为他制作过前两张独唱唱片的莱斯利·孔。哭泣者乐队下定决心，要在牙买加做些空前之举：一张类似甲壳虫乐队的《佩伯军士》(*Sergeant Pepper*) 和滚石乐队的《撒旦陛下》(*Satanic Majesties*) 的主题专辑，潜台词是在乐队重返乐坛之际进行自我鼓励。1970 年 5 月，这张令人振奋的专辑完成了剪辑，其中包括《灵魂俘虏》(*Soul Captives*)、《当心》(*Caution*)、《向苍天呼唤》(*Go Tell It on the Mountain*)、《打起精神》(*Cheer Up*)、《再来一次》(*Do It Twice*) 和《触及灵魂的派对》(*Soul Shakedown Party*)。

邦尼·威勒：莱斯利·孔的比弗利唱片公司发行的这张专辑名叫《哭泣者乐队最佳选集》，专辑封面照是在金斯顿市中心赛马场的一块岩石前。这块庞然大物本来是要被运走刻些什么的，所以我们要在他们还未真正下手之前赶去那里拍照。在我们的设想中，这张唱片是一个专辑项目，而不是一堆单曲。以前还没有人这样做过。

[罗杰·史蒂芬斯] 将自己与"考克森"、普拉诺、西姆斯和纳什合作的希望破灭抛诸脑后，这张专辑成了哭泣者乐队与孔寻求新起点的一种方式。

邦尼·威勒：我们时刻准备着重新开始，每次入睡都能产生新的点子、新的和声技巧，而且每一次听上去都更加有力。所以说，这一切的经历对于哭泣者乐队来说就像是种种挑战。在出人头地之前，我们是绝不会罢休的。

艾伦·"天才"科尔：鲍勃会提前到沟镇第二大街来与哭泣者乐队排练。消息会在他的密友之间传播开来，但只有一两个人会被允许到场。

邦尼·威勒：我们练歌的时候，鲍勃会作曲，决不允许身边有任何人。他不喜欢别人看着他唱歌，只想要我们三个在一起工作。

艾伦·"天才"科尔：我们很少挤进录音室，鲍勃会一个人待在那里。70 年代时，我们录音时你可能还可以在录音室周围多看到几个兄弟，但（孔的）录音室是有规矩的，不会对任何人都开放。鲍勃可能是你见过最守规矩的艺人了。

邦尼·威勒：我们针对自己的处境写了《当心》这首歌。"当心"这句话肯定是针对哭泣者乐队而言的，因为"雨天路滑，潮湿令人束手束脚"。我们所经历的变革——鲍勃经历了"考克森"，经历了普拉诺，现在又要试着与比弗利唱片打交道，进入了另一种生活。"束手束脚"意味着冻僵、打滑，所以他正在经历冬天。湿冷的冬天意味着你会束手束脚。而在潮湿的天气中踩刹车，也会打滑，因为冰冷的地面上积了水，滑溜溜的。

[罗杰·史蒂芬斯] 对于哭泣者乐队来说，这是与公认的热门单曲制作人莱斯利·孔一探究竟、创造新音乐风格的一段时光。他们找到了一个与以往合作伙伴截然不同的人。

邦尼·威勒：他是个非常女性化的人，我从未见过他和哪个女人在一起。他的态度、谈吐、步态，身上的一切都着实很像一个女人——骨瘦如柴的小妮子，苗条又体贴的家伙。性格沉闷，个子倒是很高，大约六英尺一英寸吧。

[罗杰·史蒂芬斯] 孔对国际流行乐坛的热衷有助于引导哭泣者乐队走向新的发现。

邦尼·威勒：更准确地说，《灵魂俘虏》——"现在是人类必须被释放的时候，不再有负担与痛苦"——你能在我们的歌声中听到重生。我们会把一切看作成长的一部分。这就是乐队为何要把曾与"考克森"合作的歌曲重新录制一遍的原因，因为我们想看看能否改进它们的品质。只不过我们缺少了斯卡特莱茨组合。那个年代，斯卡特莱茨组合总是能让歌曲耳目一新。其他人的伴奏是无法让它们超越原作的。永远、永远不可能，短期之内都没有可能。这就是经典，是永恒，是成熟。俗话说，没有损坏，就不必修复。斯卡特莱茨组合是坚不可摧的。在重新改进这些歌曲的过程中，我们就是在试图修补某种已经十分完善的东西，因为他们的作品比我们后来制作的任何歌曲都更经得住考验。

[罗杰·史蒂芬斯] 在唐·德拉蒙德谋杀其女友、唱跳艺人玛格丽特之后，斯卡特莱茨组合解散。哭泣者乐队最终得以与李·佩里的录音室乐队沮丧者（Upsetters）建立了联系。该乐队将成为他们音乐风格的关键基础。然而，针对专辑名称的话题骤然引发了异议，所导致的纷争还因邦尼的一则预言被提高到了神话的高度。

邦尼·威勒：基于哭泣者乐队当时的经历，《打起精神》（Cheer Up）这个名字更好。于是我告诉孔："听着，我知道因为你不想再出另外一张专辑了，所以可能想用《哭泣者乐队最佳选集》这个名字。但我不会这么做，因为《哭泣者乐队最佳选集》只能意味着这是我们最好的几首歌——或者你已经走投无路，不会再发

114

另外一张专辑了。这将是你的最后一张专辑，是你听过哭泣者乐队唱过最好的歌，再也不会有其他的了。所以你不能采用这个名字，根本就不可以。我们从专辑里找一个歌名来用吧。"

专辑发布了。我看到专辑名称就叫作《哭泣者乐队最佳选集》，心里气不打一处来。鲍勃和大伙也都怒气冲冲，因为这段对话发生的时候所有人都在场。后来，专辑在英格兰发行后约一个星期，莱斯利·孔在圣诞节前后去世了，于是专辑又回到了没着没落的状态，恢复了沉寂。我们只想赚些钱，把事业继续做下去，才决定为他制作这张专辑，因此对他毫无保留，还把这一切的目的都告诉了他。这就是我们为何不想多做一张专辑的原因，只是想找些钱来让哭泣者乐队继续实施属于自己的独立项目。我们拿到了五千美元的订金。

孔的突然死亡令乐队陷入了灾难性的震惊之中，双方的合作就此夭折。

邦尼·威勒：我们是在取母盘的时候从一个男子那里听闻他的死讯的。他对我们说："你们有没有听说莱斯利·孔的事情？孔今天早上死了。他刚到录音室准备拿几张唱片来工作，就感觉不舒服、恶心，回家后就死在家里了。"

[罗杰·史蒂芬斯]1970年夏天，哭泣者乐队将自己唱片公司的名字从"哭泣与灵魂"改成了"塔夫冈"。他们与苏莱特斯组合已无瓜葛，想要一个只属于自己的商标。

邦尼·威勒：我们原本的名称叫作塔夫帮1。不过我们意识到它的帮派意味有点浓，太像小混混的组织，饱含专横的意味。我

1　塔夫冈中的塔夫（Tuff）是克里奥尔语中"tough"的写法，英语中含义为坚强、不屈不挠。——译者注

们可不想这样。所以就叫塔夫冈好了。"冈"就是铜钹，能够发出耳力可及的声响，属于大个的铜钹。就叫塔夫冈，因为这名字听上去就与声音有关。

第 11 章 李·佩里与牙买加的政治把戏

[罗杰·史蒂芬斯] 从 1970 年 8 月到 1971 年 4 月，哭泣者乐队为李·"斯科拉奇"佩里录制了大约四十首歌。这位古怪小个子制作人的目标是"操纵世界"。他们最初是在"考克森"的录音室里认识他的。1969 年末，"斯科拉奇"刚刚凭借与沮丧者乐队合作的热门歌曲《姜戈归来》（*Return of Django*）在英国名声大噪。沮丧者乐队的主要成员是吉他手阿尔瓦·"瑞吉"刘易斯，键盘手格伦·亚当斯，鼓手卡尔顿·"卡尔利"巴雷特及其贝斯手哥哥阿斯顿·"顾家男人"巴雷特。

在李·佩里指导下度过的八个月时光将成为哭泣者乐队发展道路上的关键，因为他们经人介绍认识了自己最重要的音乐合作伙伴——节奏乐器组合巴雷特兄弟。他们将陪伴马利终生，为他取得巨大成功的全球专辑谱写和编辑背景音乐。

年少时的"卡尔利"与"顾家男人"是通过自动唱机听到《冷静》这首歌的，他们感觉，自己从中听到了未来——如果哭泣者乐队可以唱出这样的音乐，他们也可以。从事焊接工作的"顾家男人"初次登台是为歌手麦克斯·罗密欧的圣诞演出和音，此后不久在 1968 年和罗密欧组成了自己的第一支乐队，自称嬉皮男孩。很快，格伦·亚当斯与瑞吉·刘易斯加入了他们。这段时间前后，当时还没有子女的阿斯顿为自己取了个"顾家男人"的外号，自诩在为家一般的乐队进行规划方面颇有天赋。

乔治·巴雷特 | George Bartrett
DJ，哭泣者乐队乐手"卡尔利"与"顾家男人"的表兄，1997 年 2 月摄于加拿大温哥华

没过多久，两兄弟便跻身最受欢迎的客座乐手行列。在其最成功的制作人中，李·佩里多年前出道时曾是第一录音室的一名歌手、全能艺人。他借用邦尼·李的室内乐队录制属于自己的新奇歌曲，称这支乐队为沮丧者。"顾家男人"也成了颇受追捧的热门曲目音乐家，曾为"里德公爵"、索尼娅、波廷杰、劳埃德·"斗牛士"达利等多人弹奏过吉他、钢琴、风琴和极具推进力、令人无法抗拒的贝斯。

1969 年，风琴大师格伦·亚当斯到访纽约，目睹了新奥尔良的米特尔斯乐队演奏放克风格音乐。他深受启发，将这一灵感带给了佩里，将它用于一系列歌名优美的单曲。乐队的器乐热歌《姜戈归来》蝉联英国排行榜十五周，曾于 1969 年 10 月攀升至第五位。

牙买加的政局动荡也愈演愈烈。岛上右翼劳工党的铁拳遭到了社会主义导向的人民民族党挑战。金斯顿西部的贫民窟中夜夜都能听闻枪响。

丹尼斯·汤普森是全世界最优秀的现场混音师之一。1976 年，他被鲍勃选中，为哭泣者乐队的现场表演混音，一直工作到了 1980 年 9 月在匹兹堡的最后一场演出。他记得自己曾在 20 世纪 70 年代早期与哭泣者乐队在兰迪的录音室里合作过。正是在这里，李·佩里为乐队录制了几张颇具开创性的专辑。许多评论家认为，这几张专辑堪称哭泣者三人组最优秀的作品。

丹尼斯·汤普森：鲍勃过去常到金斯顿的兰迪录音室来。我就是在那里制作母片时遇到他的。那是个星期六，我们在为哭泣者乐队和"奥西伯爵"制作唱片。别问我，那些带子我再也没有听到过。它们是 1970 年、1971 年前后在兰迪录音室里为鲍勃录制的。《美妙心情》，世界上最动人的《美妙心情》！从星期六下午三点钟开工开始，一直忙活到星期日的早晨才结束。空调一开始就坏了，而且再也没有运转过。

[罗杰·史蒂芬斯]汤普森时常为佩里录制歌曲的母带。哭泣者乐队与"斯科拉奇"有过一份口头协议，大致意思是双方对合作成果各享五成的所有权，都要投资，且从第一天就要平分作品的收益——一半归乐队所有，一半归佩里所有。接下来的几年中，针对歌曲创作到底出自谁手的问题，这份口头协议引起了激烈的纷争。

邦尼·威勒：鲍勃和许多人都写过歌。"斯科拉奇"会提出某个话题闲聊片刻，说他想要一首歌，或是想要某个题目的一首歌，抑或是想要针对某一事件作一首歌，于是鲍勃就会写上一首。不过他从未真正坐下来和我们一起写过歌。碰到符合自己心意的内容，"斯科拉奇"在录音室能做的就是跺脚，嘴里还念叨着："没错！"不过他可说不出你是如何做到的。那些专辑中没有一首歌是他写的。也许有一首吧，《全能的灵魂》(*Soul Almighty*)。这没有任何的根据。

[罗杰·史蒂芬斯]歌曲《小斧头》最富争议。2001 年，"斯科拉奇"到访雷鬼音乐档案馆，为我在《小斧头》唱片上签了名："这首歌是我们沮丧者组合写的，我就是小斧头。我写这首歌的时候，鲍勃甚至都不在场。"

邦尼·威勒：《小斧头》是鲍勃·马利写的。主意是彼得出的，歌则出自鲍勃之手。"考克森""里德公爵"和联邦唱片有意组成一个名为"三巨头"的组织，操控和掌握所有生意，让所有的艺术家都来投靠他们。对话是这样的："我们要制作一首歌，对付这三个人。"彼得说，"这样好了，如果他们是大树[1]，我们就是小斧头。"就这样，鲍勃动手写下了这首歌。

[罗杰·史蒂芬斯] 当时，第三世界乐队的"猫咪"库尔目睹过这首歌的演出。

"猫咪"库尔：70年代初，我第一次见到鲍勃时是在一场高中音乐会上。高中生都会播放他们的音乐。我肯定有十二三岁了。牙买加最好的女子学校之一圣安德鲁斯高中举办了一场音乐会，请鲍勃登台演出。顺便提一句，我有个哥哥，在牙买加学院的一个乐队组合里打阿基提鼓。他们赢得了当年的比赛，必须来为鲍勃伴奏。所以说，我第一次亲眼见到他是去看哥哥为他伴奏，真是不虚此行。当时乐队的成员是邦尼、鲍勃、彼得和另外两个人。他们真棒，兄弟，真棒！鲍勃的一只眼睛上还戴着一只眼罩。他唱的是《小斧头》，时下最热门的一首歌。

[罗杰·史蒂芬斯] 朴实自然、贝斯旋律浓重的作品中不断出现热门歌曲，比如《恶鬼征服者》（*Duppy Conqueror*）、新歌《谁是布朗先生》（*Who is Mr. Brown*）等。现在是时候分钱了。奔赴英格兰的"斯科拉奇"向特洛伊唱片公司出售歌曲的收入足以让他们又发售了两张专辑——《灵魂叛逆者》（*Soul Rebels*）与《灵魂革命》（*Soul Revolution*）。这将成为他们合作关系终结的起点。

邦尼·威勒：当时的哭泣者乐队如日中天，不仅歌曲得到了电台的播放，唱片也在大卖。我们还会登台演出，所向披靡。不过还有一件事情没有解决，那就是钱。一天晚上，乐队与"斯科拉奇"在阔边帽俱乐部见了面："'斯科拉奇'，我们觉得现在是时候做好分钱的准备了。因为一切看起来都很顺利，我们也坚持

---

1 译者注："三巨头"的英语简称"The Big T'ree"中包含了"大树"一词的同音词。

得够久了。大家都很兴奋，想要看看钱怎么样了。"斯科拉奇"开口告诉鲍勃："你们说的是哪种钱？"鲍勃答道："就是钱啊，唱片销售额之类的。""斯科拉奇"说："哦，那个啊。唱片销售额之类的。你觉得我们眼下怎么能在这里谈钱的事情呢？"鲍勃问："你这话是什么意思？我们之前有过基本协议，五五分。""斯科拉奇"表示："不，这可行不通，五五分的买卖是行不通的。"于是鲍勃告诉他："你什么意思，什么叫五五分的买卖行不通？那什么才能行得通？"他答道："我只能支付版税。"

没错，鲍勃是软弱的。不过我也待在一旁，咬着嘴唇聆听对话，控制着自己。如今的事态看上去就像是死亡与谋杀，听上去不太妙。我是说，我甚至不愿相信自己听到了什么。又是一出诡计，又来了！另一出诡计！我们又错了。相信我，我可不想与之抗争，只想整个人躲起来，钻进角落，在逃避一切的同时说，哦，老天啊！这一定是哭泣者乐队的苦难，是我们必然要走的路，所以就算哭也是没有用的，因为没有人会愿意听到。首先，我们与"斯科拉奇"没有纸质协议，人们会说这是我们咎由自取。乐队所有的经历一幕幕、一幕幕地闪过。一桩桩、一件件，全在我的脑海中闪过！鲍勃是软弱的。他问道："版税是多少？今天必须有个了结。"对方回答："每张唱片十个点，百分之十。"此时此刻，这样的答案令我出离愤怒。于是我起身走到他面前质问："'斯科拉奇'，你说每张唱片十个点，是什么意思？说了这么多、经历了这么多，你现在居然说出这种话来？"我听到那个家伙告诉我："邦尼·威勒，我没在和你说话。我现在在和鲍勃说话呢。"听罢，我已经怒不可遏，再也忍不住了，于是破口大骂，挥起了拳头。此刻的他在我眼前已经什么都不是了，连看都看不到。我再也不尊重他了，眼里再也看不到他了。这家伙让我火冒三丈，逼得我一顿拳脚相加。他被我乱拳打倒，跌落在几把椅子上，又撞上了几张桌子，然后顺势推翻了一连串的椅子。整个俱乐部里已经没有可坐的地方了，所有的桌椅都已被掀翻在地，酒水饮料也洒了一地。对于所有人而言，这一幕都是奇耻大辱。

鲍勃是应付不了这种事情的。他看上去已经被吓得魂不附体，甚至无法理解眼前的这一幕。眼下，战斗已经开始，因为所有人都不喜欢"斯科拉奇"的做法。鲍勃、彼得，我们都不像以前那么喜欢"斯科拉奇"了，却不得不去应付他，因为他掌控着我们的权利。于是，我安排了一次会面，就在他位于查尔斯街住所背后不远处的办公室。我、他还有彼得。桌子上高高地摞着所有的收据，我们打算看看哭泣者乐队遭遇了什么，唱片经销之类的事情又是怎么回事。

开始讨论之前，他给自己的女朋友玻琳打了个电话。"玻琳，把你在我车里看到的那个瓶子拿来。就是里面有黄色液体的那瓶。"她把瓶子拿来了。接过瓶子，他把它放在桌上的一堆文件上。我们讨论起了正事，由他来查看唱片卖了多少张。"毛手"彼得拿起了瓶子（他的手总是得摸些什么），好奇地注视着它。"斯科拉奇"一下子紧张起来，说道："把瓶子放下，伙计。"我们追问道："这个瓶子有什么大不了的吗？话说回来，你为什么要派人把它取来？瓶子里有什么？是糨糊吗？树胶？是什么？它和我们手头的事情有什么关系？""斯科拉奇"还是强调："放下那个瓶子，放下那个瓶子！"彼得一边问着"这个瓶子怎么了"，一边动手拉开了瓶塞。"斯科拉奇"告诉他："瓶子里是酸！"彼得追问："瓶子里是酸！哪种酸？"那家伙回答："活力之声用来切割金属母盘的那种酸。"你听听，这家伙居然拥有这种酸——能够切割母盘、分割金属的那种酸。他们就是将这种东西洒在母盘上，切开金属的——那种银一样结实、钢铁般的东西。

于是彼得问："你取来这东西做什么？""斯科拉奇"没有说话。我意识到，自己已经与他起过两次冲突了，所以这东西只可能是冲着我来的，因为彼得与他从未发生过任何争执。而且，在我与他交恶的情况下，鲍勃和他之间的矛盾也算不上什么了。我知道那个瓶子是为我准备的。可彼得却把它拿起来拉开，举到了"斯科拉奇"面前，佯装要把它泼到他的身上，因为他想知道该死的"斯科拉奇"到底想做什么。不过彼得是不会把它泼向他的，他只想确保对方所说的东西真的就在瓶子里面。该死！那家伙在试图逃跑的过程中跌跌撞撞摔倒了四次，却因为空间不够移动而动弹不得。此刻的他已经惊慌失措、精神失常了。于是彼得把他毫发无损地放跑了，因为那家伙已经傻了。瓶子里真的是酸。彼得把它猛地砸在了木板上，哗啦啦！那烟呀！烟！烟！烟！仿佛那就是一台焊接喷灯，滴落在木头上，嘶嘶作响，还冒着烟。

会面就这么结束了。

[罗杰·史蒂芬斯] 史学家戴维·卡茨是佩里的传记《有趣的黑人男孩》(*People Funny Boy*) 的作者。"斯科拉奇"告诉卡茨："那里没有什么酸，都是他臆想出来的。他们总是觉得我想对他们做些什么，可这只是他们的想象，因为他们知道我不是胆小鬼。"

邦尼·威勒：不知怎么，过了一阵子，他和鲍勃坐了下来，向鲍勃出示了一些报告和数据，上面显示了丽塔在我们不知情的情况下从他手里拿走的唱片，以及基于唱片销量应付我们的欠款。他曾把唱片交给我们放在店里销售，从我们这里收钱。丽塔当时一一做了记录——数千张唱片啊！——都被她和"斯科拉奇"在批发市场里平分了，而我、鲍勃和彼得却被蒙在鼓里。她卖的价钱甚至比"斯科拉奇"还要便宜。他心知肚明，却什么话也不曾对我们说过，直到我们真正开始追查欠款，才把丽塔从他那里领取唱片的账单拿给我们看。扣除他决定从唱片销量中支付给我们的一成或某个百分比，她领取与销售唱片所欠他的款项正好抵消了我们应得的版税额。

鲍勃变成了一个傻子，一个蠢货。他茫然地走了出去，头昏眼花。听到我和他说话，他答道："兄弟，算了吧。这太疯狂了，相信我。别管了。求你！别再费心追查下去了。至少她拿了钱，花在了孩子们身上。"我个人感觉这是行不通的，因为那时我还没有孩子。我能理解鲍勃眼下的想法，也能看出他的处境。他也许会让自己陷入纯粹的麻烦之中。这也许是谋杀。彼得只是一言不发地走开了，就这么沮丧地走开了——他将问题归咎于鲍勃。此事让我们就此放过了"斯科拉奇"，不再追究他任何的事情。他又开始大张旗鼓地销售，我们却得不到一分钱，分文没有。

[罗杰·史蒂芬斯]"斯科拉奇"否认了这些指控。这段时间过后，格伦·亚当斯搬去了美国，瑞吉·刘易斯也被蒂龙·唐尼所取代。在鲍勃非同凡响的独唱生涯大部分的时光中，厄尔·"怀亚"林铎即将成为他的两位键盘手之一，而年纪最小的成员蒂龙总是遭到乐队其他人的恐吓。

蒂龙·唐尼：1956 年 5 月 20 日，我出生在位于金斯顿市中心国王街的家中。那里距离北街十字路口不远。彼得·托什曾经就住在我家的背后。大家都沉迷于黑人权利运动。彼得过去常会用木头刻些非洲发梳，在里面插上自行车辐条。我常为此感到惊奇，如痴如醉，于是开始模仿他，也试着做了些底端带有小圆球的梳子，做得也很在行呢！但我并没有意识到这个人是谁，因为那时的我还在上学，参加的是合唱团，说实话并不是非常喜欢流

125

行音乐。我的哥哥唐纳德常会带些流行唱片回家播放。可我在开始捣鼓唱片机之前对流行音乐其实没什么兴趣。当时，我并不知道这家伙就是哭泣者乐队的成员！我是说，我是跟着他长大的。他就住在那里，总是背着把吉他走来走去。我一直以为他就是个喜欢唱歌的家伙，因为这样的人这里可不少。

我真正开始对音乐本身感兴趣是在参加学校的合唱队时。奥古斯都·巴勃罗和我一样，读的都是金斯顿学院。他了解市中心的乐坛，会和那些人出门混迹在一起，还跟"顾家男人"巴雷特提起过我。某一天，"顾家男人"派歌手、DJ型天才查理·巴斯来学校找我。查理说："我们想让你来为乐队伴奏。跟我去俱乐部见见那些音乐人吧。"我是多么激动啊。他还说："你会拥有一台风琴。"上帝！那是一台法菲萨 –FAST5 之类的东西，拥有莱斯利操控台。不管怎么说，我去了，见到了"顾家男人"。这是我人生中第一次亲眼见到他。一个身材矮小的家伙——没留胡子，也没蓄脏辫，看上去像个津巴布韦来的游击队员，你明白吗？

[罗杰·史蒂芬斯] 与李·佩里分道扬镳后，哭泣者乐队一直在和巴雷特兄弟演出，带着他们脱离了佩里的控制。他们最初的几场现场表演从本质上来看似乎属于政治性质。

斯蒂芬·戴维斯：该活动被称为人民民族党音乐花车，参演的人会在一辆平板卡车上巡回演出两个月的时间。

[罗杰·史蒂芬斯] 斯蒂芬·戴维斯是 1983 年的优秀传记作品《鲍勃·马利》的作者。我曾于 1985 年 2 月采访过他。

斯蒂芬·戴维斯：有趣的是，鲍勃的出生地九里村和整个圣安区一直都是牙买加劳工党的地盘。我认识该区域的部长内维尔·加里摩尔。那里一直可谓是牙买加劳工党的温床。我认为，鲍勃对人民民族党的支持恰好反映了 70 年代初的社会主义大潮。

曼利被视为救世主，是对僵化多年的殖民地统治的反抗力量。我们必须记住，英国对牙买加的殖民统治是历史上最长久的，从17世纪一直到1962年，延续了近四百年。

乔治·巴雷特：我看过一场人民民族党的音乐花车表演。迈克尔·曼利总是想让鲍勃·马利来表演自己听过的某几首歌。但其中的原因在于：牙买加劳工党的政治家爱德华·西加也是音乐圈里的人，是拜伦·李在活力之声的合作伙伴。（曼利想要音乐家）因为势头正猛的劳工党竞争对手是西加，所以他想要鲍勃·马利。

［罗杰·史蒂芬斯］：1971年末，曼利带着人民民族党的音乐花车和"惩戒杖"竞选公职。后者是1966年海尔·塞拉西进行国事访问期间交予他的皇家权杖，被称为"约书亚之杖"。塞拉西正是看中了这位候选人有望使大麻合法化，同时终结国家所受的压迫。曼利会在全岛范围内举行多场集会，邀请数位音乐家——朱迪·莫瓦特、第三世界乐队、哭泣者乐队——吸引大量人群，然后再亲自登台。

乔治·巴雷特：西加代表的是金斯顿西部。鲍勃就住在那个区域，因此他不想要任何的冲突，不愿参与政事。他的音乐正在击溃分裂这个社区的政治。鲍勃当时不愿替政客效力的（另一个）原因在于，他可不想遭人谋害。因为在60年代末、70年代初的那段日子里，为了任何政治原因上台演唱，老天呢，你都必须得有人来保驾护航。

［罗杰·史蒂芬斯］然而，鲍勃和哭泣者乐队还是参加了音乐花车的表演。第三世界乐队中的"猫咪"库尔是一名接受过传统音乐训练的大提琴演奏家，也是鲍勃·马利多年的老友，其父是迈克尔·曼利政府的一位部长。他还记得哭泣者乐队参加音乐

花车巡演时的场景。

"猫咪"库尔：我第一次拿起吉他是在1968年左右。鲍勃第一次听到我跟随核心集团（Inner Circle）乐队演出是1971年或1972年的事情，因为那时我们都参加了人民民族党的音乐花车表演。每天晚上，我们都不得不为众多的同行艺术家伴奏，其中包括：丹尼斯·布朗、奥尔顿·埃利斯、天选少数派（The Chosen Few）乐队、"斯科蒂"、廷加·斯图尔特、朱迪·莫瓦特……这就够多的了。

［罗杰·史蒂芬斯］我与邦尼·威勒谈起过此事，他似乎假装不知道，声称他们"从未支持过迈克尔·曼利"。我答道："你们举办过一场吸引了上千名观众的演出。正是你们的参与将他们吸引到了那里，聆听曼利发表演讲。如今你觉得公众会怎么看待你们？他们肯定以为你们是支持他的。"他说："不是的。这仅仅是因为他给哭泣者乐队出的价钱比我们以往的酬劳更高，一场演出一百五十美元，所以我们才会去。"

乔治·巴雷特：我支持邦尼·威勒，要说的话也一样。他们不是为了政客去的。在我看来，他们是去登台露面、领取报酬的。到场看演出的观众越多越好，牙买加人对这种事情的看法有时与观众的规模有关。他们想要得到关注，全岛人民的关注！仅此而已。

有些人也许会认为他们是在支持曼利。有些人赶去则根本不是为了听迈克尔·曼利演讲，而是为了听音乐。音乐家对他们来说似乎是独立的。这些活动都是在十字路口举行的，所以是公开的。我看到的那场演出在布朗斯镇的温德沃德路；那里正是他的选区。就在21俱乐部的前面。金斯顿东部，敦刻尔克。那里也是人民民族党的大本营。当天晚上，我是和一个名叫里基·瓦伦蒂诺的人去的。他们说那不是什么政治活动，而是一场街道舞会，迈克尔·曼利会露面。不过，我们知道这些集会的附近有许多枪手，会发生不少的暴力事件，因此去了也离得远远的。那里有一座桥。我们就坐在桥上的铁轨上，这样就能快点儿逃走！

当他们说出"哭泣者乐队"的名字时，并不像是"鲍勃·马利与哭泣者乐队"，而是只有哭泣者乐队，他们三个人。哭泣者乐队，哇哦！所有人都涌了出来。音乐湮没了一切。我觉得他们本身并不是来看迈克尔·曼利的。这是一场对音乐充满渴望的音乐家和普通百姓的聚会。何况它是免费的。现场还有人贩卖小花生、小泡泡糖，到处都是热闹的零食摊子。所有的枪手都来了。一整个晚上，你都不能说上一句反对该政党的话，只能把自己的观点都吞进肚子里，因为你可不知道身边站的是什么人。

"猫咪"库尔：哭泣者乐队支持曼利的方式非常微妙。我觉得他们可能认为，70年代初，在牙买加重获自由与独立之际来到牙买加的所有政客中，迈克尔是最频繁表明愿意和穷人打交道的那个人。结果也的确如此。迈克尔在70年代的确为穷人做了不少事情，这是毋庸置疑的。所有的穷人。你看，当牙买加的某个政客成为总理时，就会迫于压力为另一方着想。你知道他们设法俘获的是谁的人心。不过这也必须超越那条界线。

乔治·巴雷特：从前的金斯顿是这样的：假设我属于人民民族党，而你属于劳工党。如果你的劳工党掌权，他们就会为你修建一个社区，里面有你的房子。不过房子不属于你，而是供政客和政界里的人使用的。如果你输了，人民民主党就会从你手中把房子夺走。这就是人们必须放手一搏的原因。金斯顿的东西两区永远在相斗相争，如果你的政党出局了，那就收拾好行李吧，伙计，房子现在是我们的了。

1972 年，迈克尔·曼利在竞选中获胜时，敦刻尔克至蒂沃利花园曾举行过一场游行。他们给了我们三四辆装得满满当当的大巴车，还载着一副棺材，来埋葬西加！我们做了棺材和西加的人偶，径直游行穿过西班牙镇路游行，到梅彭公墓去。那里正是战争时常打响的地方，因为你正在进入他们的地盘。我们从没到达过梅彭，这就像是一场测试！若是你们中有谁能渗透其中，我们就旗开得胜了。不过我们没能到达那里，伙计，大家都被丢来的石块砸得落荒而逃，还在打斗的过程中被人用棒子、石头、酒瓶一通乱砸——就连大巴车也被砸碎了！

[罗杰·史蒂芬斯] 在牙买加转变政治立场、令尼克松政府满怀忧虑之际——他害怕牙买加会走上古巴的道路——哭泣者乐队重新放眼全球，希望在丹尼·西姆斯的指导下，JAD 唱片公司能在美国和英国成为大卖家。与哥伦比亚广播公司在英国签署的合同似乎成为了他们一直期待的巨大突破，可正如"考克森"、孔与佩里曾向他们许下的所有承诺一样，这最终将成为另一个虚假的希望。

第 12 章　瑞典与伦敦的冬日冷战

[罗杰·史蒂芬斯] 随着 70 年代的到来，马利在西姆斯－纳什团队的操控下得以朝着好几个方向推进。他曾一度被带往瑞典和英格兰待过数月，为一部电影配乐，还跟随纳什巡演，最终却黯然失色。他与两家主要厂牌签了约，建立了即将让他扬名全球、却导致哭泣者乐队解散的联系。

艾伦·"天才"科尔：鲍勃与约翰尼·纳什、丹尼·西姆斯的关系十分有趣。我记得鲍勃时常谈起他们，说丹尼是他的经纪人和发行人，约翰尼则是他的好兄弟。1969 年，我们第一次前往纽约与丹尼、约翰尼见面。鲍勃总是告诉我约翰尼·纳什的声音如何像只小鸟一般，不过我觉得他从未让约翰尼·纳什听到过这话。鲍勃说："我想要你见见这个大块头的秃顶老板，我的经纪人。"他过去常对我说，"艾伦，每当丹尼·西姆斯带我四处奔波、讨论完我的事情时，我的头脑都会有所成长。他带着我的时候就像换了个人似的。"所以，与约翰尼·纳什见面是件很有意思的事情。他这个人十分安静，脸上总是挂着笑容。可见到丹尼时，他倒成了一个话痨。他每一次说话时，鲍勃总是会看着我、朝我使眼色，像是在说："看，我跟你说什么来着？"他们去了开曼音乐附近的健康食品商店。那天，我们最后去过的地方就是那里：健康食品商店。丹尼·西姆斯是个养生狂人，而我们当时又是严格的素食主义者，于是他向我们介绍了各种各样的新膳食。

我们十分享受，喜欢听他和约翰尼说话——听他们一边开始谈论某种事情，一边戏弄我们。我们的行为已经不像个吸大麻的教徒了，所以第一天很有意思。不过我是不会把这些事情说出来的！

内维尔·威洛比：你懂的，鲍勃从不是个健谈的人。工作就是工作。为约翰创作热门歌曲的人鲍勃。他一定认为雷鬼乐是大势所趋。和他们在一起，你谈论的永远都是音乐。

艾伦·"天才"科尔：说到约翰尼和鲍勃，双方总是对彼此怀揣着深深的敬意。我知道鲍勃十分敬重他，还知道约翰尼也一样。听他谈起自己对鲍勃的看法，我就知道他非常喜欢鲍勃。

[罗杰·史蒂芬斯] 在此期间，鲍勃曾被叫去瑞典，帮助约翰尼·纳什为他主演的一部电影配乐。针对鲍勃在斯堪的纳维亚半岛的这段经历，瑞典雷鬼作家、收藏家拉尔斯·斐乐达尔曾为《节奏》杂志展开过广泛研究。

拉尔斯·斐乐达尔：约翰尼·纳什和他的同事是1970年11月到达瑞典的，开始录制一部名叫《太想相信》（*Want So Much to Believe*）的电影。纳什将与克里斯蒂娜·斯克林合作出演。后者于80年代因出演英格玛·伯格曼的《芬妮与亚历山大》（*Fanny and Alexander*）而闻名全球。在电影的故事情节中，一名瑞典空姐（斯克林饰）爱上了自己的爵士芭蕾老师，也就是由纳什扮演的美国黑人。两人的爱情充斥着纷繁复杂的种种因素，多半与黑人、白人的地位及纳什一角与美军之间存在的问题有关。

纳什在诺克布的席格尔茨瓦根大街上租了一间房子，距离斯德哥尔摩中心约十公里远。编剧兼制作人决意让纳什为电影配乐，好在宣传电影时利用这位歌手的名声，额外增加人们的兴趣。

陪同纳什的是他的经纪人、曲作家弗莱德·乔丹和年轻的白人得州键盘手约翰尼·"兔子"班德列克，后者的主要职责是提供歌曲，但也要弹奏键盘、为音乐编曲。与他们合作的还有几位非洲的打击乐器乐手和瑞典当地音乐家，包括年轻的吉他手扬·谢弗。

1971年3月末，纳什叫谢弗到诺克布的家里来一趟，带他走进房间，打开了一台磁带播放器。他说："我想让你听听这个。"录制粗糙的乐声填满了房间。"这些歌曲的演唱者、作者名叫鲍勃·马利，在牙买加十分有名，出过不少热门歌曲。你觉得怎么样？他是不是很棒？嗯，过几天这个人就要到瑞典来开始与你合作了。"

马利西装革履地赶到了，被领进诺克布这座房子里的一个小房间，安顿了下来。班德列克回忆道："这是我第一次见到鲍勃·马利，心想：'哦！我的上帝，这是永远都行不通的。他连吉他都调不好，何况他说的话我一个字也听不懂。'"

"鲍勃·马利十分腼腆、安静，一心致力于自己的音乐。"谢弗回忆称，"他只会和'兔子'说话，似乎是通过音乐来交流的。我清楚地记得，有一次，某个瑞典乐手试图让他放松一些，开口说道：'说点和牙买加有关的事情吧。'可这却害得马利更加闷闷不乐、沉默不语了。"

拉尔斯·罗欣是欧罗巴电影公司第三录音室的录音师。电影的配音就是在这座录音室里录制的。他说："鲍勃·马利少言寡语，不喜欢这种生活方式。诺克布的房子里还发生过一次特别的意外。房子是当时典型的开放式集体场所，进进出出的人很多。当时鲍勃正在洗澡，有个女孩走了进来。他火冒三丈，开始朝她惊声喊叫，他绝对已经出离愤怒了。有人问他为何如此不高兴，鲍勃却没有回答。"

停留期间，班德列克认识了一个名叫玛琳·林加德的瑞典女孩，此后与她同居了九年。她经常出入房子与录音室。"我对鲍勃住在斯德哥尔摩的事情记得很清楚。"她回忆道，"他有点拒人于千里之外，参与的工作不多。比方说，他在房子的地下室住过一段时间，就为了一个人独处，远离其他人。他还经常弹着吉他生闷气，不过听上去算不上是什么特别的事情。心情稍好一些时，他会为我们做饭，向我们介绍鱼茶和其他的异域食物。雪和斯德哥尔摩都令他着迷。房子里还住了两个照顾他的女孩。鉴于'兔子'和鲍勃都拿不到任何的报酬，她们会带他进城，去斯德哥尔摩买鞋和新衣服。"

"鲍勃教会了我们所有人如何演奏雷鬼乐。"班德列克说，"他会向我们展示不同的乐器部分应该是什么样的感觉、如何弹奏，还会举些例子。他棒极了。我在诺克布的房子里有个房间，鲍勃和纳什也各有一间，那里就如同一座音乐工厂。如果你在房子里走过，会同时听到鲍勃的雷鬼乐、纳什的情歌和我的摇滚民谣。我们还会挤在一起，看看各自手里有什么内容能够拼凑起来的，然后一头钻进录音室。"

马利对电影配乐的主要贡献在于两首乐器演奏的歌曲。第一首歌《十五分钟》（*Fifteen Minutes*）是相对快节奏的雷鬼曳步舞曲，以班德列克的风琴为主要特色，音乐风格十分自由。第二首歌《化装舞会上的舞蹈》（*Masquerade Dance*）更有趣一些。和其他的吉他、爵士鼓与贝斯相比，鲍勃的雷鬼吉他灌制唱片时更高效，还能与"兔子"几乎带着田园风情的钢琴相融合、相抗争，声音不同凡响，能够制造出某种着实超现实主义的感觉。

电影最终于1971年9月4日上映，但并不成功，遭到了评论家与公众的慢待。

丹尼·西姆斯：我们为鲍勃·马利发布了名为《低弯下腰》

134

和《美妙心情》的唱片，但就是得不到播出。我猜这对鲍勃来说有些失望。我们与约翰尼·纳什、鲍勃·马利的问题在于，约翰尼是个流行音乐艺人，白人知道他。他还举办过白人艺术家都做过的各种大型演出。因此在我们推出约翰尼的《抱紧我》（*Hold Me Tight*）时，这位瑞典制作人正在拍一部电影，想要约翰尼出任主演并制作配乐。我们还带来了鲍勃·马利，因为我们想要留他在身边调教，让他写歌，为他录音。鲍勃还为配乐进行了伴奏，从始至终都在为这部电影工作。

9月，我们到达那里之后，一场暴风雪降临在了瑞典。就连来自芝加哥的我此生也没有见过如此多的雪。因为这个缘故，我们无法继续工作，电影的拍摄不得不停止，一等就是三个月。我们是按日计酬的，所有人都能领到薪水。我们还在斯德哥尔摩郊外一座名为诺克布的城市里租了一座宅子，这给了我们充裕的时间。眼下，我们已经布置起了一座小型的样带录音室，既可以录音，也可以制作配乐。录音室的费用是电影公司支付的。电影的拍摄花了一年时间，而非三个月。

[罗杰·史蒂芬斯] 与此同时，在哭泣者乐队的故乡牙买加，新的塔夫冈厂牌唱片正大举进军牙买加排行榜。

邦尼·威勒：《自己活跃起来》（*Lively up Yourself*）、《皱巴巴的面孔》（*Screw Face*）、《比红还红》（*Redder than Red*）。我们在那里度过了一段短暂的美好时光，唱片卖得不错。所有的唱片都有销量。哭泣者乐队的生意当时是有钱可赚的。我们的银行账户里有好几千美元呢！好几千！这是我们有史以来第一次真正拥有过数千美元，也是乐队第一次看到自己即将拥有梦想中的房子。可"天才"科尔把事情搞砸了。在此之后，我们留下"天才"科尔负责，去英国与约翰尼·纳什和丹尼·西姆斯谈生意去了。

我是通过足球认识"天才"科尔的。那时他还叫作艾伦，十一岁左右，比我们还年轻一些。动身前往英格兰之前，我们与他坐下来讨论了哭泣者乐队的生意中可能需要他管理的事情。不是管理哭泣者乐队，而是管理乐队的生意。我们会将收益平分成四份。如今，艾伦就如同乐队的成员之一，因为我们不得不将自己的钱托付给他，我们知道他能全身心投入这份工作。在如何将唱片播放出去方面，他拥有自己的想法和思路。我们不想和广播电台的人打交道，与他们应付不来。这些人会拿走我们的钱，拿走乐队交给他们的一切。我试过与他们友善相处，却无法让哭泣者乐队的唱片得以播放。我不知道这是不是什么阴谋之类的，但艾伦知道如何与他们相处，让他们播放唱片。

按照我们的资金管理模式，支取任何款项都必须由三个人签字。不过艾伦拥有我们交付他的委托书，是乐队第一次准备跟随"卡尔利"和"顾家男人"去英国时开具的。那时约翰尼·纳什正在举办"雷鬼之王"的巡演，我们要去为他暖场。于是，我们让艾伦坐镇，为他留了大约 1.4 万美元的银行存款，也在自己的口袋里装了几千块——可能有三千吧——以确保不会因为没有回程的票款而滞留。

回家时，艾伦告诉我们，账户里只有四千美元了。他解释不清，什么话都不说，呆呆傻傻的，嘴里一个字也吐不出来。后来我们才发现，那些钱都被拿去赌博了，扑克、赛马，因为他嗜赌成性。为此，我不得不找鲍勃谈话，向他表明不要再与艾伦有什么瓜葛。出于某种原因，鲍勃对艾伦还是心存几分喜爱。不过至少录音室还是有钱进账的，有八千英镑吧。如今的艾伦已经留起了脏辫。我们不想让任何人听到我们因为钱的缘故争吵，所以不了了之了。

艾伦·"天才"科尔：你知道这为何不可能是真的吗？我1972年全年都在巴西。哭泣者乐队与克里斯·布莱克威尔在英格兰。1973年回国时，我为乐队挣的钱全都被鲍勃拿来和邦尼、彼得分了。我从未从他们手里拿过一分钱，从未！仅凭一个人的签字就想从账户里支钱是不够的。

[罗杰·史蒂芬斯] 李·"斯科拉奇"佩里又让哭泣者乐队雪上加霜。他去了英格兰，将自己为乐队制作的不少歌曲卖给了特洛伊唱片公司。邦尼声称，直到1996年，他才第一次见到二十五年前就该从这些唱片制作中分到的钱。从那时起，西姆斯还会定期向鲍勃与彼得支付版税。

丹尼·西姆斯：鲍勃刚开始为我们录制唱片之际，就在原创作品发布时找到了我们，要求为自己录些作品在加勒比海地区发行，以求谋生。特洛伊等所有公司就是这么拿到作品的。你知道，一旦这些作品在加勒比海地区发行，就会遭遇盗版。正如唐·泰勒（鲍勃自70年代中期开始起用的经纪人）前往英格兰时所说的那样，他们气坏了，为特洛伊公司掌握了他们的作品而愤怒，为所发生的一切而火冒三丈。我觉得，把作品卖给他们或是与他们达成协议的那个人就是李·"斯科拉奇"佩里。我想他们把他打得几乎一命呜呼了。

艾伦·"天才"科尔：问题在于，我们当时在牙买加发布的所有唱片都会在一个月之后被特洛伊公司拿到英国发布。

丹尼·西姆斯：事到如今，特洛伊唱片也不曾支付过一分钱版税。当时的特洛伊唱片公司负责人叫李·格普索尔。我们后来才知道，他只不过是个名义上的负责人。

[罗杰·史蒂芬斯] 从此以后，遭遇盗版的经历使得马利与西姆斯在发行权的问题上变得更加谨慎。伦敦方面，鲍勃与邦

尼、彼得重新聚在了一起。

丹尼·西姆斯：在瑞典，为约翰尼·纳什的电影完成配乐之后，我派了一个男孩和鲍勃一起工作，将他所有的歌都记录下来，供开曼音乐公司发行。他每天都要工作，因为鲍勃的歌实在是太多了。

拍完电影之后，我去了伦敦（1972 年），并把所有人都从斯德哥尔摩带了过去。索尼公司为乐队租下了一座大房子。就这样，我们又有了一支乐队。约翰尼带来了几个男孩，"兔子"班德列克以及所有的工作人员。他们住在一座房子里，约翰尼和我住在另一座房子里。

邦尼·威勒：我们与丹尼、约翰尼同住在一座房子里。这里有许多我们应付不来的姑娘，以卖淫为生的那种，所以我们让他们另租了一个只属于我们的地方。就在北环路附近的尼斯登，我觉得那里叫作 D 环路。我们会在那儿居住，去伦敦北部一个名叫金斯顿的地方排练。约翰尼也在同一个地方排练。

丹尼·西姆斯：1972 年，迪克·亚瑟成为了索尼英国公司（在美国被称为哥伦比亚唱片、CBS 唱片公司，西姆斯会变换着使用这两个名称）的总裁。60 年代，在我遇见约翰尼·纳什的时候，迪克·亚瑟碰巧是他的律师，所以十分支持他。约翰尼的受欢迎程度使其直接拿下了 CBS 唱片公司的合约。当时我也试图让鲍勃·马利签约，不过他们并不感兴趣，因为没有人认识鲍勃。就这样，约翰尼签了约，发行了名为《现在我可以看清》（*I Can See Clearly Now*）这张专辑。

鲍勃去了伦敦之后，迪克·亚瑟于 1972 年签下了他。我们发行了《百老汇的雷鬼》（*Reggae on Broadway*），背面是《我要得到你》（*I'm Gonna Get You*）。鲍勃的唱片遭遇了惨败，约翰尼却一飞冲天。那一年，我们独立时，他有过三四首热门单曲。如今，我们身边也有了一个大红人。《现在我可以看清》一炮而红。鲍勃为自己的唱片没能大热有些不太高兴，但紧接着就开始尝试制作节奏与蓝调风格的雷鬼乐。我们不得不四处巡演，支持这张唱片。这一百多场音乐会大多是免费的，由索尼公司出资。

[罗杰·史蒂芬斯] 巡演途中，为了支持自己的热门唱片，纳什在海报中被称为"雷鬼之王"。

丹尼·西姆斯：约翰尼唱一个小时，鲍勃唱四十五分钟，还要与约翰尼·纳什的乐队合作五十分钟。起初，没有人认识鲍勃，只有少数几个听过"考克森"作品和鲍勃早期热门唱片的牙买加人知道他。很少有人会到后台来探望鲍勃。

一开始，鲍勃引起的反响非常微弱。不过随着巡演进程的推进，鲍勃得到的反响逐渐可以与约翰尼匹敌了。你能从约翰尼的身上看到一丝嫉妒，也能从鲍勃对待约翰尼的态度中发觉些许的羡慕。

邦尼·威勒：约翰尼·纳什因为哭泣者乐队而感到惶恐，他想不到这支乐队也能与他同台。他能够容忍鲍勃唱上两首歌曲——也就是他们试图将鲍勃强力推入市场的两首新歌。鲍勃演唱时是不能带上我们的。他唱的是《百老汇的雷鬼》与《哦上帝，我该到那里去了》(Oh Lord I Got to Get There)，唱完就跑下台，现场却已经沸腾了！

丹尼·西姆斯：我认为鲍勃很满足，因为他是我们的朋友，信任我们。而约翰尼和我都是公司的拥有者。不过所有的艺术家都会彼此嫉妒，尤其是在他们开始拥有一些突出的成绩时。我们是这一路上最热门的巡演队伍。

[罗杰·史蒂芬斯] 邦尼的回忆更加准确，也更令人不快。

邦尼·威勒：最终（约翰尼·纳什）略微松了口，说他也许可以给我们个机会登台。我们深入英格兰乡村，来到了一个名叫贝克斯山的地方，周围一个黑人都没有。四下走动时，你一个黑人面孔都看不到，因为所有的窗户都是敞开的，全都在盯着这一群黑人。我们怕极了，何况身上全都是红色、金色、绿色之类鲜亮的颜色，隔着一英里远就能看到！

那晚，他们先让一支名叫奥西比萨的年轻小型乐队上台演出，表演的是非洲融合表演风格的节目。他们博得了满堂喝彩，下台后就轮到我们上场了。走上舞台，我们要演奏的乐器和上一批人一样，开场曲目是一首斯卡特莱茨组合的老歌《林戈》(Lingo)。不过，演出一开始，我们就发现"顾家男人"的贝斯走调了——有人把贝斯弄走调了。该死的吉他也走调了。大家都张着嘴，目不转睛地盯着眼前的一切，不知道到底出了什么问题。我们只好说："没事，'顾家男人'，你走吧。所有的吉他手都走。让我和'卡尔利'自己控制节奏。""卡尔利"敲鼓，我也敲鼓，敲的是小手鼓，还有打击乐器。动起来！进入状态，动起来，临场发挥。鲍勃的吉他就在后台，不过他们弄坏了背带，害得他一背上琴，琴就摔在了地上。那天晚上，他不得不在没有吉他的情况下表演。我们唱了《小斧头》《恶鬼征服者》《穿上》《粗鲁男孩》《美好时光》《低弯下腰》《继续前进》《激情燃烧》，还有我们过去常唱的一首歌《溜进黑暗之中》(Slipping into Darkness)。这是我们演唱得非常不错的一首外国歌曲，排练过许多次。这时，所有人都已经起身跳起舞来。现场弥漫着一种情绪，让我们第一次体会到了白人听到我们歌声后的反应所带来的感觉。唱到《继续前进》时，人们排成一队，起身用手搭住彼此的肩膀，形同一条大蛇，在小小的剧院中来回穿梭。所有人都起身加入了这支队伍——有老有少，人人都参与了进来！队伍径直穿过剧院、穿过坐席，像条该死的蛇一样把剧院围了起来。好大的一条蛇！《继续前进》这首歌我们唱了大约二十分钟。人们一直都在行进，就是这样，手臂搭着肩膀。

堪称惊天动地的演出结束后，我们走下舞台，却无法离开剧场。回到后台，筹办人连声恳求，要是我们不返回舞台，剧院就会被拆得片甲不留，因为人们已经开始折断椅子的扶手，在这该死的地方外面搞起了破坏。于是我们走出去又唱了一遍《百老汇的雷鬼》和另外两首歌。结束曲目是《唯一的爱》或是《爱情与倾慕》。离场时，人们的情绪比之前更糟糕了，但我们已经不能回头了，再也没歌可唱了。所以无论演出会被糟蹋成什么模样——约翰尼·纳什还没有上场——一切似乎已经结束了。

因此，筹办人不得不找些话来告诉观众。他喊道："好了，冷静，冷静！雷鬼之王就要登场了。"其实约翰尼·纳什才是观众要看的人。演出开始了。第一首歌还没唱完，四分之一的人便起身离开了。第二首歌唱到一半时，剩下的人中又有四分之一走掉了。观众如今要看的是哭泣者乐队，还想得到签名。要是他们继续逗留下去，哭泣者乐队可能就已经离开了。约翰尼的乐队迷惑不解，负责弹电子琴的家伙开始弹错音，害得乐队陷入了恐慌，一个个都傻了眼。这时，依旧坐在这座该死剧院里的人可能只有十个了。约翰尼惊慌失措，唱起了叙事民谣。他本该是"雷鬼之王"，却唱起了《玛利亚的小男孩》（*Mary's Boy Child*）。剩下的几个观众也站了起来。剧场里落得空无一人。乐队唱到一半便不得不提早收场。

到了这个时候，丹尼·西姆斯肯定已经彻底从现场消失了，谁都找不到他。因为约翰尼·纳什正在找他，想要了他的命。后来，我们在转角处找到了孤身一人的约翰尼。他正用靴子踢踹墙壁，还用一只拳头砸着墙。我们怎么拦都拦不住他，又不能让他知道自己在我们眼中是副什么德行，于是丢下他走开了，从此彻底与他断绝了往来，直到今天都没有听说过他的消息——就这么消失得无影无踪，远离是非，再也没有和他说过话。不过他恨的不是哭泣者乐队，而是丹尼·西姆斯。他和丹尼的合作伙伴关系就此分崩离析，全面开战。

[罗杰·史蒂芬斯] 事实上，严格从销量与曝光率来看，纳什与事业"不温不火"的马利相比堪称超级巨星，而且曾经成功被一大群白人听众所熟知，至今仍家喻户晓。尤其是那首名叫《现在我可以看清》的单曲，定期便会出现在广告与电影中。

丹尼·西姆斯：约翰尼是个流行音乐歌手。即便到了今天，我们也从未对约翰尼·纳什失去过希望。从严格意义上来讲，他就是一位纯洁艺术家。

[罗杰·史蒂芬斯]：录音十年，马利却频频遭遇希望破灭，变得愈发沮丧。某一天，他出现在唱片公司的办公室里，公开表示了不满。

丹尼·西姆斯：鲍勃十分不满。我听说他某天曾去过CBS唱片公司，不过他们冷落了他。我赶去CBS唱片公司，试图查个清楚。但不管怎么说，他都不该撇下我而自己过去。我们连续发行了两三张唱片，却什么也没有发生。所以我不知道他是否猜测我对约翰尼·纳什过于用心，却对他不够上心。不管怎样，他现在已经和那些牙买加人住进了伦敦的一座大房子里，还有了一辆可以装下所有人的车。索尼公司在他身上投入了不少经费。我们开始为索尼的年度大会彩排。鲍勃越来越受欢迎。哥伦比亚唱片公司的负责人克莱夫·戴维斯是我的一个好朋友，而迪克·亚瑟又是他的哥们。后来，就在鲍勃即将进行完整演出的当晚——他们带来了"卡尔利"、"顾家男人"、彼得、邦尼和另一个音乐人——索尼让他们进行了一次完整的彩排。鲍勃在彩排现场的表现太过于激情四射，以至于人们纷纷跑来观看彩排。鲍勃已经准备好了一场炙手可热的演出，却跑来找到我，说他不想表演了。他以为自己遭到了 CBS 的冷落，还觉得人们对约翰尼的兴趣远远超过了自己。

[罗杰·史蒂芬斯] 说到克里斯·布莱克威尔，他出身于牙买加富裕的白人家庭，曾在英格兰接受教育，60 年代初开始在这里进口、翻印牙买加唱片。他也是英国备受争议的特洛伊唱片厂牌的共同创始人与匿名合伙人。即将成为鲍勃·马利经纪人的唐·泰勒描述了厂牌的运行情况。

唐·泰勒：在我看来，特洛伊唱片公司的情况是这样的：克里斯·布莱克威尔刚到英格兰时，牙买加的唱片盗版局势正愈演愈烈，十分严重。他所发行的大多数唱片都属于非法购得，全都是盗版唱片。他会买下它们进行印制，却没有合约。用小岛唱片（他自己的厂牌）签下吉米·克里夫与米莉·斯莫的热门曲目之后，克里斯·布莱克威尔刚一有机会做起合法生意，就必须把自己做过的盗版、非法地下买卖拿出来分摊。特洛伊唱片就是在这个时候参与进来的，由李·格普索尔充当掩护。

[罗杰·史蒂芬斯] 2016 年 11 月，在拨往牙买加的一通电话中，克里斯·布莱克威尔否认了泰勒对于盗版一事的说辞。

克里斯·布莱克威尔：我没有非法翻印过任何唱片。我与"里德公爵"、波廷杰夫人和除了"巴斯特王子"之外的大部分牙买加制作人都有合约。特洛伊唱片始于 1967 年，而我一门心思都投入在了摇滚乐上。交通乐队在英格兰的事业蒸蒸日上，与他们及史蒂夫·温伍德、斯宾塞·戴维斯合作的日子令人激动不已。所以我已经不再南下牙买加投机取巧、倒卖唱片了。我1966年前后就不这么做了。

丹尼·西姆斯：（索尼录音师在为鲍勃录音时）一个人给我打来电话，说克里斯·布莱克威尔会顺便到访录音室，让我们的键盘手与交通乐队合作。

[罗杰·史蒂芬斯] 原来，布莱克威尔眼里盯着的不只是JAD唱片公司的键盘手。

丹尼·西姆斯：鲍勃被签给了索尼公司，是索尼公司的艺人。克里斯·布莱克威尔总是会溜进索尼录音室，讨好鲍勃。被我们发现之后，索尼公司还对布莱克威尔发布了禁令。

[罗杰·史蒂芬斯] 不过马利已经动摇了。伦敦的索尼公司高管给他的待遇令他感到愤怒。害他备受"冷落"的人之一名叫鲍勃·怀特，是个律师。马利为自己受到怠慢怒不可遏，以至于要求解除合同。此时，他与西姆斯仍是盟友，因此丹尼还在向索尼公司替鲍勃说话。

丹尼·西姆斯：我让他与世界上最大的其中一家公司解了约。在鲍勃·马利身上投入了一年的资金之后——让他住进了大房子，还供他经营乐队——任谁也不会放他离开。他们想要鲍勃。那个律师鲍勃·怀特，你猜他去了哪里？他成了小岛唱片的律师。

[罗杰·史蒂芬斯] 丹尼暗示称，布莱克威尔与怀特之间存在某种秘而不宣的安排，能够阻止马利继续与索尼履约，从而让他与乐队转投小岛唱片。

丹尼·西姆斯：那群混蛋——你知道他们做了什么，他们陷害了我。鲍勃·怀特正是冷落他的人之一——这是从艺人与作品部的员工嘴里透露出来的。他们喜欢鲍勃，认为我们一直在尝试，不知道该为鲍勃发行什么样的唱片才能令他大红大紫。与我们谈判的人正是鲍勃·怀特。当我们发现看不起他的人正是怀特时，他们便开除了他。鲍勃离开索尼的事情引起了很大的轰动。

自鲍勃被签给克里斯以来，他卖出的每一张唱片都要支付我们百分之二十的发行佣金。这些金额一半归属索尼，一半归属 JAD 唱片公司。小岛唱片的所有专辑都一直在支付佣金，一直到 1977 年的《出埃及记》。作为发行人，他与我合作赚到的钱更多，因为埃里克·克莱普顿唱了《我射中了警长》（*I Shot the Sheriff*）。

［罗杰·史蒂芬斯］在花费了数年精力、试图为马利与哭泣者乐队创造突破之后，丹尼将控制权拱手让给了布莱克威尔，心知他发掘的这位不谙世事的艺术家已经做好了准备，可以应对世界最大舞台的要求。

丹尼·西姆斯：1972 年 10 月，当我们把鲍勃的合同出售给克里斯·布莱克威尔和小岛唱片时，鲍勃已经准备好了。他曾受到约翰尼·纳什精心的调教，双方都从彼此的身上学到了些什么。鲍勃教会了约翰尼如何弹奏雷鬼音乐节拍，因为鲍勃会弹。他是个经过了精雕细琢的著名艺术家，能够与布莱克威尔或其他任何一位制作人合作，还能运用我们安排他与约翰尼·纳什、亚瑟·詹金斯等其他人合作过程中教他的一切。1967—1972 年的时光足以让任何人拿下一个博士学位，也足以让鲍勃·马利走向世界。我认为，作为当时唯一出身第三世界国家，却能登上摇滚名人堂的明星，事实是不言而喻的。

第 13 章　岛国的古怪雷鬼

[罗杰·史蒂芬斯] 哭泣者乐队与克里斯·布莱克威尔的小岛厂牌签约时，似乎终于找到了一位拥护者，能将他们和他们的音乐带向外面的世界。成为国际化的艺人是他们累积了十年的梦想。乐队回到牙买加，在活力之声录音室的八轨设备上制作起了新的素材。

对于牙买加音乐人来说，以英国为总部的布莱克威尔一直都是个模糊的人物，遥不可及，神秘莫测。他出身某个曾经富庶一时的家庭，一直保持着盛气凌人的态度，被人指责在英格兰发行牙买加艺人的唱片却不支付版税（正如前文所指出的那样，他否认了这一指控），其中就包括"考克森"多德为哭泣者乐队录制的最初几张专辑。第一次见到布莱克威尔时，乐队听他声称曾经支付过版税，十分震惊，因为他们从未见到过那些钱。

邦尼·威勒：我们去伦敦与布莱克威尔见面时，他说过："我曾为哭泣者乐队给过'考克森'十几万英镑。"我回答："你说真的吗？"他说："是的，我说真的，因为这就是事实。我曾为哭泣者乐队给过'考克森'十几万英镑，不仅仅是版税，还有支付给哭泣者乐队的钱。"我答道："我们从未领到过超过九十九英镑。"能够领到三位数——一百英镑的感觉是什么，我们永远也不会知道吧。

"考克森"多德：我只从克里斯·布莱克威尔那里收到过使

用哭泣者乐队母盘的七千英镑。邦尼·威勒看到一篇（揭露真相的）文章，便打电话给我，说他真的很高兴自己读到了这篇文章，因为克里斯对他说我领到了数额多么巨大的版税。这就是他们为何对我如此气愤的原因。

[罗杰·史蒂芬斯] 克里斯·布莱克威尔辩称，自己从未克扣过哭泣者乐队应得的版税。多年来，他一直声称自己与马利之间的关系是积极向上的。无论如何，哭泣者乐队带着宏伟的计划返回了故乡，为手握大笔的财富而感到兴奋。但与同时代的同行相比，八千英镑的预算就如沧海一粟，只接近摇滚明星一个星期内在可卡因上的花销。刚刚摆脱约翰尼·纳什与丹尼·西姆斯，此刻的他们背后有布莱克威尔撑腰。在牙买加生机勃勃的雷鬼乐产业中，布莱克威尔也正着手增加自己的所占份额。他当时的得力助手名叫迪基·乔布森，出身当地另一个富庶家庭。

乔·希金斯：1972 年，迪基·乔布森在岛上的霍普路 56 号拥有一座房子。当时，克里斯·布莱克威尔把我逼入了困境，一个月支付我五百牙买加元，让我放松警惕，压制着我。

[罗杰·史蒂芬斯] 希金斯为布莱克威尔录制过一张名为《矛盾一生》(*Life of Contradiction*) 的专辑，却遭到了搁置。

乔·希金斯：我通过哈利·J 才重新与小岛唱片取得联系。当时我与鲍勃、玛西亚都在他的厂牌旗下。1972 年，迪基·乔布森成了我的经纪人。克里斯与哈里·J 达成协议，所以在某种程度上，我是被当作一揽子买卖的一部分交给克里斯的。

[罗杰·史蒂芬斯] 哈里·J 曾是一名保险销售员，1968 年开始制作唱片，凭借名为《清算人》(*Liquidator*) 的器乐曲和鲍勃·安迪与玛西亚·格里菲斯的《年轻、有才与黑皮肤》(*Young, Gifted and Black*) 在英格兰取得过巨大成功。

147

乔·希金斯：我后来才发现，我为哈里·J制作的一些歌曲是在他自己的发行公司名义下出版的。我从未与他有过发行协议。

[罗杰·史蒂芬斯]希金斯提醒哭泣者乐队，在着手完成密集的工作计划时，一定要小心保护自身权益。

邦尼·威勒：我们进行了十天左右的辛苦排练，然后前往活力之声唱片公司陈旧的西印度群岛录音室，由卡尔顿·李和他的年轻助手卡尔·皮特尔森来录音。我们着手的乐器就是排练用的那几样，看上去几乎和遭人遗弃的东西没什么两样。有些时候，老乐器能够发出新乐器不具备的声响。《引火烧身》之所以听起来与哭泣者乐队的其他任何一张专辑都不尽相同，原因就在于此——其伴奏是在某些乐器不得不用力按到一定程度才能再次发声的条件下录制的。

说到维修那些你不经思索就会丢掉的陈旧电器，"顾家男人"可谓是个天才。他能把所有小零件拼凑起来，让它发出声响，或是做出什么你在店里买不到的东西。你是找不到任何能够发出类似声响的新设备来的。你可以说，他是个不寻常的天才，因为"顾家男人"并没有上过什么电气学校。他调好的贝斯音色清亮，没有过多的混音，你都不必对它进行大举的均衡化。

"卡尔利"·巴雷特擅长为自己的鼓调音，因为他原来用的是平底锅和锡罐。他能用垃圾一样的东西弹奏出悦耳的声响，也是我见过的第一个会在鼓的前面粘东西的人，就像打补丁似的。这样一来，他敲起鼓时声音就是完整的，不会漏向任何地方。他也是第一个时常把鼓的正面拆下来的人。

我们花了两天时间为原始韵律打基础。每天五段韵律，然后休息一下，确保歌曲没有问题，一个星期之内再回来，利用一天的时间唱完所有的歌曲——哭泣者乐队就是这么麻利。于是，自我们从克里斯手中领到订金后的一个月，专辑就准备好供他混音了。

[罗杰·史蒂芬斯] 凭借现代制作技术和主音吉他的声音，《引火烧身》一曲吸引了许多人——因为这些对雷鬼乐来说都十分新鲜。德莫特·赫西很早便听过这张专辑。作为著名的牙买加广播界泰斗，赫西曾为鲍勃·马利录制过一段非常重要的采访。

德莫特·赫西：从某种程度上来说，我在前往英格兰时就已经对哭泣者乐队有所耳闻，可直到遇见鲍勃，才对他们留下了深刻的印象。我听过他们发行后蝉联榜首的单曲。当然，作为斯卡音乐的追随者，我通过专辑中的乐器演奏技巧意识到，斯卡特莱茨组合其实就是哭泣者乐队众多早期歌曲的伴奏乐队——"考克森"为他们制作的所有歌曲几乎都是如此。后来，我有幸在迪基·乔布森的家里见到了鲍勃本人。那里是戈登镇一个名叫因达斯特里的地方。乔·希金斯、克里斯·布莱克威尔也在场。鲍勃穿着工装裤，刚刚开始蓄脏辫。那是 1972 年末的事情了。迪基手里有一张《引火烧身》的唱片，还放给了我们听。

迪基·乔布森：我第一次见到他们时，鲍勃、彼得和邦尼并没有说话。他们之前吵过一架。经过几次会议，他们才同意（由我出任经纪人）。

[罗杰·史蒂芬斯] 这一时期的另一位见证者是盖尔·麦克加里蒂博士，她是一位学者、教师、人类学家和国际发展专家，同时也是鲍勃·马利的好友。她向我解释了自己为何相信哭泣者乐队是故意被解散的，还说起了许多想要除掉马利的牙买加"上流社会"掌权人士。

盖尔·麦克加里蒂：1972 年，正在就读大学的我从加州海湾地区返回牙买加过圣诞。待我一直如哥哥一般的迪基·乔布森想让我随他去一趟海尔郡海滩。一开始他说："我们去海滩吧。"后

149

德莫特·赫西 | Dermot Hussey
天狼星 /XM 广播公司的牙买加广播界泰斗，2014 年 11 月摄于华盛顿特区

来他又说，"哦，你知道我们正在和几个人制作一张唱片。我们还是到那里去好了。"他指的是沟镇。你可以悄悄地去裸泳，在海滩上野炊。几英里内几乎看不到一个人影。那天我们前往沟镇时，彼得在那里，丽塔可能也在，我记不清了。不过迪基十分关注鲍勃，正如克里斯·布莱克威尔和他经常做的那样。他向我介绍了鲍勃，鲍勃是个恭敬有礼的人。我们找了个地方坐下——有点儿像《女人，不要哭泣》中唱到的那样。你懂的，迪基和他说话时——说的都是音乐上的技术话题——我其实并没有在听，只是环顾四周，为屋内竟能贫乏到这种程度感到吃惊。在那之前，牙买加对我来说总是生机勃勃的——鲜花、大树、美丽的山峦、海滩与微风——但在这里，人的感官竟能被剥夺到如此程度，以至于我记得自己整个人都震惊了。

鲍勃对我恭敬有加，在我的印象他中十分谦逊。我记得自己曾这样想过，他的肤色这么浅，却生活在如此贫穷的黑人聚居环境中，真是有趣。在那个年代的牙买加，中产阶级与上流社会中多半仍是棕色皮肤和白色皮肤的人，大部分黑人都属于工薪或是更加贫穷的阶层。他对我表示欢迎，还说："你能到这里来真好。"还谦虚地补充了一句："我很抱歉这地方这么——你懂的——乱七八糟。我这里没有什么好地方。"迪基说："这几个小伙子的嗓音真的非常不错，着实有趣。克里斯和我正在考虑该如何替他们筹谋一番呢。"说罢，他就向我展示了《引火烧身》专辑。

[罗杰·史蒂芬斯] 专辑的外观非常独特，边缘是弯曲的，中间还有一个折页，可将封套拉开，露出 Zippo 打火机般的火苗裁片。第一次，雷鬼乐获得了摇滚乐表演式的全方位展现。尽管最初的评价尚佳，专辑的销量在第一轮发售过程中却还不到 1.5 万张。

盖尔·麦克加里蒂 | Gayle McGarrity

博士、学者与教师，她十分了解马利的政治看法。2001 年 12 月摄于洛杉矶雷鬼音乐档案馆

邦尼·威勒：我们返回英格兰推广《引火烧身》专辑，人们说这不可能是我们的音乐。于是，有人介绍我们参加了《BBC 英文情歌》（*The Old Grey Whistle Test*）电视节目，好向整个英国证明。如果你是个失败之作，那就失败得轰轰烈烈，死而后已。他们带领我们穿过舞台，先是录制了现场演出，边弹边唱，然后录制韵律，再在上面叠加人声。紧接着，他们通过扬声器把歌曲播放了出来，让我们必须假装在演奏。你看，在《BBC 英文情歌》中，我们都在装模作样，并没有演奏，就这样录完了整张专辑里的歌曲。一个自称从业五十一年的小矮个走出来对我们说："我喜欢你们的嗓音。你们的嗓音不错，会成为下一个甲壳虫乐队。自从甲壳虫乐队以来，你们的嗓音是我听到过的最顺耳的。"

[罗杰·史蒂芬斯] 尽管能在舞台上施展魔法，乐队成员私下里的生活却越来越痛苦。他们讨厌潮湿刺骨的天气，住处简朴而破旧。承诺他们的财务约定结果却让人无法接受，以至于乐队在 1973 年春末竟处于彻底解散的边缘。那时，他们刚刚录制完自己的下一张专辑。

"顾家男人"巴雷特 | Family Man Barrett（左） 鲍勃·马利 | Bob Marley（右）
在圣迭戈体育场的化妆间里，摄于 1979 年 11 月 24 日

第 14 章　在伦敦被燃尽

　　[罗杰·史蒂芬斯]《燃烧》是哭泣者乐队三重唱元老鲍勃·马利、邦尼·威勒与彼得·托什的最后一张专辑,颇能引发共鸣。录音期间,为了支持自己的首张全球专辑《引火烧身》,乐队还要进行现场演出。

　　邦尼·威勒:这张专辑本应叫作《转世灵魂》(*Reincarnated Souls*),是根据我为它录制的一首歌命名的。但我在专辑发行之前就退团了,所以它才被重新命名为《燃烧》。《转世灵魂》仅作为英语单曲被收录在了唱片 B 面。我们是带着任务前往英格兰的,要让牙买加文化与雷鬼乐得到承认。因此我知道,我们必须带上奈亚宾尼鼓来唱赞美诗,好让大家明白我们是有一定基础的,这种音乐不是凭空出现的。这些鼓刚由(牙买加)六里村一个名叫菲力的家伙制作完成。贝斯是用酒桶的木头制作的,方德鼓则是用椰子树的树皮制成的。

　　[罗杰·史蒂芬斯]1973 年 4 月末,在这些最本土的乐器陪伴下,哭泣者乐队——邦尼、鲍勃、彼得、键盘手厄尔·"怀亚"林铎、鼓手卡尔顿·巴雷特和他的贝斯手兄弟"顾家男人"——降落在了雾霭重重、春寒料峭的英格兰。

　　邦尼·威勒:我们被带去了克里斯·布莱克威尔名下商区中的某间仓库里,就在国王大街的一间印度餐馆楼上。这里有地下室可供我们排练,也被用作仓库。不做饭的时候,我们若是想要吃个即食的点心，就会从印度餐馆里买。这地方没有床，只有床垫。鲍勃大部分时间里都和埃丝特·安德森住在她的公寓里。

[罗杰·史蒂芬斯]：安德森是鲍勃当时的女伴，在哭泣者乐队停留期间成了他们的向导，曾在鲍勃 1973—1974 年间的好几个作品中扮演过至关重要的角色。

邦尼·威勒：我们去了二十多所理工科学院表演，还去过一两家大型夜店，包括在斯皮克伊旗俱乐部（Speakeasy）的四晚演出——那是我们的一大突破。自吉米·克里夫或德斯蒙德·德克以来，我们似乎是进城的雷鬼艺人中最重要的组合。如今的哭泣者乐队绝对是这里的明星。在斯皮克伊旗俱乐部里演出的每个晚上都要比前一晚更加热闹（虽然观众群实际上全都是白人）。这是《引火烧身》的巡演，但我们仍会唱些《燃烧》专辑里的歌曲。停演放假时，我们会去录音室制作《燃烧》专辑。没有休息日。我们把休息的时间全都花在了录音室里，因为这是能让大家放松下来的唯一时光。

"顾家男人"巴雷特：我会听取所有人的想法，然后试着将其付诸录音，录成伴奏带，让它们变得特别一些；这个阶段，我们所有人都会在场。紧接着，三位歌手会进行演唱，由托尼·普拉特与菲尔·布朗（录音师）从专业的角度来聆听。他们总是十分享受。不过录音室里有些……烟雾缭绕。有烟就必然会有正在燃烧的东西。

[罗杰·史蒂芬斯]《起来，站起来》是美丽动人的安德森曾经参与其中的一首歌。这位成功的女演员曾与西德尼·普瓦提艾合作出演电影《温暖的 12 月》（Warm December）。她是通过年轻的电影导演李·杰夫在纽约遇见鲍勃的。1973 年 2 月，她曾乘坐布莱克威尔的包机，从牙买加到特立尼达，再到海地，最后回到

了牙买加。

埃丝特·安德森：从海地前往牙买加的飞机上，鲍勃和我用二十分钟就写出了《起来，站起来》这首歌的。基于我曾与马龙·白兰度共同生活过七年的所学，我正在教鲍勃如何成为一个叛逆者。事实上，我还给他买了一件外套，和马龙在《码头风云》（*On the Waterfront*）中穿的那件一样。

邦尼·威勒：《起来，站起来》是哭泣者乐队最后一张专辑中最后录制的一首歌。它之所以会被留到最后，是因为它是专辑中最简单的，是齐唱。

[**罗杰·史蒂芬斯**]埃里克·克莱普顿翻唱的《我射中了警长》风靡全球，将最后一缕关注的目光吸引到了需要全球瞩目的哭泣者乐队身上。讽刺的是，相比本地乐队的演唱，牙买加广播电台更喜欢克莱普顿的版本。好几个人都声称参与了这首歌的创作。

邦尼·威勒：这首歌从一开始就意图打造出牛仔歌谣的氛围，和马蒂·罗宾斯的作品相似。

埃丝特·安德森：故事的情节源于我，出自我在伦敦的卧室，和避孕有关。鲍勃总是追着我，要我"繁衍后代"，与他生个孩子。他还一直问我，为什么和他在一起已经一个月了，却还没怀孕。我把自己正在服用口服避孕药的事情告诉了他，从而有了这样一句歌词："每当我种下一粒种子，他都会说，杀了它吧，趁它还没有长大。"[1]——你看，原来警长是个医生。

李·杰夫：这首歌源自我在牙买加一处海滩上吹的口琴。鲍勃边弹吉他边说："我射中了警长。"我答道："可你没有打中副警长。"这是一句笑话，因为牙买加并没有警长。我记得鲍勃想

---

1 此句为《我射中了警长》中的一句歌词。—— 译者注

埃丝特·安德森 | Esther Anderson
马利曾经的女伴，她拍摄了《燃烧》专辑的中间插页。2000 年 12 月摄于洛杉矶雷鬼音乐档案馆

出这句歌词时，海滩上有两个着实非常丰腴的姑娘正在跳舞。我把鲍勃唱到的歌词全都写了下来，心情跌宕起伏，因为我知道这将是一首重要的曲子，而我在它的构思过程中是不可或缺的。很快，我也想到了一句歌词："沟镇里，吉普车一直在绕啊绕啊。"警察和军人开的都是吉普车，而我一直在思考贫民窟实行的宵禁。穷苦之人生活在军事区内，连在街道上行走的基本权利都会被剥夺，这是什么样的生活啊。我想到，鲍勃竟能说出"我射中了警长"这样一句歌词，真是个天才，因为它既可以被看作一句玩笑，又可以如此深刻，与全球面临的紧张局面息息相关。后来，他将这句歌词改成了"在我家乡的城镇四周"。这样更好，因为它证明，从本质上来说，这些加诸在牙买加棚户区日常生活中的暴力干预受到了国外势力的影响。说到"但你没打中副警长"时，我是在讽刺，稍微还有些自贬，因为这句话的意思是，没错，我有胆量朝警长开枪，却没勇气消灭他所有的后援。这将是一场漫长而悲惨的抗争，每天都会需要许多个英雄。

[罗杰·史蒂芬斯] 专辑中最遭人误解的曲目之一是《燃烧与掠夺》（*Burnin' and Lootin'*）。专辑就是根据这首歌命名的。据鲍勃说，它"点燃的是错误的观念"，而非实物。

埃斯特·安德森：这首歌完全是基于乔·希金斯的经历。他对我说，前一天夜里，他醒来时发现警察已经包围了他在沟镇的房子，并对他发起了突袭。于是我把事情告诉了鲍勃，表示我们必须为此写些什么。这就是国内正在发生的事情，你必须把它记录下来。

[罗杰·史蒂芬斯] 邦尼·威勒对这首歌有着另外一种比较先验的看法。

邦尼·威勒：1972 年秋天，在伦敦见到克里斯·布莱克威尔时，我们从他口中得知曾有数十万英镑被汇给哭泣者乐队，作为他 20 世纪 60 年代发行唱片的版税（乐队从没有见到过这些钱）。他还告诉我们，他很害怕与我们见面，因为听说"你们都是些危险的家伙，都是杀手"。所以，看着哭泣者乐队第一次望着自己的老板——大老板——就成了鲍勃在歌词中写到"跨越河流，去找老板谈话"的缘由："我们拥有的一切似乎都已失去。我们必须真正付出代价。"

[罗杰·史蒂芬斯] 另一首翻唱曲目属于李·佩里的沮丧者厂牌，是三年前的歌曲《小斧头》。

"顾家男人"巴雷特：这是我最喜欢的歌曲之一，也是当地人最喜欢的一首重要曲目。我们想在专辑中使用国际化的节奏蓝调风格来制作这首歌，略加特色，使它能够被人所理解。

[罗杰·史蒂芬斯] 专辑中最古老的一首歌名叫《传承》，是 1962 年左右邦尼在哭泣者乐队成立之前创作的。

邦尼·威勒：我应该是在比弗利唱片的录音室里录制的这首歌，和鲍勃制作自己的第二张独唱唱片《一杯咖啡》（*One Cup of Coffee*）是同一时期（1962 年）。不过我迟到了，错过了录音。多年来，我总是会为它添加新词，让它变得越来越深刻，历时十一年才将它最终创作完毕。它是我很小的时候听过的歌曲之一，永远无法忘怀，于是对传统词曲进行了改编。它也是我写过的第一首歌。

[罗杰·史蒂芬斯]《恶鬼征服者》最初由李·佩里录制于 1970 年末，后来被带到这里——用"顾家男人"的话来说——"进入了另一个阶段"。恶鬼是牙买加民间传说中的恶毒灵魂。鲍勃歌中所唱的含义是说，你要比斗牛士更加强大。

邦尼·威勒：斗牛士指的是一个能与公牛搏斗的人，强壮得能将牛击倒。如果你是一个斗牛士，那么我就是恶鬼征服者。这是一种老话，就像有人对你说："要是你觉得自己能够咬得动铁，我就能嚼得动钢！"我可以征服恶鬼。恶鬼是最难征服的东西。如果你觉得自己能杀十个人，那么我就能杀二十个。

[罗杰·史蒂芬斯]《拉斯塔男子的赞美诗》(*Rasta Man Chant*) 是专辑中的快节奏收尾曲目，一部分灵感来自最初为专辑拍摄过照片的埃丝特·安德森。

埃丝特·安德森：当时，我在一家社会主义报社担任图片记者，与"乡下人"艾利克斯·考克伯恩共事。一天，"乡下人"把我介绍给了一个名叫邦戈·麦基的人。他家所在的海滩就在邦尼位于公牛湾的家对面。他就是《燃烧》专辑中间插页上带着山羊的那个可怕的人。麦基和一群孩子住在一个大杂院中。那满眼的红色、金色和绿色令我感到惊奇不已。那时候，哭泣者乐队的成员还都没有蓄上脏辫。第二天，我和"乡下人"把鲍勃带去了那里，为他们拍了合影。当天晚上，麦基开始敲起阿基提鼓，让我想起了跟随米莉·斯莫前往非洲的时光。白兰度也在。规模庞大的阿克拉[1]大学为我们举办了一场千鼓私人音乐会。邦戈·麦基的鼓声勾起了我的回忆。听到他唱起"一个晴朗的早晨，当我做完手头的活计"，我告诉鲍勃："你必须穿上红、金、绿三色的衣裳，留起发辫，用鼓来开场。"其他的你们就都知道了。

[罗杰·史蒂芬斯] 虽然哭泣者乐队刚刚完成的作品展现了他们的最佳状态，但是探索各自灵感的渴望却加深了三人之间的隔阂。厂牌带来的压力如同雪上加霜，无法实现的承诺也令人无法忍受。

---

1 阿克拉为加纳共和国首都。——译者注

161

卡尔·彼得森是在当地录音室工作的一名年轻录音师，在此期间曾在不同的录音场合中与鲍勃相遇。

卡尔·彼得森：那段时间我在场。许多人都把解散一事归咎于分而治之的缘故，还有小岛唱片对乐队的利用。但我认为，决策者就是这样谋划的。这就是剧本的一部分。

克里斯·布莱克威尔：我意识到，与他们所有人共事是不太可能的。从某种程度上来说，处于对战状态的人主要是彼得与鲍勃。邦尼始终都是邦尼，他其实是站在自己那一边的。

邦尼·威勒：1973 年的英国春季巡演之后，我们去找克里斯讨论接下来的美国巡演该去什么地方。如今，我们期待能够登上更大的场馆、接触更大的市场，因为我们已经证明了自己。要是继续举办这样的小型演出，乐队是挣不到钱的。于是我说："克里斯，你为我们去美国计划了什么——我们要去哪里演出？"他回答："怪胎俱乐部。"我问道："你说的怪胎俱乐部是什么意思？"他说："哦，你懂的，就是男同性恋和女同性恋的俱乐部。女的认识女的，男的认识男的，人人都极度兴奋。还会有毒品交易之类的事情——怪胎嘛。"我们问道："什么乱七八糟的？"我追问："克里斯，你怎么能把我们全都往那个方向带呢？你为什么要把我们拉下水，做那种事情？你知道我们是不会做那种事情的。你为什么不让我们去文化中心，甚至是理工专科学校演出呢？我们眼下如日中天，是为孩子们唱歌的，不在乎为什么怪胎演唱。"

鲍勃跳了起来，问道："怎么了，我们不是来讨论巡演之类的事情吗？""听着，我的伙计，你是我的兄弟。我爱你、敬重你，也尊重你一直以来做出的决定。不过，鲍勃——"我回答，"——我不得不做出这样的决定，以保护我的正直。我的正直告诉我，不要去！"

就这样，我宣布："我不去了，兄弟。"会议差不多就此终结。所有人都大吃一惊，满心忧虑，怅然若失，因为一个决定已经达成了。我是不会去的了，而其他人都不得不做出决定，说，好吧，克里斯，要是邦尼不去，我们也不去。所以你最好仔细筹划一下。但我已经出局了，被所有人投票出局了。我知道他们此行都是枉然。我感觉很好，因为我是不会掉进粪坑里去的。"

[罗杰·史蒂芬斯] 当时与乐队共事的塞巴斯丁·克拉克写道："在经历了等待资金到位的几个月之后，我们的面前出现了堆积如山的文件，说乐队亏欠小岛唱片 4.2 万英镑的巡演开销。可在巡演开始之前，我们是有协议的，由小岛唱片来负担所有的开销。在接下来访问牙买加的过程中，布莱克威尔曾找托什谈过话。托什怒不可遏地离开了，回来时拿了把大砍刀找布莱克威尔对峙，吓得他立马跑走了。"

据彼得的传记作者约翰·马苏里所说，彼得相信鲍勃背叛了哭泣者乐队，站在了克里斯·布莱克威尔那边，而其中的原因在于鲍勃拥有一半的白人血统。"老话说，'如果你是白人，万事皆无不顺。如果你的肤色为棕，还能徘徊转圜。但如果你是黑人，就待在后面好了。'结果就是如此。眼下成功在即，可对于乐队而言，这种感觉却像是他和邦尼的肤色太黑了，尽管他们都曾为乐队的名誉努力过多年。鲍勃在乐队眼看就要站稳脚跟的时候出卖了他们，彼得感觉无论如何是时候亲自出击了。'我来到这世上可不是来做和声歌手的。'"

彼得向我证实，巡演结束时，他们每人只领到了一百英镑，而最后十二场演出还因为彼得的支气管炎取消了。多年之后，他依然怒不可遏。

彼得·托什：这简直就是一派胡言，纯粹胡说八道。抛开欠缺尊重之类的事情不谈，我放下一切的原因在于，我们之前是有过协议的，公司却没能履约。我们已经无法容忍那些混蛋了。在体验了十二年雷鬼乐是什么之后，克里斯·"白人"威尔告诉我们的第一件事竟然是，他要花五年的时间才能把我们打造出来。在自己已经无所不知之后，难道我们还要再花十二年中的五年来重新塑造自我吗？我想要知道他还打算在我们身上加诸些什么。（不过）这不是你想象的那种解散，而是三个人分道扬镳，向三个不同的音乐方向进发。只不过我雄心勃勃，已经等不及要出手了。

［罗杰·史蒂芬斯］当人们意识到，哭泣者乐队即将像三年前的甲壳虫乐队那样在全盛之际解散时，雷鬼乐的世界被一股伤怀之情淹没了。

第15章 起点的终结与傻瓜的脏辫

[罗杰·史蒂芬斯] 邦尼退出哭泣者乐队的举动加剧了彼得与鲍勃之间的紧张情绪。截至1973年年底,三人再也没有一同巡演或录音。他们的最后一张专辑《燃烧》受到了如潮的好评,其中展示了每一位成员的主唱作品,却令全世界都在好奇,如今会发生什么。一股大潮已将他们猛地向上推去,不料却将乐队狠狠摔在了纷争的大石上。

内维尔·威洛比:我意识到,鲍勃是这么一种人:若是你意识不到他是值得等待的,就会遭到苛待。这就是他给我的感觉。但如果他发现你对他和他的天赋真的很感兴趣,那就万事大吉了。这就是很少有人能够采访到他的缘故——因为没有几个人愿意坐上半天的时间,在他彩排的时候等待;他们会咂着嘴说:"那小子真粗鲁。"你懂的,这话说的是他那种态度。不过,我倒是在他的身上看到了其他所有人、牙买加其他所有唱片艺术家所不具备的特殊之处。

我发现他喜欢测试别人。比方说,如果你细听采访,就会发现他不时便会在回答问题时中途停下,询问:"你再说一遍,问我的是什么来着?"我意识到他这么做是想看你有没有在认真听,是不是真的对他感兴趣。所以当问题被丢回来时,若是你不记得了,他便不会理会你了。不是真的不理,只不过眼神会飘离。

问及有关哭泣者乐队的问题时,你能看出他对乐队并没有十足的把握。但是他会回答"没错，我还是乐队的一员"，语气却是犹犹豫豫的。不过，他的心情基本上还是非常乐观的，因为他能看到，自己真的马上就能到达他想去的地方。我是这么觉得的。

[罗杰·史蒂芬斯] 第三世界乐队的"猫咪"库尔也记得鲍勃在过渡时期不太稳定的乐观情绪。

"猫咪"库尔：某天晚上，鲍勃去了顿悟（the Epiphany）餐厅。餐厅的楼下是一家二十四小时提供食物的俱乐部。他坐了进去。我说："鲍勃，那个！"

即使是在鲍勃出名之前，我们这些牙买加音乐家对他也常常是毕恭毕敬的，因为他创作过《沟镇棒极了》（Trench Town Rock）之类的歌曲。有关他的民间传说也已在我们这些音乐人中流传开来，都说他有些古怪，还有些荒诞。这正是大家当时所知的音乐人鲍勃身上的特质之一。去为鲍勃伴奏时，你是不能胡来的，要确保自己听他的话、认真思考，因为他会勃然大怒。在这间餐厅里，他走到我面前问道："怎么了？你不想在哭泣者乐队里混了吗？"我回答："天哪，鲍勃，见到你真是太糟糕了。我刚刚创建了一个组合——第三世界。"他追问："组合里都有谁？"我告诉了他。他说道："哦，很好。不管怎么说，哭泣者乐队正火着呢，你知道的。"我回答："这还用你告诉我吗？"

演出结束之后，我们所有人一起聊起了天。他因为什么事咒骂起了某个人。你知道他总是有办法让自己为某件事情兴奋一两分钟，但很快就会缓过神来，再次大笑。他说："天哪，你们的乐队真不错，一定要团结一致。你们必须跟自己对抗，始终期待自己能够从中有所成就。别只想着自己是个明星，或者他是个明星，或者那个人是个明星。"我还记得（第三世界的乐队成员）伊博当晚曾为彼得和邦尼的事找过他的茬，问他发生了什么。他问鲍勃："你怎么能就这样抽身，一个人去谋求生路呢？"鲍勃告诉他："你怎么知道是我离开了？没准是他们丢下了我呢？"

[罗杰·史蒂芬斯]1973年10月，哭泣者乐队转战美国。

邦尼·威勒：他们是和"史莱"与"斯通家族"合唱团一起巡演的。乔·希金斯代替了我——邦尼·威勒——的位置。这很合适。知道代替我的人是我的导师，是件令人满意的事情。我对此感觉很好。

[罗杰·史蒂芬斯]有种广为流传的荒诞说法声称，鲍勃曾把"史莱"打下了舞台。有些时候，这样的说法正是唱片公司在推波助澜。

乔·希金斯：那个年代，"史莱"是个颇具影响力的人物，风头最劲。人们会为了他的言辞、外貌和最新构思来看他。鲍勃对于"史莱"来说怎么可能是个威胁呢？有人说，他们听不到我们的声音，而且我们的口音他们也无法理解，节奏又太过缓慢，表演不是即兴的，装扮也不合时宜，一个个还都是些叛逆之辈。

我只记得我们曾为"史莱"与"斯通家族"进行开场表演。他一到拉斯维加斯，就把我们炒掉了。我们一起进行过五次演出，分别在佛罗里达州的霍尔姆斯特德与坦帕、肯塔基州的列克星敦、科罗拉多州的丹佛与拉斯维加斯，最后却被连人带行李地丢在路边，还被酒店拒绝接待。某人（旧金山 KSAN 广播电台主持人汤姆·多纳休）将我们带去了索萨利托。我们在那里做了一档广播节目，还去俱乐部进行了几场演出。

[罗杰·史蒂芬斯]1973年秋天，盖尔·麦克加里蒂前往旧金山的矩阵俱乐部探望乐队。

盖尔·麦克加里蒂：演出之前，我和我的朋友、斯坦福的同学迈克尔·维特尔去了后台。我记得自己产生了一种特殊的感觉，觉得这将是不寻常的一刻。对我来说，一切就如同超自然事件，因为我竟然能够在后台见到鲍勃、彼得和"顾家男人"。我记得自己完全着了迷，仿佛身陷某种精神世界之中，灵魂出窍了一般——我的意思是，我非常紧张。演出开始时，我简直难以置信。那里的场地十分狭小，却拥有对他们来说堪称完美的氛围。此外，他们全都穿着军用卡其服，颇具革命性与战斗性，演奏的也全都是最激进的曲目。由于大家全都属于激进派，且正处在人生的突破阶段，这支乐队便成了我们的发言人，述说着我们最深刻、最发自内心的政治情感。

[罗杰·史蒂芬斯] 乐队最初的导师乔·希金斯被选派参加了一场至关重要的巡演，巡演的目的在于将哭泣者乐队介绍给美国黑人听众。意识到自己领不到薪酬的事实，这位导师的心里很不是滋味。

乔·希金斯：在许多方面，鲍勃·马利都是个十分善于利用别人的人。比方说，首次美国巡演出发在即，邦尼却在最后一刻——也许是临行前的一个礼拜——出于某种原因退出了。没过多久，鲍勃便跪在我的面前，求我作为他们最合适的替代人选出山。说我是"代替邦尼最合适的人"。他让我们心甘情愿地踏上了旅途，却没有给我开过一分钱工资。我不曾得到过感谢，连一点补偿都没有。

1974 年，我的兄弟过世，可我们却连为他下葬的钱都没有。于是我决心扮演一回疯子的角色，去了鲍勃位于霍普路的家。我站在那里，什么话也没有说。他看着我："出什么事了，乔？"他会直呼我的名字。我默不作答。鲍勃又说："哦，他们终于把乔惹恼了，乔现在疯了！"他将大麻烟卷、香蕉递给我，我却丝毫不为所动。这么一来，他以为我真的恍惚了。又等了一阵子，大约一个小时之后，我终于开口了："我能不能和你聊聊？"他答了一句"好的，伙计"，把我领上楼，来到尽头的一个房间。我说："你其实不欠我一分钱，因为我从未真正和你签过合同。不过，我以哭泣者乐队成员的身份告诉你，我也从未从你身上得到过任何东西。"鲍勃问："我欠你多少钱？"我回答："给我一些就行。"鲍勃说："那我给你两千（牙买加元）。"支票的金额是一千五百元。这是我从巡演中领到的第一笔钱。

我从中分出一部分钱，埋葬了我的兄弟。

[罗杰·史蒂芬斯] 巡演归国后，马利意外得知彼得要退团单飞。虽然他们在剪辑时还没有意识到，但《燃烧》将成为哭泣者乐队的告别选集。一开始，这张专辑的销量不温不火。

为了增收，鲍勃在金斯顿的比斯顿街上开了一家小店，售卖他在牙买加印制的唱片，同时努力想要知道，在音乐和职业的道路上，他下一步该如何是好。

雷鬼乐初次进军美国之际，哭泣者乐队曾三次引爆全国：乐队在小岛唱片的首张唱片《引火烧身》；由佩里·亨泽尔执导，吉米·克里夫出演、引人入胜的根源电影《不速之客》及其令人无法抗拒的配乐专辑。看到如今的马利独自一人也颇具超级巨星潜力，好几个人都来找他洽谈经纪人事宜。最终，他选择了很有闯劲、满腹诡计的牙买加人唐·泰勒。

唐·泰勒：我 1973 年与鲍勃相识，是以马文·盖伊的其中一位共同经纪人顾问身份前往牙买加的。基本上，那个阶段的马文·盖伊已经不需要被管理了，他需要的是建议。我登场了，为沟镇体育中心的修建筹措好了所有资金。是这么回事：我自小便认识一个名叫史蒂芬·希尔的家伙，常在他经营的剧院附近闲逛。长大后，我们一直保持着联系。某一天，他从牙买加给我打

丹尼·西姆斯 | Danny Sims（左）　唐·泰勒 | Don Taylor（右）
法国戛纳的国际音乐博览会音乐会议，推广马利的遗作——热门曲目《一报还一报》
（*What Goes Around Comes Around*），摄于 1997 年 4 月

来电话，说他的儿子成了住房部长托尼·斯波尔丁的主要顾问。迈克尔·曼利刚刚胜选。托尼想要做些什么。要是我能帮他找一位艺术家，他就打算在沟镇修建一座体育馆。当时，马文·盖伊常去牙买加，就住在蒙特哥贝的山上。

[罗杰·史蒂芬斯]：泰勒到来之际，正赶上雷鬼乐开始在全球大卖。在牙买加音乐界，这样的情形是任何人都不曾见识过的，从而不可避免地导致了残酷的剥削。举例而言，吉米·克里夫的早期支持者乔·希金斯就曾在《不速之客》的配乐专辑中哀叹艺术家的境遇。该专辑自 1973 年起就从未停止过印制，销量到现在为止都保持稳定。

乔·希金斯：我很早就和吉米·克里夫见面。那时候他刚从乡下进城，住在蒂沃利剧院附近，也就是后来西班牙镇路上的皇后剧院。这条路上有个开理发店的家伙很喜欢唱歌和弹吉他，教了吉米·克里夫许多。他也给我剪过几次头发。我不认为鲍勃与吉米·克里夫在那个年代存在什么联系。吉米很早就跟着拜伦·李，还有拜伦·李的乐队成员肯·拉扎勒斯。

我是跟随吉米·克里夫入行的，发现他是个非常强有力的表演者。拍完令人大失所望的电影《不速之客》之后，我曾跟随他环游世界。我听说电影归属赞助商克里斯·布莱克威尔，尽管它的制作人是佩里·亨泽尔。配乐也属于克里斯·布莱克威尔。这部电影所有的参与者都像是处在未成年阶段似的，何况牙买加也没有知晓版权法的法律顾问。那个年代，没有哪个律师会对版权法或娱乐法感兴趣，因此没有人会为你辩护。你必须到图书馆去。音乐产业中也不曾发生什么重大的交易。电影所有的参与者都觉得自己遭到了掠夺，酬不抵劳。吉米·克里夫说他的手头有点钱，可以做一张唱片，但他却买了一座房子。克里斯·布莱克威尔气疯了，告诉他："我能成就你，也能毁灭你。"

我比大部分人都前卫，是第一个对版权有所了解的歌手。我从未卖出过一首歌，却总是亲自去为歌曲注册版权。只有一首歌是我永远不记得要去注册的——《行走的剃刀》（*Stepping Razor*），因为我花了很长时间才把它整理出来。表演专利协会（PRS）会帮你维护歌曲的版权。我从没有出售过自己的版权。

[罗杰·史蒂芬斯]马利本人也被卷入了涉及 JAD 唱片、丹尼·西姆斯、索尼公司、克里斯·布莱克威尔小岛唱片的复杂合同网中。

唐·泰勒：在针对鲍勃的协议与小岛唱片重新谈判、获取他如今这份合同的过程中，我们遇到的其中一个问题在于，丹尼·西姆斯的手中还有一份对 CBS 唱片公司仍旧有效的合同。鲍勃被丹尼搁在一旁，而我们坐在那里和克里斯·布莱克威尔试图搞清楚的是，如何剥夺 CBS 唱片公司的百分之二代理佣金。因为鲍勃现在已经在着手出售自己的作品了。看到他的销量如此巨大，我们要试图想个办法，不给 CBS 唱片公司付钱，或是避免向它支付版税。

[罗杰·史蒂芬斯]随着哭泣者乐队的逐渐淡出，鲍勃找来了新的和声歌手，开始创作自己职业生涯中最激进的几首歌曲。

1974 年，鲍勃发行了自己的首张个人专辑，《傻瓜的脏辫》（*Natty Dread*）。鉴于彼得与邦尼已经离开哭泣者组合，鲍勃不得不认真地为自己的未来进行谋划。他重新协商了录音合同，将"顾家男人"与卡尔顿·巴雷特囊括进来，这支乐队区别于原先的三重唱组合，并雇佣了新的女子三重唱和声组随他录音、巡演。

组合解散之后，鲍勃变得越来越富于政治性。《傻瓜的脏辫》

就是激进分子的杰作。他在歌中立誓，"永远不要让一个政客向你施恩 / 他们只想永远将你控制"。在西印度群岛大学经济学教授迈克尔·维特尔、盖尔·麦克加里蒂博士等人的教导下，他正开始学着扮演一个发声者的角色，为那些被剥夺了权利的人代言。

盖尔·麦克加里蒂：我记得自己第一次就政治问题与鲍勃理论是在我 1974 年返回牙买加后不久，也就是我从斯坦福大学毕业之后。那段时间里，我在西印度群岛大学的莫纳校区工作，同时就职于金斯顿法律援助咨询会工作和牙买加学院。我对当地的教派十分着迷，但不是从宗教的意义上来说——更多的是就文化与政治意义而言。一个美国朋友联系到我，将我介绍给了鲍勃。

因为自身的政治信仰与信念，我记得自己是从某个特殊的角度来看待鲍勃的。作为一个如假包换的市郊叛逆女孩，在我的记忆中，他好像已经被布莱克威尔带坏了。我曾和迪基前去拜访过克里斯位于拿索[1]的家，两人极其开诚布公地进行过一段令我永生难忘的对话，其中十分清楚地提到了将彼得分隔出去的需求——让彼得出去，由鲍勃担任乐队领袖，以中和乐队过于激进、革命的一面。我觉得克里斯还提到了一些问题，大意是说彼得拥有某种极端的黑人种族观念。不管他到底说了什么，显然对哭泣者乐队一方都是不利的。

[罗杰·史蒂芬斯] 1971 年跟随李·佩里却遭遇变故之后，彼得与鲍勃变得越来越爱争论。彼得会指责鲍勃在生意上做出的决定都很糟糕，还质疑克里斯·布莱克威尔是否在试图解散乐队、专注于拥有一半白人血统的鲍勃，因为他和邦尼"太黑了"。《燃

---

1 巴哈马的首都，位于西印度群岛北部。——译者注

烧》的包装风格成了压死骆驼的最后一根稻草。埃丝特·安德森为中间插页拍摄的两张照片大大激怒了他，他愤怒地用手指戳着某个男人留着齐肩脏辫的两张照片。彼得·托什称他为"魔鬼"。

彼得·托什：这是一张伟大的专辑，（但看看）这些撒旦的照片！回到牙买加、看到这些照片时，我伤心欲绝。你看到任何我的照片了吗，兄弟？一张我的照片都没有。虽然我唱的歌也被收录到了专辑里。所以说，那些混蛋的心里始终在努力把我隔绝在外。他就是撒旦！那个混蛋。没错，伙计，他的脏辫全都掉光了，掉光了，所有的脏辫。我问他："出什么事了，你的脏辫怎么了，伙计？"他回答："天哪，似乎是被跳蚤吃了！"

[罗杰·史蒂芬斯]不管这其中涉及什么天谴，彼得还是决定固执己见，拒绝称乐队解散的事为分裂。

彼得·托什：哦，那不是分裂，你懂的，只不过是兵分三路，将音乐带向三个方向。只不过我雄心勃勃，已经等不及要出手了……大家各有所长嘛。

[罗杰·史蒂芬斯]单飞事业在望，是时候为他们的新厂牌创建名称与标志了。

邦尼·威勒：我创建了两个厂牌：索洛莫尼克（Solomonic）与因特尔－狄普罗（Intel-Diplo）。我将它们全都交给彼得，让他选一个，他选了因特尔－狄普罗。因此索洛莫尼克制作公司注定要成为我的厂牌——它们都是我设计的。因特尔－狄普罗这个名字十分深奥。所罗门是位聪慧的外交官，所以这正是其意义所在[1]。我只是对它进行了缩写。二者的意义都是相同的，因为塞拉

1　英语中的"外交官"一词前半部分为"diplo（狄普罗）"，而"intel"则是"聪慧（intelligent）"的前半部分。——译者注

西一世国王说，我们在人群中都要像聪慧的外交官一样活着，所以你必须比巨蟒更聪明，比鸽子更无害。

[罗杰·史蒂芬斯] 至于乐队成员们单飞后的方向，《燃烧》给出了暗示。邦尼领唱的两首歌曲《哈利路亚时间》（*Hallelujah*）与《传承》（*Pass It On*）都包含受《圣经》启发的歌词。这一类型的歌曲将在他的首张独唱专辑《黑心人》（*Blackheart Man*）中得到更加清晰的展示，它被认为是雷鬼乐最重要的专辑之一。

德莫特·赫西：乐队解散前后，我曾经采访过鲍勃——这段采访被用在了《念白蓝调》（*Talkin' Blues*，80 年代早期发行的一张遗作）中。采访内容制造出了许多分歧。若是你回过头去听一听，就会发现他其实对彼得说过的话给出了许多的回应——我觉得他说过彼得是在夸夸其谈——说"我能理解邦尼的处境，但是我非常介意彼得说他一分钱都没有拿过"。在某种程度上，此话不假，可他找到我说："是这样的，你得把那段采访毁了；它可能一文不值，也有可能价值数百万美元。我想要把它毁了。"我答道："鲍勃，我不能把它毁了。"事实上，我还给了他一份副本，却永远没有毁掉它。

不幸的是，彼得始终对解散的经历耿耿于怀。即便乐队没有解散，他们也值得被谈论，因为这个组合不同凡响却又个性迥异，必然会在某一时刻分道扬镳。

[罗杰·史蒂芬斯] 鲍勃的私人厨师吉利·吉尔伯特指出了彼得与鲍勃之间的关键差异。

吉利·吉尔伯特：鲍勃与彼得是不一样的。鲍勃一旦做出决定就会坚持到底，不会动摇；决定做好了，就要去实施。他就是这么一个人。别提你的肤色是白色、黑色、粉色还是蓝色。鲍勃根本就不是一个会有种族歧视的人。他只是相信全民团结。

[罗杰·史蒂芬斯] 邦尼与彼得离开之后，鲍勃想要为自己的单飞巡演寻找和音歌手，于是决定请来妻子丽塔和他们的朋友玛西亚·格里菲斯，以及朱迪·莫瓦特。魅力四射的莫瓦特说，她天生就是做传教士的料。20世纪60年代，她成为了流行雷鬼乐明星，曾于70年代随哭泣者乐队外出巡演，在公众面前优雅地展现着虔诚女性最好的一面。我们的对话发生在蒙特哥贝的海风旅馆。

朱迪·莫瓦特：玛西亚·格里菲斯、丽塔和我是好朋友。后来的某一天，玛西亚对我说，她要在陈家园演出（在如今的新金斯顿被称为恺撒皇宫剧院），想要找几个和音伴唱歌手，因为她要尝试戴安娜·罗斯的那首《记住我》（Remember Me）；我记得很清楚。丽塔和我跟她参加了彩排，非常成功。演出当晚，她叫我们上台与她合唱，所有人都说我们应该成立一个组合，因为我们的歌声听上去是那么的优美。于是，我们开始为牙买加不同的艺术家做些和声伴唱的工作。鲍勃听说了此事，他当时正在制作那首《耶和华在世》（Jah Alive）。皇帝陛下去世的消息刚刚传到牙买加，这首歌正是鲍勃对此做出的回应。他从录音室打电话来，叫我们与他合作。

[罗杰·史蒂芬斯] 虽然哭泣者乐队的三位成员如今正在追求三条不同的道路，但还是会彼此一起四处闲逛。

朱迪·莫瓦特：那是我们第一次与鲍勃合作。就在1974年的专辑《傻瓜的脏辫》发行前几个月。鲍勃开始制作这张专辑时便说，他想要我们在录音室里与他合作。不过我们那时还没有名字。邦尼·威勒、鲍勃和彼得都在场。我们问道："我们要叫自己什么呢？"有人说："我三人。"我回答："不行，你不能说'我三人'，因为其中的'我'是全能的神。那就叫'吾三人'

176

朱迪·莫瓦特 | Judy Mowatt（左）　　玛西亚·格里菲斯 | Marcia Griffiths（右）
"吾三人"组合中的两位，参观作者于"玛丽皇后号"游轮上举办的展览，2001 年 2
月摄于加利福尼亚州长滩

吧。这其中的'吾'就是我们的信仰，而我们有三个人。"就这样，所有人都同意了。从那时起，吾三人组合便在哈利·J的录音室中诞生了（鉴于朱迪后来提到的"三人"为复数名词，正确的名称到底是什么，令人十分困惑）。我们开始跟随鲍勃着手录制专辑，结果非常成功。大家都说："天哪，从你们几个开始，鲍勃能与别人合作了——他如今真是开窍了。"此时恰逢他离开哭泣者乐队创始成员彼得和邦尼的那段日子。我们一起做了七年唱片。

[罗杰·史蒂芬斯] 近几年，莫瓦特剪掉脏辫，成了一名基督教传教士，主要出席福音音乐的演出。不过，她把自己与马利合作的作品视为神明指引下的成果。

朱迪·莫瓦特：我把自己的事业都贡献在了与鲍勃合作上。我知道，这其实是我注定要做的事情，因为我忽略了自己的事业，就为了与他合作。

[罗杰·史蒂芬斯] 自从吾三人组合的加入，马利的事业便飞黄腾达。一改往日强烈的阳刚面貌，鲍勃·马利与哭泣者乐队的新阵容带来了视觉与听觉方面的转变。这三位可爱的年轻女子会穿着端庄的三色衣裙——红色、金色与绿色——优雅地同步摇摆。在《女人，不要哭泣》等歌曲中，她们会唱起轻快的和声。在"一切都会好的"这句齐声跟唱的帮助下，这首积极向上的箴言式歌曲成为了马利最出色、最知名的作品之一。

西格里·卫斯理：《女人，不要哭泣》的歌词中唱道："乔吉，他点燃了火光。"这是事实，但火光燃烧的却并不是洋苏木，而是橡胶轮胎。街灯中有几盏熄灭时，你可以点燃轮胎——人们就会知道，乔吉起床了。他过去常会煮粥，我们喝了他也从不会收你一分钱。

[罗杰·史蒂芬斯]1974 年末，克里斯·布莱克威尔发行了《傻瓜的脏辫》。当时的小岛唱片已经成为全球几大主要唱片厂牌之一。这张黑胶唱片的重要组成部分之一是鲍勃留着刚刚长出的发辫、充满非洲活力风格的照片。这个男人是个叛逆者，其首张单飞专辑中的歌词将他的立场表露无遗，都是对腐败政府体系的抨击，也许专辑中最臭名昭著的一句透露了他的心声："既然已经知道传教士在撒谎，我现在想要炸毁一座教堂。"

1973 年—1976 年间，有"白皮肤哭泣者"之称的李·杰夫曾与最初的三重唱成员邦尼、鲍勃和彼得住在一起，并为《傻瓜的脏辫》的主打歌吹奏过口琴。他还在包括纽约中央公园在内的场馆中进行过现场演出，制作了托什的首张单飞专辑《合法化》(*Legalize It*)，并为其拍摄了封面照片。不过，针对《傻瓜的脏辫》的名称问题，杰夫曾与马利大吵过一架。

李·杰夫：1974 年年中，我和鲍勃在一家汽车旅馆房间里争吵起来。一切主要是因为专辑的封面。不仅作为演奏者的我没有被列入唱片全体职员名单或任何词曲作者贡献名单，其他人也没有因为自己参与的工作而获得赞誉。我们正在洛杉矶，刚在小岛唱片的办公室看过专辑封面。那里是好莱坞日落大道上的一座改造民宅。最让人心烦的是，我们见到封面时，他们已经把《打结的脏辫》(*Knotty Dread*)（牙买加单曲的原名）改成了《傻瓜的脏辫》。我抗议专辑的名称拼写不正确，鲍勃却一言不发，并没有为我撑腰。我惊呆了。回到酒店，我想知道他是否会让唱片就这样发行，他却开始对我大发脾气，说我如何太过关注自己的名誉。不过我并不买账，一心想要知道一张名为《傻瓜的脏辫》、名称意义截然相反的专辑怎么才能发行。

[罗杰·史蒂芬斯]杰夫私下里向我解释，这里的"傻瓜"

指的是"戴着礼帽的英格兰傻瓜，他们的头发会被称为'结'"。

李·杰夫：局势演变成了我俩对骂。一开始是推搡，但我才不会退让；后来又演变了互殴。我与他体形差不多，其实谁也占不了上风，最后只能以精疲力竭收尾。不过，事情还没有真正结束，因为什么都还没有解决。我们不再和彼此说话了，直到半年之后，在我被关进金斯顿中央监狱服刑、鲍勃离开牙买加之际，他安排律师汇钱给我，我才原谅了他。知道他随时都会支持我，可能比我们打过的任何一架都更重要。对我来说，我们之间再也不同往昔了。我之所以想要跟随彼得演出，一部分欲望正来自于自己为《傻瓜的脏辫》贡献良多，却没有得到任何赞许这一事实。这多多少少让我和彼得陷入了相同的处境。我们都有要合法化的东西。

［罗杰·史蒂芬斯］针对两人大打出手、陷入难堪局面的这段龃龉，我们的书中涵盖了更多的细节。尽管杰夫连连抗议，《傻瓜的脏辫》专辑却得到了热烈的好评。马利被公开称赞为崭露头角的超级巨星，是个独具天赋的全能艺人（与时下无足轻重的迪斯科风格流行音乐艺人截然相反），成为了日渐成熟的嬉皮士反主流文化、大麻吸食者与政治激进人士的灯塔。

鲍勃已经习惯了自己的新角色。他秘诀的关键就在于霍普路上的氛围——他在金斯顿市郊的新总部。

第 16 章　霍普路区域

[罗杰·史蒂芬斯] 多年前，在山中旅居期间，邦尼·威勒曾提到哭泣者乐队想要找座房子，像一家人一样生活在一起。

邦尼·威勒：那时（60 年代中期）的哭泣者乐队始终不曾住过没有别人居住的房子，或是住在我们父辈的家里。我们一直不曾拥有一座可以被称为"我们的家""我们的地盘"的房子。所以大家全都满怀期待，为之努力工作，好让组合能够住在一起：彼得和他的家人、我们一家，还有鲍勃的家庭——一个大家庭，我们过去是这么想的。

[罗杰·史蒂芬斯] 起初，鲍勃似乎也在追寻这一憧憬。与小岛唱片签约时，他获得了金斯顿市郊霍普路 56 号总部的出入权。那里也在向外出租房屋。他曾一度与布莱克威尔产生过严重分歧，将自己所有的音乐设备全部从主楼里搬了出去，存在他为丽塔在公牛湾海滨购置的房子里。最终，双方达成了协议。据说鲍勃以 12.5 万美元的价格从布莱克威尔手中买下了总部的房子，将其后院改成了排练室。宽敞的前院个是踢球的好地方。中小型的双层殖民风格主楼被打通，设置了一间录音室。鲍勃带着随行的人员搬了进去，自己住进了楼上的一间小屋，在那里和好几个情人寻欢作乐、沉思冥想、创作歌曲。

这座房子位于总督府所在街道的尽头，邻里居住的都是所谓的精英，或是金斯顿社会的"高层人士"。霍普路 56 号围墙内日以继夜的热闹景象令这些人惊骇万分。这是贫民第一次搬进市郊，况且马利的功放音响整夜都会发出带有沉重贝斯的隆隆声。这样的声音的确惊扰到了街坊四邻，正如鲍勃在最后一张专辑《坏牌》（*Bad Card*）中唱到的那样："今夜开足马力。"

贝弗利·凯尔索：一切发生得太快了。鲍勃去了又来，再次找到我，坐在我母亲家的走廊上对我说，他在霍普路上买下了一座房子。他告诉我，那个小个子白人男孩想要在霍普路上给他找个住处，但他觉得还是应该付些钱，因为他想要在这条路上给哭泣者乐队买座房子，他要为哭泣者乐队的人买座房子。他说的哭泣者乐队是什么意思？他答道："就是你、彼得、邦尼、朱尼尔和我自己，哭泣者乐队的人。"我不知道他花了多少钱，可他来找了我，就坐在我母亲家的走廊上。他给我们五个都打了电话。那地方是买给哭泣者乐队的，所以，他说待所有文件都做好了，就会打电话让我在什么东西上签名。他的确打电话叫我去来着。

我去的第一晚，他正在踢足球，还把我介绍给了约翰尼·纳什、一位名叫埃丝特·安德森的女士和在场的另外一个不是牙买加人的小个子。这些我都还记得。不过那里当时还没有修葺成现在这个样子。房子有一扇大门，据说有个白人女子就住在另一边。她能够从这扇大门走出去，却不能直接进到房子里来。不过他们经常在那里闲逛。我常看到屋后坐着一些白人。

我以前时常会去霍普路坐坐，却从未在那里待过。我不喜欢人太多，何况那里多半都是男人，在踢足球，对女性不太开放。他那晚打电话叫我过去，是为了让我签些文件，可他自己却在踢足球。他又叫了我一次。我在那里站了一整个下午，然后就回家了，因为丽塔在那里，你懂吗？就是这么回事。自从那天去过那里之后，我就再也没有回去过。

[罗杰·史蒂芬斯] 正如贝弗利话中所暗示的那样，马利的生活正在发生改变，身边围绕的也都是一群新人。从饮食和锻炼开始，他的生活有了新的节拍。鲍勃请来密友吉利·吉尔伯特担任厨师，仰仗这个满脸胡须、友善外向的大块头男子来喂饱自己的肚子、维持他的体形。他从1975年开始为鲍勃做饭，到1977年为止已经成为随行人员之一，还曾在鲍勃破纪录的巡演途中跟随他环游世界。吉利向我描述了鲍勃的为人、他的养生之法以及自己与鲍勃共享的日常饮食。

吉利·吉尔伯特：我当初是通过鲍勃的音乐认识他的。小时候，我总是会买他的唱片。在早年间有机会遇到他和哭泣者乐队之前，他就是我的精神支柱。那应该是1969年左右的事了吧。我熟悉他的音乐，后来又在他位于比斯顿街的店铺中遇到了他。在牙买加，我是个不错的足球运动员，踢过校际比赛，还曾为牙买加青年队效力，并代表国家队出战。鲍勃喜欢我踢球的样子，称我是个认真的球员，因为我可不会闹着玩。而且我还是个身体强健的运动员，喜欢健身。这一点他也非常欣赏。足球与音乐将我们带到了一起。我试过弹弹贝斯、学点键盘，但不曾用过心。我更感兴趣的是音乐的运营，这门生意的各个方面总是能深深地吸引我。

我对鲍勃的第一印象是，他举手投足间总是如同明星一般。没错，伙计，别不相信。他迈起步来就像个国王，生来就注定要成为王者——在音乐、足球方面等等。但上帝给了他音乐，他便表现得淋漓尽致。他就是优雅，就是青春，如同一位年轻的预言家，注定要有所作为。这启发了我。就这样，我们都走上了正确的道路。对我来说，和他同吃同住，一同饮酒、抽烟、踢足球，都是大有益处的。

1975 年前后，我开始在霍普路 56 号的"岛居"为鲍勃做饭。辛迪·布雷克斯皮尔和她的兄弟史蒂芬、埃丝特·安德森的姐妹住在楼下。埃丝特以前也住在那里，后来被自己的姐妹取而代之了。

早上，他喜欢来上一杯草本茶，类似苦瓜茶或薄荷茶，用的全都是牙买加上好的草本植物——与两三种植物的混合饮料，薄荷或是柠檬草。他还喜欢粥。先是饮茶，然后喝粥；先喝一杯茶，再吃些水果，比如嗑两只橙子。然后我们会去慢跑，因为人是不能饱着肚子去慢跑的。慢跑之后，吃些美味的角叉菜和粥，再把新鲜蔬菜下锅。我们的锅里总是有东西在翻滚，柴火上一直烧着食物：一碗碗的鱼茶、大锅的角叉菜。我们还会做些蒸鱼或煎鱼，抑或是美味的天然炖菜。我个人的炖菜食谱用来烹制蔬菜最好：红豆、椰奶、胡萝卜、大头菜，所有新鲜的蔬菜。任何当下的时令蔬菜都行，还有南瓜。

鲍勃最喜欢的食物是海底的角叉菜——一种海草。先将新鲜的角叉菜好好洗净，有时还要煮一下再晾干，然后用上好的碗或锅子取些水煮上一段时间，加些亚麻籽、亚麻仁，还有阿拉伯树胶、明胶之类能使这种苔藓凝固的东西。紧接着大火煮开，把所有不同的食材都放进去，转文火，使其黏稠，按常识判断炖菜已经煮开时便可以食用了。过滤之后用蜂蜜或一些牛奶来增加甜味，就可饮用。有时我们煮得太多了，便会把它倒出来放在那里，这样偶尔过去时就能舀出些来喝。我们还会把它混合一下，类似健康果汁，一种高蛋白的果汁。搅拌器总是在搅拌，始终都有东西在混合调配。鲍勃有时也会和我一起做饭。

鲍勃喜欢锻炼身体，热衷于和我们一样训练。我们非常刻苦，会到处慢跑：凯恩河、七里沙滩。我们所做的一切——要是

184

我们跑了十英里，鲍勃也会跑十英里。托什不会像鲍勃那样慢跑，但他是个个性很强的人，也是个壮汉，喜欢瑜伽。他与鲍勃的健身和训练方式不同，会四处慢跑片刻、游个泳之类的。不过邦尼从某种意义上来说与鲍勃很像，也喜欢卖力地训练，他会与我们一起在海滩上慢跑，跑去凯恩河。

在现如今的其他艺人中，我看谁也无法接替鲍勃的工作。他对待工作非常认真，不是什么爱开玩笑的烟鬼。他很特别，是独一无二的。

[罗杰·史蒂芬斯] 随着暴力行径与日俱增，一种内战氛围已经在金斯顿西部地区日常生活的每一部分中蔓延开来。鲍勃在争斗双方都有朋友，会尽力避免被迫选择一边而舍弃另一边。在一个所有战利品都会归胜利者所有的国家，与某个特殊的派别存在瓜葛会让你的生活陷入危险的境地。选举中失败一方的投票者可能会被迫离开家园、失去工作，或是更糟。

贝弗利·凯尔索：在我的母亲 1974 年去世之前，我都没有回去过（霍普路）。那时，沟镇的百姓已经挑起了战争。一切都开始恶化，你懂的，枪击、斗殴之类的。因此，我说我现在必须离开沟镇，寻找一个地方搬家，于是便找到了鲍勃。他带我在这个地方四处参观了一番，指着房子的另一边对我说，若是我需要一处住所——任何一个可以落脚的地方——"这里就属于你了，这就是你该住的地方。"于是，在枪声不绝于耳、自己急于离开却又找不到安身之处的情况下，我在某个晚上搬了进去。

[罗杰·史蒂芬斯] 贝弗利不是唯一坐等过鲍勃踢足球或排练的人。1975 年 9 月，牙买加广播公司的主持人德莫特·赫西对鲍勃进行过一次具有里程碑意义的采访，其内容后来被纳入了《念白蓝调》这张遗作专辑之中。虽然赫西是个赫赫有名的人物，

鲍勃还是用了好几天的时间来考察他的耐心。

德莫特·赫西：鲍勃一向话不多，老实说是个有些害羞的人。那是一段不平凡的时光。我是说，我找到他的时候，他正准备单飞。好几次排练时，我都跟在他的左右，看着他们为《傻瓜的脏辫》巡演做准备。起初，我曾几次试图通过耐心等待、看他彩排得到采访机会。鲍勃通常会在下午四五点钟的时候录音，还要认真地踢场足球比赛。他就是通过这种方式来保持身体健康的。天色渐暗，再也踢不了球时，他们才会离开小广场，冲个澡，为排练做准备。排练通常在晚上八点前后开始，一直进行到次日凌晨两点。从某种程度上来说，我通常都会耐心等待。事实上，我必须好好表扬一下"天才"科尔，正是因为他，这一切才成为了可能。鲍勃明确要求不想前往广播电台，于是我不得不寻找一个中立的场所，去了霍普路不远处一条大道上的小型录音室。他在那里接受了采访，由德罗伊·巴特勒担任录音师。他来的时候精神不错，却还在为哭泣者乐队解散一事伤怀。

[罗杰·史蒂芬斯] 早年间住在霍普路的那段日子里，要是你能够渗透进聚集在鲍勃周围的圈子，就会瞥见他在哪里都能创作。他终于放松了下来，因为自己找到了一个家。

"猫咪"库尔：对我来说，最突出的时刻似乎是他在霍普路56号排练的那段时光。那是我第一次见到哭泣者乐队、阿尔·安德森及所有人。他正在排练《麻烦不再》(No More Trouble) 和《午夜狂欢者》(Midnight Ravers)，一遍、一遍又一遍。我简直不敢相信，开口问了一句："这家伙到底要把这首歌唱上多少遍呀？"

丹尼斯·汤普森：《夜色中的埋伏》(Ambush in the Night) 的声乐部分被鲍勃录了二十遍。他问："你喜欢哪一遍？"二十遍我们全都喜欢，但不得不从中挑选一个。同一首歌，他绝不可能两遍唱得都是同一种效果，而是会运用不同的情绪、不同的感觉。他就是这么多产，他就是这么一种人。

"猫咪"库尔：某天晚上，我记得他走出来问："你怎么了？等等，这地方怎么来了这么多人？"然后咒骂起了这地方怎么如此拥挤。大家只是注视着他。他和"天才"科尔正在抽水烟筒，一眼看到了我这个小孩，便把水烟筒递给我了。我只是从他的手中接过水烟筒，吸了一大口，又递了回去。他转身对"天才"科尔说："天哪，如今这里的棕皮肤男孩还真是不错。兄弟！"

第 17 章　辛迪·布雷克斯皮尔与 1975 年巡演

[罗杰·史蒂芬斯] 鲍勃入住霍普路时，住宅里最光鲜亮丽的住客是年轻的牙买加白人女子辛迪·布雷克斯皮尔。鲍勃对她一见钟情，起初却遭到了她的断然拒绝。

辛迪 1976 年荣获了世界小姐的桂冠。在她夺冠的这一年，鲍勃大部分时间都随她流亡伦敦，最终还与她生下一子达米安，又被称作朱尼尔·冈。两人公开的恋爱关系曾导致英国猎奇小报刊出头条，称马利为"狂野男子"，而这一对情侣则是"美女与野兽"。不过，两人其实很早就开始在一起了，而且比许多人意料中的更加持久。鲍勃许多最亲密的朋友都坚称她是他一生的挚爱。

辛迪·布雷克斯皮尔：我觉得自己第一次听说鲍勃时肯定已经快满十七岁了。和许多其他人一样，正是那个时候，我觉得我真正爱上了雷鬼乐。那是《引火烧身》的年代。我就是无法把这张专辑从唱机转盘上取下来，总是在它与马文·盖伊的《出了什么事》（What's Goin' On）之间来回转换。我还去加勒比剧院看过鲍勃与马文的演出。

我从小一直天性叛逆，很早就离开了家。我是说，我很早就独自搬了出去，和兄弟及一个朋友同住，好自己做主。我的父母在我大约七岁时离婚了。尽管我最终跟随母亲生活到快满十七岁，1971 年的某一天，她还是告诉我们，是时候自谋生路、有所成就了。于是我和兄弟史蒂芬最终来到了霍普路 56 号。后来，我搬出去住了大约六个月或一年，应该是 1975 年才重新搬回来的。

我一直在努力工作，做过各种各样不同的差事：售卖珠宝和家具，在喜来登酒店做前台、开餐厅、经营夜店。任何不期而至、看上去令人热血沸腾的工作，我都会去做。

1975 年，鲍勃打算从克里斯的手中买下霍普路上的房子。他和他的员工整天都待在那里，基本上就住在楼上。我们只不过是住在房子里的局外人。当时，那里并没有别人居住，因为迪基·乔布森已经将它清空，想在此基础上把整个地方做得商业化一些，但他的计划从未实现。我们恳求他让我们在后院的公寓里住下，因为我们实在是太喜欢那里了。他同意了，于是我们匆匆搬了回来。

在霍普路时，我曾经住在一楼。那时我们的关系才刚刚开始。其实，我还不太确定自己是否想要投入一场恋爱——因为从第一次长时间地与他说话起，我就知道一段刻骨铭心的恋爱会永远改变我的一生。他会走到门边，稍稍向两旁瞥望，看周围是否有人，然后试图与我搭讪。当然，我们聊的永远都是人生观的问题：如何看待自己，作为一个女人如何展示自我，以及你该做和不该做的所有事情，因为教义信条在当时自然就意味着一切。他会坐在我公寓背后的台阶上，抱着吉他唱歌。我记得曾在那样的场景下听到过《把你的灯光调暗》（*Turn Your Lights Down Low*）。你懂的，他在一对一的时候并不是一个善于言辞的男人，话不多，刚刚与人相识时肯定也不会多言。他就是这么内向。他的姿态都非常无辜，十分男孩子气，会拿出一个芒果之类的简单小东西作为礼物。我觉得这很可爱，尤其是在我接触过一些风格截然不同的人之后——我发现这些举动非常能够使人放下防备。

有人问我是否相信他的那首《徒劳等待》（*Waiting in Vain*）

辛迪·布雷克斯皮尔 | Cindy Breakspeare
世界小姐、马利晚年的女友，2003 年 1 月摄于牙买加金斯顿

是为我写的。可我不知道该说些什么，我的意思是，我很愿意相信，为什么不呢？其中有一句歌词是这么写的："我在你的队伍里等了三年。"好吧，这花了些工夫！没到三年，但也花了点工夫。不过我可以说，那张专辑问世时无疑是我们恋爱中最美妙的时刻。因为你知道爱情会经历改变、压力与负担，既有越来越亲密无间的时刻，也有不那么亲近的时刻。你要承受分离和所有的压力。不过我的意思是，当我想起这段感情，想起刺杀企图等事过后、我们搬去英国奥克利街的那段日子，想起自己真正成为世界小姐时，那些无疑都是我们最最亲密的时光，亲密无间。

[罗杰·史蒂芬斯] 鲍勃与辛迪之间的感情令他几位最年久的朋友和搭档都心神不宁。

贝弗利·凯尔索：由于暴力局势的缘故，我已经搬离沟镇，此时住在森林山，就在红山脚下。鲍勃派人到我工作的地方找我，说他想让我签几份文件。于是，我某天晚上带着一位朋友去了那里，赶到时却无法进屋，因为那里已经被辛迪接管了。到处都是白人，我已经无法进门探望鲍勃了。于是我向她表明了自己的身份，鲍勃便出来找我。可他出来时却不认识我是谁了，只是看着我，目不转睛，像是去了另一个世界。他紧盯着我问道："你叫什么名字？你是谁？"没错。我答道："什么？"我的朋友捧腹大笑起来，我则掉着眼泪问："鲍勃怎么了？"你知道吗？我哭了。虽然我的家在森林山，但是由于心情低落，我那天实际上是走路回家的。

我想让人们知道的事实是，我并不喜欢他们对待整个乐队的方式。鲍勃嘛，我的意思是，我们属于白手起家，自力更生。谁也没有任何的资本。看到他们达到了人生中某个能够支配钱财的阶段，就像是看着鲍勃孤身踏上了一个不同的层次，你能明白吗？他们是不会记得的。这就好像是他们彻底失忆了似的——他们能够记起自己来自何方，却记不得谁曾与他们一同出发。

[罗杰·史蒂芬斯] 无论贝弗利有何保留意见，鲍勃正在向更高的高度进发。1975 年，北美与欧洲的首次单飞巡演将他介绍给了更多的观众，其中许多人都是因为埃里克·克莱普顿翻唱的热门歌曲《我射中了警长》而被好奇地吸引来的。唱片公司终于注意到了马利的真实潜力。

我在海湾区赶上了这次巡演。鲍勃将在旧金山狭小的寄宿公寓俱乐部里举办一系列独唱会，而且演出场次已经全部满座。面对如此旺盛的需求，筹办人比尔·格拉汉姆在庞大的奥克兰派拉蒙剧场里订下了一场演出，预定时间仅比演出时间提前了几天。消息一出，门票几乎销售一空。这是我第一次见到自己两年前便倾心已久的音乐演唱者。他旋转着美杜莎般的脏辫，笔直地站在那里，吸引着观众，入迷般专注地紧闭着双眼。我的身旁坐着知名的伯克利书店主穆厄。"他到底在说什么呀？"穆厄不断地问我。不过，你知不知道歌词是什么其实都无关紧要。他当晚也许一直在用斯瓦西里语唱着与观众无关的赞美诗，但举手投足间却是如此的强有力。当晚参与鲍勃首场单飞巡演的人是蒂龙·唐尼。

蒂龙·唐尼：1975 年，我刚加入乐队时，所有人都很严肃。鲍勃做起事来一板一眼。彼得与邦尼刚刚离开，大家都一脸凝重。"天才"科尔和所有留着脏辫的人都在场。我是个小孩，幼稚得很，不习惯挑衅的态度，耳边常是"死鱼脸""蠢货"之类的话。我不太习惯，所以有时会很害怕——老实说，我是对所有人都心存恐惧。他们会让人困惑。我的意思是，"顾家男人"说采用这种方式演奏，鲍勃就会说要采用另一种方式。我一度着实被搞得晕头转向，后来才逐渐发现，这就和有些狗一样——会咬人的往往不会叫得那么凶。

其实是阿尔·安德森拉上我跟随他们巡演的。我过去常陪伴哭泣者乐队录音，却从未拿到过一分钱，时常得到的是一根大麻烟卷，或是一些能量果汁。这就该让你感觉心满意足了。于是我辍学去玩音乐了！我说："上帝，如果我要干这一行，至少让我可以勉强糊口吧！"受不了金斯顿录音室工作的剥削，我辞职后去了北部海岸的几家酒店演出。后来，我演了一阵便厌倦了北部海岸，回到金斯顿，在喜来登酒店演出。一天晚上，鲍勃与辛迪·布雷克斯皮尔来到了这家酒店——就在她成为世界小姐之前。他们跳起舞来，我则唱起了比利·普雷斯顿的歌《一无所有，就什么也拿不走》(*Nothing from Nothing Leaves Nothing*)。鲍勃走上来说："嘿，兄弟，我想要给乐队找点氛围，因为我们要去巡演了，眼下要走国际化的路线，打入国外市场。"我答道："哇，如果这些家伙在牙买加都不愿意付钱给我，为什么要在我去了几千英里以外的时候付钱给我呢？"我还不大确定，不情愿这么做。阿尔也常到酒店里来，说："蒂龙，你必须得来，伙计！把酒店的工作放下吧，你不知道自己即将错过什么，也不知道这件事有多伟大！"从那时起，他就是这么说的，比乐队里其他任何人知道得还要清楚。

鲍勃希望乐队里能有两个键盘手，因为唱片中不止一个键盘部分。早期归属小岛唱片时，他们有图特尔·哈维、"怀亚"林铎和温斯顿·莱特可用。还有我。问题在于，我们想要试图复原和唱片里一样的声音。第一次巡演过程中，我什么乐器都演奏过——风琴、古钢琴和钢琴。玛西亚怀孕了，所以丽塔、朱迪、阿尔和我就组成了"吾四人"组合！

[罗杰·史蒂芬斯] 巡演对于音乐家们来说并非易事。

蒂龙·唐尼：1975 年的巡演过后，阿尔·安德森和我都离开了，因为我已经忍受不了了。出身中产家庭背景的阿尔在美国，他也不太习惯。他的确已经入了迷，想要参与挑战和冒险，可当你不习惯某种应对方式，人们又无时无刻都在对你大献殷勤时，你偶尔也会失去兴趣，不想在那里待下去了。这就是我们在第一次巡演过后的感受。音乐很棒，鲍勃·马利也很棒。但你若是要与大家一起伴奏，至少会想过得心情舒畅。在英格兰，我们接受了《黑人音乐》杂志（*Black Music*）的采访。卡尔·盖尔是雷鬼乐方面的记者和作家。在我们从某个地方返回伦敦的火车上，他对我们进行了采访。大家直抒胸臆，这才意识到自己竟然都说出了内心真正的感受，于是询问了彼此（我们是否应该留在乐队里）。

[罗杰·史蒂芬斯] 最终，阿尔还是离开了几年的时间。1975 年夏季巡演大获成功之后，鲍勃返回牙买加，与前任乐队搭档进行了最后一场演出。蒂龙也参与其中。

盖尔·麦克加里蒂：1975 年 10 月 4 日，史提夫·汪达到牙买加来时，我在国家体育馆观看了一场精彩绝伦的表演。那也是哭泣者乐队的三位成员最后一次集体演出。"吾三人"组合也参与其中，因此真的是独一无二，美妙至极。事实上，演唱会结束时，我是和鲍勃一起回家的。我记得自己感觉就像一位真正的皇后，因为他是这么说的："怎么了，盖尔，你有车可搭吗？"我说："哦不用了，我能搭到车。"他吃醋了，答道："我送你一程吧。"他把我送到了我的外祖父母家，位于西摩大道的莫林斯宅邸。这里距离他在霍普路 56 号的住处与录音室并不远。就在那时，他告诉我，他想买一座房子。我们坐下来一直聊到了当晚深夜。

[罗杰·史蒂芬斯] 讨论的话题之一是鲍勃的父系家族对待

他的不齿行径。

盖尔·麦克加里蒂：我不记得是经谁介绍的了，不过我遇见过一个看上去与鲍勃长得十分相像的男子。后来，有人说他的父亲就是鲍勃的父亲。他的妻子说起了夫妇俩去西班牙度假时的一件事。他们在登记簿上签下了"马利"的名字，酒店的那个家伙站出来问："等等，你们来自牙买加，又姓马利。你们和鲍勃·马利有关系吗？"她的丈夫答道："是的，他是我同父异母的兄弟。"就这样，他们允许这对夫妻在西班牙的酒店里住了十天，分文不取。我觉得这令人作呕，因为他们对待鲍勃是如此的恶劣，你明白我的意思吗？如今他死了，他们却还在利用他的名声。正如之前所言，我觉得这正是牙买加人下流行径的例子。可他们就是这么做的。出于良心，我坚持要付钱，但他们就是不收。当然了，我知道鲍勃在他的父亲去世后曾去找过自己的叔叔，试图借些钱制作唱片，却被他们从办公室里赶了出去，后来也一样——这是他的嫂子告诉我的——她说她有时无法相信白皮肤的牙买加人，还说那个叔叔在把他从办公室赶出去后紧接着说了一句："天哪，那绝对是我兄弟的儿子，你看到那对颧骨了吗？"他们真的是满口胡言。

[罗杰·史蒂芬斯] 既然已经拥有了国际观众，鲍勃强烈地意识到自己必须在技术上多多精进，才能完全掌控自己的素材。

德莫特·赫西：他来到我家，和辛迪·布雷克斯皮尔吃了晚饭，因为他有一次曾说过："我想找个地方，和这个姑娘约会。"于是我说："好吧，过来吃晚饭吧。"那是个美妙的夜晚。他很镇定，辛迪则美丽动人。鲍勃非常放松，谈起了许多有关音乐的话题。我记得他十分担心如何才能把音乐推向国际水平，也记得他曾经说过："为什么牙买加唱片和美国发行的听上去那么不一样呢？"事实上，是他下定决心，要尝试把根源摇滚雷鬼乐的档次整体提升上去的。"我要利用节奏蓝调。"他很担心这一点，常常提起这个问题。他还时常说起非洲和埃塞俄比亚，一直说自己最终想到那里去开一家录音室，他还总是提起信仰。事实上，他问了我："德莫特，你为什么不留脏辫呢？"他真的会极力劝诱别人，没错，是有这么一点儿！"要是你也能留一样的脏辫就好了。"我和他都笑了。

[罗杰·史蒂芬斯] 有了良好的势头，是时候让鲍勃创作一张能够叩开美国黑人观众心扉的专辑了——《拉斯特法里人的感受》（*Rastaman Vibration*）将成为他一生中最热门的杰作，也是他唯一冲进过排行榜前十的唱片。然而，其他人正打算试着通过穷凶极恶的手段利用他的名声，给他带来致命的结果。

第18章 毁灭性的再版唱片

[罗杰·史蒂芬斯]1976年，鲍勃招募到了新的成员替代阿尔·安德森，同时还招来了一名熟练的录音师。这一年，丹尼斯·汤普森加入了哭泣者乐队的巡演团。

丹尼斯·汤普森：鲍勃告诉我，他一直都想让我担任他的录音师。在兰迪录音室时，所有人都在谈论外出巡演，却没有人动身去过任何地方。鲍勃说，我们要去巡演了，你为什么不来呢。我答道："好吧，等你准备好了就来找我。"我从未期待过他会打电话来，可事情的发生就是这么有趣。

1975年年末，我正在维珍群岛观看曼哈顿转播电视台的节目，眼前却出现了一则重要的公告："沟镇的体验如何，如何，如何。"公告讲的是马利与哭泣者乐队。我（对邦尼·威勒）说："上帝啊，邦尼，鲍勃·马利上电视了，好小伙子。"不过我说，这事听上去不太对劲。康加鼓敲了起来，他的双手也在移动，你却什么都听不到。鼓声太奇怪了，因为舞台中间只立了一支麦克风。我说这种方式也太廉价、太小气了。有人对我说："你发现了问题，那就去解决它啊。"我回答："我一早就回家。"1976年1月1日，我回到故土，1月3日便与艾伦、"顾家男人"和"卡尔利"见了面。事情就是如此。自1976年年初起，我就是鲍勃的录音师了。

唐·泰勒：我接手鲍勃时，他曾经师从"斯科拉奇"。"斯科拉奇"对他最大的影响是使用重拍。他也会向约翰尼学习，从他遇到的每个人身上学习。当时的他仍处在发展阶段，所学的知识已经足以写歌谱曲。然而歌曲写好之后，他基本上就一筹莫展了。而这正是克里斯·布莱克威尔利用他的地方。在我介入之前，除了他前几张专辑合同中的百分之六，克里斯还加了一条，说他将以制作总监的身份为这些歌曲混音，从中拿回百分之二，因为他知道鲍勃不会混音。这样一来，鲍勃所挣的就是百分之四了。我介入之后发现，鲍勃需要的只不过是经验。于是，在制作我们的第一张专辑《拉斯特法里人的感受》时，我将他带去了迈阿密。"斯伯蒂国王"给了我们一个白人录音师。

丹尼·西姆斯：艾利克斯·萨德金！我、鲍勃·马利、"斯伯蒂国王"发现艾利克斯·萨德金正在标准录音室里担任录音师。鲍勃就是在那里学会混音的。没有艾利克斯，他就绝不工作。

[罗杰·史蒂芬斯]《拉斯特法里人的感受》被设计成了一首主打歌，配合广告与充满异国情调的宣传材料。乐评人都收到了粗麻布面的盒子，里面装有唱片、宣传册和一只装有鲍勃照片、印着专辑名称的粗麻大布袋。这些都是哭泣者乐队的新艺术总监内维尔·加里克创作的。

内维尔·加里克：我是 1974 年与鲍勃搭档工作的。这简直就是大自然的神迹！我过去一直在《牙买加新闻日报》担任艺术总监。马利与马文·盖伊在牙买加演出时，我为音乐会拍摄了几张照片，想为鲍勃制作一些海报，因为那些照片真的非常不错。我把它们拿给鲍勃看。他很喜欢这些照片，决定和我一同制作几张海报。老实说，与鲍勃的这次合作使我的内心第一次真正与他建立了联系。

不过，之前在报社工作时，我就曾带着专栏作家去为哭泣者

内维尔·加里克 | Neville Garrick
马利的艺术总监，1988 年 8 月摄于他在牙买加金斯顿的工作室

乐队写过一篇报道。报道被登在了我们的周日刊封面故事中，还有五篇内页。从那时起，这段交情便已经开始萌芽。最终，我为报社艺术总监的工作感到挫败，于是前往霍普路寻找鲍勃，说道："你是个音乐家，我是个艺术家。在黑人的救赎和文化认同方面，我们是感同身受的。"从那时起，视觉与听觉合二为一了，对我来说是一种美妙的体验。

遗憾的是，《拉斯特法里人的感受》是我为鲍勃制作封面的第一张唱片，也是鲍勃所有唱片中推广力度最大的一张。之所以说遗憾，是因为我觉得接下来的专辑《出埃及记》（*Exodus*）应该比另外几张的推广力度更大才对，而不是让《拉斯特法里人的感受》成为鲍勃在美国宣传势头最猛的唱片。如果经费能够随着新唱片的问世而增长——就像是"嗖"的一声——鲍勃在听众耳中的地位就会比实际上更进一步。

我动身前往加利福尼亚为这张专辑收尾。乐队仍旧留在迈阿密的标准录音室。我带回第一版印有浮雕图案的校样时，大家曾用它来清理大麻，因为上面的凹槽能剥掉种子，却不伤害大麻。所以，录音室里的某个人说："嘿，这个封套真适合清理大麻。"克里斯·布莱克威尔答道："嘿，那就把这句话放到专辑上吧！"我照做了。这句话就是这么被印上去的。就这么简单。

[罗杰·史蒂芬斯]1976 年的巡演为哭泣者乐队引入了新的阵容，将两位极具天赋的主音吉他手吸纳到了这群志同道合的人之中。鲍勃从牙买加请来了"灵魂辛迪加"乐队中被称为"大祭司麦基洗德"的厄尔·"齐纳"史密斯，以及来自印第安纳州盖瑞市、在蓝调音乐方面拥有非凡天赋的唐纳德·金赛。在乐队如今较大规模的演出场馆中，他们将带来更加洪亮的声响。

内维尔·加里克：到头来，白天无需打光时，我竟然也以音
· · · · · · ·

乐家的身份登上了舞台，这真的要仰仗鲍勃的鼓励。鲍勃就是这么一个人：既要力争让自己做到完美，也希望周围的人同样得以成长。他曾对我说："兄弟，你所做的就是画画、拍照之类的。学着弹弹乐器吧，彻底参与进来，这样你才能真正成为音乐的一部分，真正解读音乐，因为你已经与它融为一体了。"于是，我从几样打击乐器开始下手，让"顾家男人"和卡利教我两件事情：打打方德鼓，弹奏不同的打击乐器小片段。我还在其中加入了属于自己的佐料。《出埃及记》与《大麻》中都有我演奏的打击乐。在其他大部分歌曲里，我还弹奏过零星几个过门。不过，作为书写专辑所有演职人员名单的人，我却不太想为自己居功，写上"内维尔·加里克：打击乐手"，因为那不是我的职务。或是"内维尔·加里克：背景和声"，尽管我的确唱过一些。这只不过是我得到的特殊待遇。

[罗杰·史蒂芬斯] 加里克为雷鬼乐的舞台表现创造了天翻地覆的改变。1990 年夏天，他在雷鬼音乐档案馆中揭示了自己的光效技术秘诀及其背后的缘由。

内维尔·加里克：可以告诉你的是，我用的红色滤光器是"罗斯科 822"型号。人们使用更多的是 819 型之类的滤光器，因为它是橙红色的。但我能让红色、金色和绿色与之相配。我还可以理直气壮地说，是我用绿色彻底改变了照明行业。启用 874 型绿色滤光器时，所有灯光师都说，你怎么能用那种东西？因为绿色会让人看起来面如死灰。可绿色对我就挺管用的！如今，所有的摇滚组合用的都是曾被他们认为我疯了的该死 874 型号滤光灯。我是为音乐上色的，才不要照本宣科。这完全是一种感觉，是氛围的问题。我又不是什么灯光学校毕业的。

我熟悉歌词，会努力强调它们的内容。如果他说的是水，那就是蓝色的，我会打上水蓝色的光。如果他说的是阳光在闪耀，就会拥有阳光。如果是绿色的氛围，或是某种令人忧郁的内容，你就会看到薰衣草紫。红色是留给"燃烧与掠夺"等内容的，其间穿插黄色和生火之类的效果。这是一整套的技巧。我是用颜色来表现某些内容的。

早年间，我的人生曾无辜遭遇过许多批评，因为我做事的方法和其他人不尽相同。有一次，比尔·格拉汉姆用对讲机与我通话。我连比尔·格拉汉姆是谁都不知道。为演出打光时，我不想用对讲机和任何人说话，可他却想找我问问：见鬼，你为什么要那么频繁地闪灯？我说："该死的比尔·格拉汉姆到底是谁啊？我不认识什么比尔·格拉汉姆。"他们答道："他就是筹办人。"我只好说："比尔·格拉汉姆先生，雷鬼乐是另外一回事！"然后猛地挂断了电话。他们对雷鬼乐知道得不比我多，因为这些人以前从未替雷鬼乐打过光，因此我就有机会说，无论我做什么，该死的雷鬼舞台照明就该这么做。

[罗杰·史蒂芬斯]1976年夏天，哥伦比亚唱片发行了早期"考克森"斯卡音乐时代的一张唱片，名为《传奇的诞生》（*Birth of a Legend*）。这张专辑与《拉斯特法里人的感受》同期问世，令许多只听过马利在小岛唱片时期较为复杂作品的人大吃一惊。这是个极富争议的计划，近期才进行原带配音，并引起了"考克森"本人的高度关注。他觉得自己被某个与犯罪团伙存在联系的人欺骗了。

"考克森"多德：在CBS公司的《传奇的诞生》专辑中，我觉得厄尼斯特·让林在母带上配了几段吉他。如果还有钢琴配乐的话，应该出自杰基·米图之手。我觉得我们所做的是锦上添花，因为专辑若是缺了这些便会有些低音过重。所以我在纽约的录音室里与汤姆·沃顿加入了类似踩钹和小鼓的声音。在心跳唱片公司的《第一录音室唯一的爱》(One Love at Studio One) 专辑问世时，我们又恢复了原本的混音。

《传奇的诞生》是伴随轮盘赌 (Roulette) 唱片公司的内特·麦克卡拉以及莫里斯·莱维出现的。内特是牙买加人，曾找到我，对我们拥有的素材赞不绝口。后来他想了个主意，能在美国市场出售专辑。我同意了，并收到了五千美元的预付款，但支票却被退了回来，未能承兑。自此以后，我就没有从任何人那里收到过一分钱。当我联系到 CBS 公司时，他们替我接通了沙卡特音乐公司的电话，但该公司已经不复存在了，因为它的经营者就是莫里斯·莱维等人。我猜这其中多多少少与政府有些关系，所以这家公司的财产之类应该已经被政府冻结了。政府还要求他们离开，因为这些人全都是骗子。

[罗杰·史蒂芬斯] 莱维因敲诈勒索被定罪，死时面临十年监禁。

"考克森"托德：他竟落到了这等地步——麦克卡拉是这么死的：被发现时已经在浴缸里被割了喉。

[罗杰·史蒂芬斯] 不顾"考克森"的企图阻拦，CBS 公司随后发行了一批压制唱片。宣传资料称，专辑中还包含了不加配音的原版母带。

"考克森"托德：我对此表示怀疑，因为原版母带被我带走了，留给 CBS 公司的是配音后的版本。我这辈子都没从 CBS 公司手里拿过一分钱。这太让人棘手了，因为我有个律师在与他们合作，但克里斯最终还是影响到了他们。老实说，他似乎更愿意在背后做些什么，而不是光明正大地办事。克里斯与特洛伊唱片真正愿意拿出的钱少得可怜，我其实是并没有接受，宁愿让全世界都知道发生了什么，把其余的留给上帝去解决好了。

[罗杰·史蒂芬斯]马利开始日进斗金，围绕在他身边趁火打劫的人也变得愈发勤快。但马利还有一场巡演，把大部分精力都投入了准备工作中。赴美演出的过程中，1962年便离开牙买加的马利母亲在费城第一次目睹了儿子登台演出。鲍勃很少会利用演出中的几首歌间隙说上几句，这就是其中的一次，无疑是因为自己的大家庭也在场的缘故。

塞德拉·布克尔：1976年，费城。那是我第一次看到鲍勃演出。整个过程始于特拉华州。他派了一辆豪华轿车来家里接我们，车上坐了大约十个亲戚，我的几个姐妹、一个兄弟和一群侄女。一路上，我只是感觉自己要去听儿子的演出了。所有人都兴奋不已，聊个不停。我跟你说，我自己也非常激动！哦，那一晚既让人欢喜又让人落泪，真是五味杂陈。但我坐在那里，循着追光望向灯光下的鲍勃，那些滚落的汗水在我看来就如同鲜血一般！他已经沉浸在自己的精神世界了。

[罗杰·史蒂芬斯]在"天才"科尔的影响下，鲍勃真的越来越笃信宗教了。如今，在所谓的宗教团体中，科尔已经成为了一名要员。他们认为，人类分属于十二个派别，以其归属的教会和出生的月份为象征。生于2月的鲍勃归属约瑟夫堂。《拉斯特法里人的感受》专辑封底上就写着"约瑟夫是多结果子的树枝"。

内维尔·加里克：是的，是的，是的！但这不一定就表明他公开支持以色列十二支派。"天才"科尔是鲍勃最亲密的朋友之一，皈依了十二支派。鲍勃因为与他亲近，和"天才"在十二支派中兄弟们打交道更多。但鲍勃与牙买加当地教派的组织始终都有交情。

[罗杰·史蒂芬斯]引文中继而写道："弓箭手令他苦恼，向

他射击，与他为敌。"1976 年，乐队巡演归来后，惊心动魄的一幕即将上演：有人要试图谋害马利的性命。一些人把《圣经》中的箴言视为对此事的预言。

内维尔·加里克：鲍勃将大家全都唤到霍普路开会，让他们好好坐在一起，因为他要应对的不是割据的问题——就像长老会和摩门教那样——我们要说的不是这个。同一天，一只蜂王飞进了霍普路，可蜂巢还在原地！蜜蜂是财富与繁荣的象征。所以，如我所言，这是一则预言。

第 19 章　夜色中的埋伏

[罗杰·史蒂芬斯] 毫厘之间,鲍勃的人生险些终结于 1976 年 12 月 3 日。这一天,满满两车刺客突然驾车冲进霍普路 56 号,对毫无防备的塔夫冈成员发起了进攻,朝着视线内所有的人开枪。两天之后,马利就要为自己大力宣传的"微笑牙买加"演唱会登台演出。城里的气氛令人紧张不安,暴力行径随处可见。

作家史蒂芬·戴维斯曾为马利创作他的首部,也是最优秀的一部传记。针对枪击事件,他展开过全面调查。

[罗杰·史蒂芬斯] 为了帮助牙买加盲童,史提夫·汪达曾在一年前举办过一场音乐会。鲍勃也想做点类似的事情,举办一场慈善演唱会,地点就设在国家英雄公园。此事本没有任何政治方面的弦外之音——当然,事实上,人们正针对国家精神的问题展开了大规模的争论,何况今年又是选举年。鲍勃过去曾经支持过人民民族党。演唱会的消息一出,曼利就为选举权发出了呐喊。因此,从牙买加斗争的高度来看,鲍勃·马利与哭泣者乐队似乎是支持人民民族党的。显而易见,要说这样一场演唱会起初不曾掺杂任何的政治因素,也许有些天真了。因为即便只是在金斯顿举行一场小型音乐会,都必须经过政府的批准。要举办鲍勃心中这种声势浩大的演出,几乎必然是要经过总理办公室直接授意的,所以它一开始就与政治有关。从所有的意图、目的还有表象上来看,这似乎都有利于人民民族党,也就是迈克

尔·曼利的党派。

[罗杰·史蒂芬斯] 小岛唱片的厂牌总部位于好莱坞，其西海岸宣传总监名叫杰夫·沃克，负责鲍勃与哭泣者乐队及公司其他雷鬼乐艺人的一切宣传事务。1985 年，我在广播节目《雷鬼节拍》中花了整整四个小时讲述"微笑牙买加"活动，并为此采访了史蒂芬·戴维斯与杰夫·沃克。

杰夫·沃克：虽然哭泣者乐队一方努力与政治撇清关系，活动却被明确宣布由文化部共同主办。鲍勃清楚，演出肯定会被人从政治方面加以解读。我觉得他在某种程度上是愿意顺势而为的，却不想被卷入会让自己遭人利用的局面之中。演唱会的阵容不止马利一人，还包括了当时的顶级乐队，因此可谓是一大盛事。我相信，活动幕后多多少少都有政治力量在操控，为的是能给自身带来长远的助益。选举的事情是在演唱会安排妥当后才宣布的，所以鲍勃已经无法表示"我要取消演出"，因为那样被人从政治方面加以解读。

[罗杰·史蒂芬斯] 演唱会的名称"微笑牙买加"取自鲍勃·马利最近的一首热门曲目。艺术家内维尔·加里克匿名为歌曲演唱了背景和音。

内维尔·加里克：我知道这首歌有两个版本，一个快版，一个慢版。我记得他和李·佩里制作的是稍快的那个版本。鲍勃有时会按照牙买加市场所能接受的音乐风格来写歌。另外一首国际版的《微笑牙买加》不是在李·佩里的四轨录音室里制作的，而是启用了一间多轨录音室，也许是活力之声。我们这个版本更加精致一些，和卡里普索民歌差不多，扩大了受众群。一首是给特定观众群的，一首是给全世界的。别忘了《微笑牙买加》发行后发生了什么——鲍勃遭到了枪击。

[罗杰·史蒂芬斯]"微笑牙买加"音乐会意在向人们释放积极的信号：信仰是让他们团结一心、拥有更好生活的一种方式。除了查尔斯·坎贝尔和人民民族党，还有许多其他人也参与了活动的组织。凭借鲍勃与足球英雄"天才"科尔、键盘手帕布洛夫·布莱克等人的关系，他与"十二支派"刚刚建立的联系也得以巩固，因为二者都是十二支派的关键成员。

布莱克是一位教派长老，也是备受推崇的第一录音室乐手、乐队领队、医学生和治疗师。在鲍勃·马利中枪后不久，他就赶到了这位朋友的身旁，在接下来动荡的两天中一直陪伴着他。他解释了"微笑牙买加"时期十二支派的重要性，承认对于音乐人来说，与任何一方政党存在瓜葛都是十分危险的。

帕布洛夫·布莱克：牙买加的音乐产业是十二支派在管理的！因为只有我们控制着文化。其他所有人都已投奔（我们），就连鲍勃也成为了我们中的一员。不过，选举前的三个月，我是不会为任何一方政党做任何事情的，因为你会因此被人盯上。我只是说，我才不会参加那种演出（"微笑牙买加"音乐会），于是他们找到了外号"小石子"的政府部长阿诺德·伯伦特。从制作卡里普索民歌的年代起，我们就与他相识。他过去是玩音乐的，现在获选成了政府的人，还开始印起了海报。在鲍勃同意举办音乐会之前，他们印了一张（有）他的海报。可他们每一次打来电话，他都会说："我从没有为你们任何人安排过任何一场演出，你明白吗？"他们的确在印制的海报中把音乐会的举办地写成了总理宅邸。他说，他是不会在那里演出的。他可不想在这个时候和那个政党（时任总理迈克尔·曼利的人民民族党）扯上任何关系。后来，他们把地点挪到了英雄公园环路。不过直到演出前一晚，也没有人知道他是否会参加演出。

[罗杰·史蒂芬斯] 盖尔·麦克加里蒂博士解释了马利当时的政治倾向。

盖尔·麦克加里蒂：正如大多数熟悉他的人所见，我觉得他始终更倾向于人民民族党，而非牙买加劳工党。因为他曾生活在沟镇，而沟镇在更大程度上属于人民民族党的地盘。在种族政治与冲突已成常态的社会中，事情就是如此。不过，他在蒂沃利花园也有几个朋友。那里是牙买加劳工党的势力范围。我还记得会在霍普路上闲逛的那些人中有几个非常下流的家伙，比如泰克·莱夫。很好听的名字，对吗？我记得他们中许多人都属于劳工党。事实上，不少人认为，这就是他最后为何会在霍普路56号遭人枪击的原因。因为他那里既有劳工党人又有社会主义者出没，很容易被人知道他的动向。

12月3日星期五，破晓时的天气炎热潮湿。哭泣者乐队的成员们当天下午晚些时候聚集在了塔夫冈，为即将到来的演唱会排练。

史蒂芬·戴维斯：塔夫冈所在的建筑位于金斯顿郊区，是霍普路上的一座热带风格老楼，多年来一直归高夫太太所有。她是个看上去十分有趣的牙买加白人老太太，因为嫁了个牙买加黑人而被金斯顿白人社会视为罪犯，遭到了排斥。于是，她把房子卖给了克里斯·布莱克威尔，后者将它改造成了一系列的公寓。在鲍勃于1974年前后接手这里之前，房子里曾居住着迪基·乔布森等许多与我相识的人。如今，丽塔·马利已经在房子的周围修起了高大的水泥砌块墙，不过当时那里四周只立着某种铁门，进出十分便利，其实任何想要开车进来的人都能长驱直入。屋后立着一棵巨大的芒果树，前院铺了路。房子里的空间非常宽敞，应该有十几间卧室。就是这么大，它只不过是一座热带风格的大房子。那个时候，唐·泰勒还将垂直推拉窗拆下，换上了某种百叶窗。整个地方都被掏空重建了。

[罗杰·史蒂芬斯] 塔夫冈大楼的开放性是众所周知的，音乐家和其他人都能随时出入。

帕布洛夫·布莱克：一个星期前，我曾看到两个家伙沿着霍普路来到了塔夫冈，一看就知道是两个枪手。他们一个星期以前来过，其中一个人并不知道我是谁，进来就问："鲍勃，你好吗？"另一个人认识我的人把他拽走了，嘴里还说道："你在这里做什么？"我反问道："你这话是什么意思？我是个音乐家啊，随时都可以待在这里。"那两个人离开之后，我感觉到了一股寒气，便从容地出门去霍普路上散了个步，步行去了十二支派那里。自此以后，我再也没有回去过。

朱迪·莫瓦特：枪击发生几天前，我曾经做过一个梦。玛西亚离开了，她对那场演唱会的感觉不太好，仿佛早就知道有事会发生，或者听到什么风声便离开了牙买加。丽塔和我还是会去参加彩排。某天晚上，我上床睡觉之后梦到了一只公鸡带着三只小鸡。公鸡被人开枪打中了，反弹的子弹又打死了两只小鸡。我甚至看到了其中一只小鸡的内脏，肠子都流了出来。我不喜欢这个梦，还把它说给了丽塔听。丽塔也知道了这件事，于是我们都小心提防着，因为非洲女子通常都会明白，我们大多数时候都要依靠自己的梦境。我们知道，就算实际情况并非是梦境中的那样，也应该八九不离十。所以我和她都预料到有什么事情即将发生。后来，我又睡了过去。我从未提起过此事——但再次入睡时，我却在报纸上看到了鲍勃演唱《微笑牙买加》的地方。这首歌曾引起过争论，因为被他写进歌里的某些歌词就像是当时的政治口号：无论如何，你能控制自己的存在状态，所以微笑吧，因为权力在我们手里。胜利是我们的。

210

[罗杰·史蒂芬斯] 晚上八点半左右，彩排进行到一半时，预言成真了：两辆白色的大产牌小汽车冲破了塔夫冈的大门。门边长驻的保安却神秘失踪了。从车上一跃而出、四处开火的枪手到底有几个，仍旧存在争议，可能最多有七八个人，而且个个都配备了机关枪与手枪。据说有的枪里还装了自制的子弹。他们冲进一个又一个房间，多次疯狂地开火。

蒂龙·唐尼：枪手闯进来时，我们正在排练《我射中了警长》。鲍勃出去了，因为唱片中没有号声，号手想要参与伴奏。大家全都在卖力地研究号声的部分，而鲍勃已经厌倦了聆听"哒哒哒"的响声。他走出排练室，去厨房拿颗葡萄柚之类的东西。唐·泰勒刚刚赶到，便走过去和他说话。感谢上帝，他们两人都去了那里！在此之后，你能听到的就只有外面枪林弹雨的声响了。刹那间，你看到一只手从门那里探了进来，绕过门开始射击。那竟然是一把 0.38mm 口径的枪。

起初我的眼前一片茫然。换句话说，看到眼前发生的这一幕时，我简直不敢相信自己到底目睹到了什么。当我们真正意识到有枪的时候，某人已经开了火。我们全都趴在了地上，唯一能去的方向就是浴室。钻进浴室，大家等待着那群人冲进来把我们干掉——我、"顾家男人"、"卡尔利"、号手格伦·达考斯塔与戴夫·马登。唐纳德·金赛也从排练室里冲了出来。"卡尔利"还坐在鼓边，"顾家男人"抱着贝斯站着。这间屋子不大，所以大家没能同时钻进去。等待中，鲍勃跑了进来。我开口说道："哦，糟糕！完蛋了！他们会进来干掉我们的！"一个念头在我的脑海中一闪而过：这是怎么回事啊！是谁？也许他们是跟着唐·泰勒来的，因为他是个赌徒。我的脑子里迸发的想法太多了。"天才"科尔还有赌马的毛病。我们就这么等着，紧接着听到了一辆车开走的声响，是丽塔。紧接着是一声枪响。之后又过了片刻，枪声停止了，他们离开了。丽塔开始问："鲍勃还好吗？"那个时候，她的脑袋已经中了一枪。于是我问："有谁看到史蒂芬妮了吗（丽塔的女儿）？她还好吗？"鲍勃说了一句："嘘！"他的衬衫上有血。我们全都挤在浴缸里——差不多有四五个人！走出浴室时，我看到唐倒在地上，满身是血，还睁大着双眼。我说："糟糕。唐死了！我要回家了，伙计们。"说罢，我步行去了半途树，一心只想要离开那里！我只想离开那个地方，因为我不知道发生了什么，而这一切又是为什么。

[罗杰·史蒂芬斯] 哭泣者乐队的吉他手唐·金赛在鲍勃中枪时和他同在一个房间。他说房间里只有他们三人，也就是唐·金赛、鲍勃·马利和唐·泰勒。金赛表示，枪手是举着自动武器冲进来的，眼睛紧盯着鲍勃，显然本可以要了他的命，因为鲍勃就站在角落里。相反，他手中的武器却并没有对准鲍勃开枪，而是瞄向了某个模糊不清的方向。子弹轻轻擦过鲍勃的胸膛，嵌入了他的左臂。唐·金赛坚称，要是这个男人想要杀了鲍勃，显然是可以做到的。相反，唐·泰勒中了五枪。

杰夫·沃克：我必须赞同这个说法，从某种意义上来说，这些家伙随身携带的火力显然是十分猛烈的。屋里到处都是弹孔：厨房里，浴室里，客厅里，地板上，天花板上，门口和门外。枪击后我留在那里，花了半个小时才把所有的血迹清理干净。毫无疑问，如果他们是抱着大屠杀的目的来的，我们早就被赶尽杀绝了。

[罗杰·史蒂芬斯] 演唱会的消息宣布之后，鉴于针对鲍勃的索命威胁来得愈发频繁，帮派成员等人曾经成立过一个散漫的安全护卫联盟，人称"回声护卫队"。袭击发生前不久，他们竟然从霍普路上消失了。

[罗杰·史蒂芬斯] 整个回声护卫队本应围绕在房子的四周。我听说这支队伍其实是几个警察开着一辆白色的丰田汽车停在楼前，这就是所谓回声护卫队的阵容。

杰夫·沃克：从电话里听说枪击的消息时，我和布莱克威尔正在喜来登酒店里。我们是跟随一支电影摄制组来到牙买加的。我先得说上一句，那段时间，电视音乐刚刚开始对美国市场产生一定的影响。我有种强烈的感觉，鲍勃巡演的次数太少了，我们需要让他走上电影银幕。"微笑牙买加"演唱会就是拍摄电影的理想途径。不过，我们不打算亲自动手，而是请来了纽约的几位电影制作人以及佩里·亨泽尔，让他们在彼得·弗兰克的监督下进行工作。去年夏天，彼得曾负责让哭泣者乐队在"曼哈顿转运站"合唱团的演出中亮相。这基本上就是彼得·弗兰克的电影团队。我南下与他们会合，佩里则会在一行人到达牙买加时来与我们见面。不管怎样，大家正讨论要赶在演唱会前一天在牙买加四处拍些相关活动，就听闻了鲍勃中枪的消息。

[罗杰·史蒂芬斯] 那些前来谋杀马利的人遭遇了各种各样的命运。不断有人断言他们与美国情报机构勾结。这样的言论是由一起令人难以置信的巧合激发的——与巧合相关的人正是前来拍摄"微笑牙买加"音乐会的团队关键人物。

电影制作人卡尔·科尔比的父亲是中央情报局前任局长。鲍勃及其同事中枪之后，自从有人揭露科尔比就是两晚后的"微笑牙买加"音乐会摄影师之一，他就始终是流言与怀疑的对象。令人吃惊的是，家住洛杉矶的纪录片制片人科尔比并不曾意识到这些传言，也没有人就此话题采访过他。他的行踪一直很难追查。事实上，我是在比弗利山的电话簿中找到他的。几天之后，2001年12月的某一天，在那些令人不安的事件发生二十五周年之际，他来到雷鬼音乐档案馆接受采访。我开门见山地问起了他是否曾是中央情报局的成员。

卡尔·科尔比：我从未被中央情报局聘用过。没有。我应该是最不可能的人选了吧。他们知道我是中央情报局局长的儿子，觉得我反正都是情报局的人。我可做不成一个优秀的特工，对这种事情提不起兴趣。我是学哲学的，是个电影制片人，在乔治城时就开始拍摄纪录片。我对艺术也很感兴趣，对政治的所有兴趣似乎都已经荡然无存了。我对新闻学，尤其是纪录片制作有了兴趣，于是开始制作有关艺术家的影片。当时，我有个好朋友是彼得·弗兰克的姐妹。弗兰克是哈佛大学的毕业生，性格狂野，和另外两个人在纽约创建了一家名为"视频工作室"的公司。大约是1976年10月吧，我加入他们，迁往纽约，并遇到了克里斯·布莱克威尔。我们都会去布鲁克林的轮滑店滑旱冰。那真是一段疯狂的经历。没错，布莱克威尔当时和他的女朋友住在那里。不管怎么说，他是个好人，无拘无束。我们还去过乡村大门夜店观看雷·巴雷托的演唱会。我记得非常清楚，因为我第一次遇到了佩里·亨泽尔，他的电影《不速之客》一直是我的最爱。我显然十分热爱电影制作。这部电影我可能也就看过五六遍吧。不管怎么说，我一下子就喜欢上了佩里。你能看出，他和克里斯·布莱克威尔是同一类人——牙买加白人，拥有几亩田地的上流社会人士，同时也对那里的文化了若指掌。他们谈起了雷鬼乐和即将举行的这场演唱会——"微笑牙买加"，一个名叫鲍勃·马利的人。我心想，好吧，没有什么能比这更棒了，我得参与进来。彼得说："我们的预算真的很低。佩里会出任导演。不过这部片子的大部分内容都是演唱会，所以你和弗雷德·布罗切蒂——我们都要南下。"我其实不清楚最后成行的人为何是我们，而不是别人，不过我们刚刚创建这家公司，都是小团队中的一员。我觉得，既然所有人都是这么想的，那就走吧，雇上几个摄影师就走，即兴发挥。我还记得团队带上了所有的设备和共鸣板——彼得什么都有。就这样，一行人乘坐牙买加航空南下，一路上还喝起了朗姆酒。大家心想，这应该很有意思。毕竟这将是鲍勃·马利的活动。我们要去参加演唱会了，到金斯顿去。

降落后，我们将所有东西拆包、卸了下来，准备前往金斯顿的假日酒店。就在一行人准备上车时，有人说鲍勃·马利中枪了。大家一下子慌了神。我的上帝，这话是什么意思？中枪？首先，他怎么样了，还好吗？死了吗？他怎么可能中枪呢？还有，演唱会还办吗？我是说，活动会不会被全面叫停？接下来会发生什么？我们是应该离开，还是留下？大家才刚刚落地呀。我心想，我们是来拍电影的。要是他中枪了，也许演唱会还是会有的，不过也不一定，反正我们来了，至少逗留几天，看看会发生什么、局势如何吧。为此，我们稍微争论了几句。我心想，为了什么而中枪呢？其实这才是我的问题：他是个音乐家，为什么会中枪呢？

杰夫·沃克：克里斯、迪基和我直接赶去了霍普路，一路上通过广播听到了针对枪击事件的第一批报道。至于事情有可能是谁干的，是否与演唱会有关，我们眼下又该做些什么，都是后来的事情了。所有人都吓得目瞪口呆，还能做什么呢？我们赶去了霍普路，为袭击攻势的猛烈程度吃了一惊。铁栏上的大门已被撞坏，这是有人强行闯入的唯一证据，所以门显然曾经是关着的。我不觉得它上了锁，不过他们就这么闯了进去。枪击的过程我不在场，所以不知道有几辆车、几个人。就事件本身而言，我们只看到了结果。蒂龙和"顾家男人"还在那里。我已经察觉不到什

215

卡尔·科尔比 | Carl Colby

纪录片制作人，图为他手握《节拍》杂志，封面故事为《他们射杀鲍勃·马利的那一夜》。2001 年 12 月摄于洛杉矶

么迫近的威胁了。当时,警方都已赶到。我们和"顾家男人"商量好,第二天再回来,因为我们想要见见他们。

当时我们还去了医院。曼利和许多其他大人物也在。唐·泰勒的情况仍旧十分危急。曼利视察了一番,走出来和我们所有人坐了下来。现场聚集了一大群人:曼利、布莱克威尔,乔布森也在其中。鲍勃坐在角落里,有人拍下了他举着一只带血手臂的照片。我们都在等着看丽塔的伤势如何。可想而知,她就在泰勒的身边,无疑是最有可能受到致命伤害的。可她只是被一颗明显近距离平射出来的子弹擦伤了。

杰夫·沃克:出院后,鲍勃去了草莓山,那里是布莱克威尔在蓝山山区的隐居处。只有几个人知道鲍勃身在何处。

史蒂芬·戴维斯:这其实是山顶雨林中的一座房子。我记得第三世界乐队首张专辑中的某一首歌就是在那里录制的,里面有雨林的声响。这里其实是个偏僻而美丽的地方。

[罗杰·史蒂芬斯] 因为枪击事件,被制作人彼得·弗兰克带来牙买加拍摄演唱会的摄像机几乎全被送回了美国。在此情况下,科尔比和其他工作人员离开了机场,前往金斯顿的住处。

卡尔·科尔比:(不过)有几台摄影机是(彼得)不想带走的,所以我们最终只带了少许的物品前往酒店。

没过多久,佩里·亨泽尔出现了。他说,好了,我有个计划——我们要这么、这么、这么做。当时我们并不知道鲍勃去了哪里,一无所知。那是一个星期六。我能看出小岛唱片与佩里·亨泽尔之间已经出现了些许的摩擦。在我看来,身为牙买加人、制作过《不速之客》的佩里·亨泽尔对迈克尔·曼利与爱德华·西加之间的政治竞选十分投入,毕竟这是当时最令人激动的事件。总之,那一日令人困惑,因为我们不知道该做些什么,而我也能看出——比方说——以杰夫·沃克为代表的小岛唱片与佩里及其电影构想之间存在着冲突。在我心里，事情是这么回事：我们显然接到了自相矛盾的命令。我说的是字面意义上的"命令"：一个人说，我们走吧，去拍这个；另一个则说，我们走吧，去拍那个。因此，我突然意识到，佩里·亨泽尔想要制作的是一部有关牙买加政局的电影，而我认为小岛唱片并不想和政治报道扯上任何关系。我感觉他们想要彻底地回避政治，因为布莱克威尔是牙买加人，与英格兰存在合作，又在牙买加经商，不需要制作电影之类的东西来批判政府，或甚至是提及政府，抑或是存在什么提及政治问题的需求。

因此，星期六一早，我记得大家下楼去吃早饭时却陷入了争论。佩里·亨泽尔说："我们今天出门开始拍电影吧。"他是导演，也是我久仰大名、十分敬重的人。与此同时，杰夫却说："我们不要在政治的话题上下这么多的功夫。"他表示："不，我要把这部电影当作一种隐喻。它就是鲍勃和他对牙买加的希望与梦想，也是我对牙买加的希望与梦想。说真的，这是曼利与西加为赢得牙买加人民的心而展开的战斗。影片将讲述这两股势力是如何陷入严重冲突、剑拔弩张的。何况这座岛屿的背景是如此美丽，充满了田园风光。就是这么回事。它将成为一个政治故事。是鲍勃赋予了它几分的活力。否则它讲述的仅仅就是一个摇滚明星，一场演唱会。那我可不感兴趣。"我认为，他不只是在装模作样，而是真的满心热忱，深信不疑。可我转念一想，你为何不拿这些话去哄骗克里斯·布莱克威尔呢？难道不是他雇佣你来的吗？

帕布洛夫·布莱克：枪击事件过后，我们去了十二支派总部，坐下来开了个会。

鲍勃是以色列十二支派的成员，谁敢碰他，就是在和以色列十二支派过不去，因为你伤害的是约瑟夫（鲍勃在支派月份体系中的身份）。这么说来，被你惹恼的就是十二个人，十二个生于不同月份的人。这意味着，如果我们想要知道是谁干的，只要开个会派十二个人去查看，就能水落石出。如今，我们对他负有直接责任，因为他说自己花钱雇来的保安全都跑掉了。眼下，我们在自己的圈子里找来了警卫官宾汉·罗伊。加德（十二支派的领袖）说，我们来做安全保卫工作。加上"皮威"和另外几个人，还有一个名叫小D的年轻人曾经去过埃塞俄比亚。我们大约有八个人去了草莓山（布莱克威尔在金斯顿山上的家，鲍勃的藏身之处）。

鲍勃来了便负责主持大局，安排我们负责夜间的庭园巡逻工作。巡逻的人有四个，分别把守东、南、西、北四个角落。白天的时候，他都待在类似地牢的地方，仿佛这里是什么庞大的城堡，是奴隶主的宅院。房子的某个角落都有为了隐私栽种的小果园。我们大多数时间都待在楼下尽头的一个房间里。所有来见他的人都要先经过我们的检查，各种上山来的摄影师也要被我们搜查一番。要是有人开玩笑，我们就会说"滚下山去"，让他回去。我们纯粹是在为他搜查。在此之后，谁也无法轻易靠近他了。他说，这太好笑了，自己花钱雇来护卫的人，派上用场时却一个都不见踪影！

鲍勃起初有些担心，听到外面有任何声响，都要把灯关掉。但你了解鲍勃这种人，他无论何时进门，无论看到什么人，都会开上一两句玩笑之类的。他是个天性快活的人。不过，你时常会看到他回去后若有所思，似乎是在琢磨这到底是哪个该死的家伙干的。他害怕，更担心事情会再次发生，因为他当初可能不相信会发生这样的一幕——你懂的——有人竟然真的下得了手。

第 20 章 微笑吧，你身在牙买加

[罗杰·史蒂芬斯] 枪击事件后几个小时，鲍勃便出院躲了起来。在十二支派的朋友与同伴的围绕下，他就自己还是否应该冒着被人枪杀的风险在露天活动中再次出席演唱会听取了所有人的意见。

"猫咪"库尔：第三世界乐队曾受雇在"微笑牙买加"演出中表演。有个名叫杰夫·沃克的家伙经常和我们所有人——第三世界乐队、鲍勃·马利及雅各布·米勒——待在一起，在岛上所有的艺术家阵营中都游刃有余。此事令他火冒三丈，以至于坚持演出必须继续，必须继续！因为若是演出就此取消的话，那些袭击鲍勃的人就赢了。所以演出必须继续。

杰夫·沃克：我是第二天晚些时候赶去陪他的。那天晚上，他一个人上山去了，我是第二天下午才去的，一直往返于山上与金斯顿之间。枪击事件后的第二天早上，我们带着一支摄制组去了霍普路，让"顾家男人"和蒂龙带着我们在现场四处走走，指出前一夜的事发地点，对着镜头描述了枪击的经过。三年后，鲍勃才有机会看到当晚拍摄的片段。

[罗杰·史蒂芬斯] 片段中，"顾家男人"在枪击事件的第二天回到塔夫冈，将手指戳进了弹孔中。1979 年 11 月末，在鲍勃最后一次到访牙买加期间，我曾安排过一场放映会，播放杰夫·沃克拍摄的这个片段。在马利下榻的好莱坞日落侯爵酒店平

房里，包括乐队成员在内的五十多个人在宽敞的客厅中坐了下来。那个画面出现时，鲍勃笑了，整个房间里却鸦雀无声，人人都目瞪口呆，完全无法理解鲍勃觉得哪里好笑。

杰夫·沃克：我认为，这一局面唯一的可笑之处在于"顾家男人"与整件事情的联系，以及片段中"嘭嘭"的声响，和模仿整个事发经过的动作——躲闪之类的，何况是三年后再去回顾。还有事发之后那天早上紧张的氛围。那天的基本情况已经被来自世界各地的新闻调查挖掘得差不多了。有关涉事者状况的消息，丽塔与唐（泰勒）还在医院，唐仍在接受手术、生命垂危等事实都遭到了以讹传讹，引得流言四起。泰勒被喷气式飞机送走后的第二天早上，我才上山去探望鲍勃。

克里斯·布莱克威尔此刻已经离开牙买加，与迪基包下一架喷气式飞机，同一天晚上便出发去了纽约，第二天早上不在。不过，我与身在纽约的克里斯取得了联系，会和他通话，好安排飞机带唐·泰勒与鲍勃离开牙买加。他从纽约安排了一架飞机前往金斯顿。

[罗杰·史蒂芬斯] 沃克说，他并不怨恨布莱克威尔的离开。

杰夫·沃克：显而易见，有人感觉事情还悬而未决。针对他离开的事实，我心里唯一的意见在于，竟然从没有人主动提出，若是我们想走，可以带上我们。谁也没有向摄制组的任何一个人提起过。

卡尔·科尔比：（星期六）杰夫曾好几次和我们同乘一辆车。他坐在后座上说："哦！上帝，我们要去拍摄政治内容了。"他似乎是这么说的，"我们不能这么做，这不是我们想做的。"下午晚些时候回来后，我已经不记得那天晚上发生过什么了，只知道所有人都很疲惫。第二天早上起床后，我问彼得·弗兰克："我们要做什么？"突然间，杰夫告诉我，我们要去布莱克威尔的家，到山上去找鲍勃的藏身之处。我记得自己答了一句："哦，那我该带哪台摄影机呢？"彼得说："你不用带什么好摄影机。"他不想去，说道："如果我是你，就不会上山去。"我反问："你在担心什么？"他说："他中过枪。我可不知道那里都有什么人。"我表示："这是一部电影。我是说，我们南下就是为了拍摄有关鲍勃·马利的电影，而我连他的面都还没有见过呢，为什么不去拍拍看呢？我的意思是，你在害怕什么？我才不在乎呢。"我记得自己非常恼怒地说："好吧，那我就带另外一台摄影机。"

佩里·亨泽尔给我了一台似乎很有年头的摄影机，里面长满了霉，潮乎乎的，天鹅绒的盒子里还跑出了几只蜥蜴。我心想，好吧，至少它还能用。现场还有一名录音师。就这样，我们上山去拍片子了。我记得彼得没有去，剩下的人也没有去，只有我和几个人。我不确定弗雷德·布罗切蒂在不在场了——他肯定在，因为他要和我一起拍摄。

就这样，大概上午晚些时候，我终于坐进了上山的汽车。佩里没有去。这件事还有另外一点也令我不安。我暗自盘算，如果你打算某人拍摄一部电影，尤其是一个男人，或者说是一个传奇、一个魅力超凡的伟人，你最好能够了解他。至于鲍勃，我总是觉得自己一知半解。我是他的粉丝，在某种程度上能够理解出身第三世界、代表这样一个国家的他打算做些什么。

我们到达了克里斯·布莱克威尔在山间的宅邸。蓝山很美，我们来到一处有些杂草丛生的地方，几个手举大砍刀的人从树林中跳了出来。"你们是谁？"他们问这问那，像是保安之类的人。那几个家伙其实并没有让我感到不安，因为我觉得他们是在保护鲍勃。我觉得自己只能实话实说——我们是从小岛唱片过来的，在执行一项计划。我意识到，原来某些词语能够起到打开好几扇门的神奇功效。一说到"小岛唱片"，大砍刀就立马被放了下来。进屋后，我们上了楼，不一会儿便看到罗伯塔·弗拉克来了。大家都无所事事，身旁还有另外几个音乐家和朋友。我们一整天都待在那里。某一刻，我看到鲍勃在四处走动，似乎还在草坪上悄悄与几个女子讲话。他稍稍放松了一些，却还是面带倦容——表情几乎有些厌世，好像不曾料到自己会中枪，只想去睡觉似的。他太累了，几乎已经筋疲力尽，为所发生的一切倍感压力，看上去精神不振，又累又憔悴。所以，我不想去打扰他。他来找他们说话时，我们趁着某一刻加入进来，开始与他攀谈，询问自己能否提几个问题。他答应了。

我们把整段采访都录了下来。他坐在一把低矮的安乐椅上抽烟，还算放松，聊起了各种各样不同的话题。我们会暂停片刻。他会说"好了，伙计，这就已经够了"，然后漫步走开，回来后再继续和我们聊天。

[罗杰·史蒂芬斯] 在枪击事件后混乱的余波中，开启沟通的秘密联络线路是必不可少的。

杰夫·沃克：我们需要与鲍勃交流，却不想冒险使用会被监听的电话，突然想到我们还有完整的对讲机装备，是为了拍摄影片带来的。于是，我决定把对讲机带上山、交给鲍勃，好与他保持联系。那是演唱会前一晚的事情。

[罗杰·史蒂芬斯] 杰夫·沃克赶到时，十二支派的长老院正在开会。

杰夫·沃克：我把对讲机带给他的那天晚上，恰逢长老院开会——出席的有教派长老和几个来自十二支派的人。"猫咪"库尔也在场。他是我在那里认识的唯一一个人。当时，哭泣者乐队大多数的人都已经散了。唐的情况十分危急。丽塔中枪后仍在住院。鲍勃一点儿也不想下山参与第二天的演唱会。在得知唐已经从牙买加撤离，丽塔也会无碍之后，大家当晚便展开了讨论与决策的程序。当时压倒性的观点认为，鲍勃要是下山演出，简直就是疯了。在场的所有人，尤其是几位长老，都属于较为保守的里教徒。他们极力反对鲍勃下山演出，敦促他留在山里。

[罗杰·史蒂芬斯] 其中一个来到草莓山为鲍勃建言献策的人是十二支派组织的创始人，人称"先知加德"。

帕布洛夫·布莱克：加德来找他了，开口问道："你打算怎么做？"他回答："我还不知道。"加德说："好吧，如果你打算参与演出，我们会支持你的。如果你决定不去，我们也会支持你。你想怎么决定都行。"说罢他便离开了。此时此刻，我们都表示愿意支持鲍勃："都听他的。"

"猫咪"库尔：演出的前一夜，我们全都来到鲍勃在山中的藏身之处，询问："你对演出有什么想法？"他的身边围了许多人，大家你一言我一语。"老天啊，一次完美的刺杀企图。他们已经试图要你的命了，你必须明白这一点。"大家对鲍勃说的都是真话，大多数人都劝他别去，却没有人能够真正给他出个良策。因为当时就连我都觉得鲍勃若是动身前去参与演出，简直就是疯了。

杰夫·沃克：总的来说，大家会轮流去找鲍勃说出自己的观点。那一刻，我觉得自己别无选择，必须起身发表我的意见。站在旁观者的角度来看，我认为他除了下山演出之外没有别的选择。我向他指出，如果演唱会被取消，他们通过射杀他意图达到的目的便达成了：让音乐停止。他说："没有一把机关枪，我是无法登台演出的。"对此我记得非常清楚，因为我回敬他的那句话是："你的吉他就是你的机关枪。"

我认为，他在那一刻就已经开始倾向于继续参与演出了。这只是一种直觉，因为他同意我们第二天早上带着摄制组过来，拍下有可能会发生的一切。我们甚至还匆匆签下了一份手写协议，保证他对任何影像资料保有控制与批准的权利。所以说，他至少正在考虑参演。这就是演唱会前一天晚上的决策情况。在此期间，也就是丽塔回来前的那天下午，我觉得所有人都确信鲍勃会去参加演出。紧接着罗伯塔·弗拉克出现了，毫不夸张地说是凭空出现的，还力劝他不要参演，不要冒险。

[罗杰·史蒂芬斯]针对弗拉克的言辞产生了何种影响，目击者们说法不一。鲍勃最终的决定要归功于好几个人，其中一个便是人民民族党官员托尼·斯伯丁，他是演唱会的组织者之一。

杰夫·沃克：据说，一个名叫托尼·斯伯丁的牙买加政府官员曾赶赴草莓山，说服鲍勃参演。我不认为他是被这个人说服的，虽然托尼·斯伯丁的确露过面。

朱迪·莫瓦特：枪击事件之后，政府部长托尼·斯伯丁一直坚称鲍勃应该参演。

帕布洛夫·布莱克：在斯伯丁赶到之前，我们并不知道鲍勃打算怎么做。他望着我说："老天啊，我会去参加演出的，让那些人别来烦我了。"你懂的，他意识到事情是永远躲不掉的。

"猫咪"库尔：随着夜色的降临，随着大家对枪击事件越来越深表同情，街上的人都说："天哪，要是让我看到那个家伙（枪手），我会要了他的命！"你会意识到，这个国家其实有多在乎鲍勃，从而明白自己其实无需害怕，因为没有人会在这样一群人中对他做出任何的举动。所以我们（第三世界乐队）决定参加演出。

杰夫·沃克：一整天下来，我们听到了不少的新闻报道。"猫咪"库尔下山之后，我们从他那里听闻演唱会现场的气氛十分热烈，因为他看到的是人山人海，而且越积越多。六点钟前后，虽然演唱会是否会举行还没有任何的通知，现场却已经聚集了五万人。大家都在那里等待鲍勃，相信他会出现。

"猫咪"库尔：八点五十分，总理给我们打来电话。"我现在正在前往公园的路上。"他几乎是压低了嗓门说话的，"我希望你们也在去公园的路上。"此时已经入夜了，演出即将开始。谁也不知道演唱会是否会举行。大家都说会的，它会举行的。那里已经聚集了六万人。总理说："会有事情发生的。如果连我都必须去发表讲话，就肯定会有什么事情发生。"于是我们说："没错。我们要去参与演出。大家都会安全无虞，没有问题。耶和华会保佑我们的。"

杰夫·沃克："猫咪"与第三世界乐队赶去现场登台演出时，我们在一直通过对讲机聆听着人群的反应等声响。鲍勃开始点头。我觉得大家这一刻是真的赞同他下山去。鉴于没有人找得到"顾家男人"，"猫咪"通过对讲机主动提出在第三世界乐队演奏之后充当贝斯手。

"猫咪"库尔：我们决定使用一台后场扬声器，以及第三世界乐队的贝斯与吉他扩音器。换句话说，我们不必进行布景变动之类的，下山就能演出。对讲机仍旧开着。有人对着话筒说："鲍勃想通过无线电和你们说上几句话。"我接过无线电问："出什么事了？"他说："下面情况如何？"我回答："很好，兄弟。这地方棒极了。他们都在等你，大明星。"他微微笑了几声，问："已经开场了吗？"我说："是的，已经开场了。""那现在该谁演出了？"我答道："现在没有人演出呢。所以说，你来不来？"

他说："好的。容我跟某人谈谈。"我不知道他在和谁谈话，不过他们在无线电上聊了一会儿，紧接着问起警察局长在不在场。他们派了警察去接他。托尼·斯伯丁和几个关键人物也去了草莓山。托尼上山之后从自己的角度出发说道："老天啊，你必须去参加这场演出。"终于，鲍勃来了。

[罗杰·史蒂芬斯] 草莓山上的士气开始白热化。1991 年，在加州凡吐拉市的一场演出后台，丽塔·马利向我透露，她头骨中弹，被送去医院时曾被告知无法手术，必须在床上静养。她说，到了星期日的下午，她再也无法忍受静止的状态，从医院逃了出去，在停车场偷了一辆汽车驶向鲍勃的藏身之处。此事并未得到证实；其他人说她是正常出院的，还记得是朱迪·莫瓦特送她去的草莓山。

朱迪·莫瓦特：星期天的晚上，丽塔出院时我去了医院。我们决定和鲍勃一同参与演出。丽塔出现时穿的还是医院的防尘罩衫，脑袋上缠着绷带。

杰夫·沃克：在他下山演出之前，丽塔只在那里出现了片刻。鲍勃已经决定出席了。斯伯丁带了一支护卫队来接他，从那里直接前往演出现场，途中没有遇到任何问题。实际上，他还找了另外两辆车护送鲍勃。与此同时，丽塔已经回去了。她的头上还缠着绷带，身上穿着便袍，并没有出现在当天的整个行程中，或是在任何活动中露面。一想到他要下山演出，她就胆战心惊，因此极力反对。

[罗杰·史蒂芬斯] 这导致鲍勃与斯伯丁一度产生了分歧。

杰夫·沃克：我觉得，如果马利与斯伯丁当时产生过任何的争论或分歧，都是因为鲍勃刚刚遇到了丽塔，知道她渴望自己不要下山。

卡尔·科尔比：从某种意义上来说，他将乐队传奇的所有重担都挑在了自己的肩头、捆在了自己的身边。你几乎能够感觉到他想要一个稍微轻松一些的环境，找件更加快乐、轻快的事情，而不是事事都如此沉重。他说起了这些，说起了命运，说起这世间万事是如何运行的——不悲观，却很悲伤——让我想起了鲍勃·迪伦。太多的理智，太多的世故——太多的阅历，如同一个智者，拥有着与年龄不相符的成熟，使得他比自己的实际年纪老了许多。某一时刻，他走到了室外。没过多久，车子来了。聊到他该如何在演唱会上表演之类的事情，他是这么说的："哦，你懂的，管它呢。"

某种感觉慢慢席卷了我的全身。我察觉到，这是一场演出，是令人难以置信的事情发展过程中的一部分。我这才有些恍然大悟，等等，他在思考，在感受，在蓄力。因为当我们全都聚集在草坪边缘时，他也站在那里。和其他人一起低头望去，你能够看到漩涡般的尘土。傍晚已至，你能够看到尘土正在英雄公园上空盘旋。俯瞰山下，你高高在上，至少盘踞在几千英尺高的地方，却还是能够望见山下成群结队的民众和扬起的大团尘雾。那里肯定已经聚集了数以万计的观众。我们说道："看看那些人，兄弟，他们都在那里等着我们呢。"我不知道鲍勃有什么反应。难道是在担心自己的生命吗？难道这是他能够参与的最后一场演唱会了吗？如果他公开露面，就会再次成为一个靶子，不过你几乎能够感觉到，这就像是梦想的极致。亲眼看着这群人恳求他出面，这种感觉非常奇怪。

就在这时，一辆车停在了路边，从上面走下来一个人，身上穿着某种我不认识的制服。他似乎是位牙买加警员，我是说官衔很高的那种，也许是军官或警官。他自称警察，还说车上带了几个人，径直走到鲍勃和其他人面前说道："你必须参演，你必须参演。"我心想，上帝啊。他们回答："我们也不知道该如何是好。"尽管有些拐弯抹角，他们还是说出了"我们必须这么做。山下聚集了数万人。我们已经陷入困境了"之类的话，似乎是在表示，大家必要要去参演了，伙计。丽塔认为："我不知道大家是否愿意这么做。"突然间，鲍勃似乎抬起了头，像是终于找到了一丝活力，从那天的事情中醒了过来。他说："我们走吧。"

杰夫·沃克：真的要去演出的决定好像几乎是一瞬间达成的，斯伯丁也在场。丽塔甚至连衣服都来不及换，她随手在便袍外面套了一件长袍、在绷带上戴了一顶羊绒帽，便跟着鲍勃与斯伯丁跳上了车子。

帕布洛夫·布莱克：我也不得不跟着他上车，因为"皮威"说，这个男人去哪儿你都得跟着他。

卡尔·科尔比：他突然钻进了车子，于是我也跟了上去。他坐在后座上，一边是弗雷德·布罗切蒂，另一边则是为他拍摄的我——弗雷德其实是在开车。一名警官也跟着他上了车，二话不说便开始为 0.357mm 口径的马格南手枪装弹，还一脸严肃地额外加了几个弹匣等。鲍勃在后座上稍作休息，似乎有些昏昏欲睡。我记得他的身旁一片混乱。警察在为武器装弹，司机驾驶的时速几乎接近 80 英里，还有一个摄影师——大家你推我搡。车子驶上了一条时速限制大约 30 英里的路，可那家伙的时速已经接近 70 英里了。你知道那里的路况，随处可见悬崖峭壁。喇叭声四起，前方还有一辆响着警笛的护卫警车。我不知道后面还有什么别的人。

杰夫·沃克：在下山的车队中，他们的车子位于中间。第一辆是警车，鲍勃坐在第二辆车里，我坐的是第三辆车，手里还举着对讲机。警察局长和我坐在同一辆车上，我看着他打开了大腿上的一只盒子，开始组装里面的那支枪。我们通过对讲机联系上了山下的演唱会现场，说鲍勃已经上路了。有人宣布了这个消息，于是对讲机里传来了一片欢腾之声，反响令人难以置信。就这样，我们冲向了舞台。现场人山人海，灯光昏暗，只能看到扫射的探照灯。军方与警方的力量还没有显著到能让人看出现场有任何武装力量的程度，只能看到粉丝。我认为这一点倒是十分明显。毫不夸张地说，鲍勃是从人们的肩头上被毫不费力地抬上舞台的。举着有毛病的破摄影机、坐在他身后那辆车里的我们也奋力穿过人群，跟着鲍勃来到了舞台。这才是一部"真实电影"。

"猫咪"库尔：他下车时，一大群人直接把他抬了进去，将他簇拥在中间向前挪去。我的一个朋友还在人群中弄丢了左脚的鞋子——那晚再也没能找到它，只好穿着一只鞋走来走去。

卡尔·科尔比：我突然意识到，演唱会已经开始了。你能看到乐手们已经登上了舞台。我猜"顾家男人"和另外几个人应该已经赶到，打起了节奏乐器。我还记得自己随他登上了舞台，转过身，嘴里好像说了一句："见鬼！"台下俨然有四五万人，仿佛这不是一场摇滚音乐会，而是某种宗教传统，好像他们看到了上帝之类的。

帕布洛夫·布莱克：我们下山赶到了现场。他看了看说："我甚至连一个自己的成员都没有看到。"在场的第三世界乐队正在等待支持他。蒂龙不得不从（第三世界成员）理查德·达利的手中接过贝斯进行演奏。威利看到"卡尔利"时，一下子就从折叠座椅上跳了出来。"卡尔利"肯定在某个地方听到无线电中说"鲍勃·马利到公园了！"于是赶了过来。他必须过来！

杰夫·沃克：起初，一切其实都是按照专业演唱会来布置的。直到今天我也不太明白发生了什么。当佩里·亨泽尔把我们丢在山上的鲍勃那里时，他相信鲍勃是不会来参加演出了，于是下山告诉彼得·弗兰克，鲍勃是不会来的了。他最好作罢。毫不夸张地说，他们拆下了我们带去的所有麦克风与摄影机。发现此事时，我正和彼得通过对讲机说话。我告诉他："鲍勃会去的，我确信鲍勃会去的。"老实说，此时距离鲍勃出现还有大约四十五分钟。他带着设备和自己能够召集的人手很快冲了回去，重新开始连接电源。因此，演唱会的片段本可以拥有最先进的水平，却变成了手持型摄影机左摇右摆拍摄出的"真实电影"。

卡尔·科尔比：突然之间，鲍勃开口说了几句什么。也许是我记错了，但我似乎记得他并没有直接开始演奏。我记得他朝着人群说了些什么。我清清楚楚地记得他刚开始时真的对所有人说了"你们好"之类的话——也许是后来说的。人群发出了令人难以置信的"啊啊啊"的叫声。此时此刻，所有的观众和所有的能量似乎都被他握在了手掌之中。这个一整个下午都萎靡不振的男人刹那间拥有了不可思议的能量。紧接着，他扯开自己的衬衫说道："他们试图对我做出这种事情来；他们朝我的这里和那里开枪，还擦伤了我的这个地方。"脱掉了上衣的他在人们眼中竟如同十字架上的耶稣。"这是他们干的，这是他们干的，可他们阻止不了我。"他开始跳舞，持续跳了快一个小时，边跳边唱着某一首歌。偶一时刻，我记得自己就在距离他大约五英尺远的地方拍摄，后来才意识到我最好坐下。

[罗杰·史蒂芬斯] 从影片中看，当晚的"微笑牙买加"演唱会舞台上肯定有两百个人。曼利和妻子、幼子坐在一辆大众牌大巴的车顶上，就在人群中十码远的地方，一眼就能被看到。多年以来，我曾和当晚围绕在鲍勃身旁的大约二十个人聊过天，

比如主持人伊莱恩·温特。所有人都说，自己走上舞台时和鲍勃一样，根本没有顾忌过自己的安危。只要有人试图设计鲍勃，就得搭上许多人的生命。

"猫咪"库尔：舞台上的所有人都有这种感觉。那天晚上，我为几首歌弹了贝斯，因为我当时太喜欢他的音乐了，每一段过门都烂熟于心。过去我常坐在家里一遍遍地聆听《引火烧身》。我背着主音吉他为马利弹到一半时，唐纳德·金赛就赶来了，于是我把吉他交给了他，因为他要弹的曲子我一首都不会。前两首歌的贝斯是我弹的，后来蒂龙·唐尼来了，我又把贝斯交给了他。蒂龙熟悉贝斯的曲谱。"顾家男人"直到很晚才来，但最终还是来了。还有"卡尔利"巴雷特。听说鲍勃来了，所有人都纷纷赶来。金赛着实被吓坏了，兄弟。我觉得那是他这辈子永生难忘的时刻。

杰夫·沃克：鉴于（鲍勃）胸口和手臂都缠着厚厚的绷带，他是无法拿起吉他的。乐队里一半是哭泣者的成员，一半是第三世界的，尼戈斯之子乐队的人也在，西马仑斯乐队的号手也在台上。唐·金赛负责弹吉他。其实"猫咪"库尔在唐出现之前还弹过一段主音吉他，后来又接手了贝斯。

杰夫·沃克：舞台上的人实在是太多了，害得鲍勃几乎没有任何表演的空间，被挤在了一个十分紧凑的圈子里。曼利坐在十码外的一辆大众牌厢式货车顶部，完全暴露在外。现场的所有人都暴露无遗。舞台上有戴着对讲机的军人；探照灯在人群中扫射，诸如此类。我并不觉得有谁会心存恐惧。在过去的三四天里，一切显然都是冲着这场活动而来的。在我们决定登台演出的那一刻，鲍勃还在说他"只为观众唱一两首歌"，后来却连续表演了一个半小时。以我跟随他的经历来看，这可以说是他最认真的一次表演，虽然一次都没有拿起过吉他，只有演唱。单纯地演唱。那一夜他就像个托钵僧人。

[罗杰·史蒂芬斯] 每一首歌都包含了与枪击事件有关，却又存在微妙差别的内容，不管你当时有没有意识到——比如歌词"音乐的好处之一，在于它击中你时，你感觉不到疼痛"，以及《于是上帝说》（*So Jah Seh*）激动人心的高潮部分中，他带着哭腔的无伴奏和音："如果猫猫狗狗能在一起……我们为何不能爱着对方？"他边唱还边把自己的伤口展示给观众。在我看来，这是20世纪流行音乐史上最为空前、最令人难以置信的时刻：鲍勃站在那里，一只手臂里嵌着子弹，在国家关键大选的前几日站在八万人面前，演唱无伴奏和声，身旁是头盖骨中还卡着一颗子弹的妻子。有什么能够与之相比较？

朱迪·莫瓦特："微笑牙买加"演唱会那一晚的威力是巨大的，就好像当你把自己的生命当作祭品，就永远不会在乎即将发生什么，因为你知道我们在何时何地能够证明万能的神力，因为我们知道若是鲍勃没死——他本有可能命丧当场——就是因为万能的神用双手护住了他。

杰夫·沃克：演唱会开场时，他曾经说过："我同意参演是为了人民，没有政治因素。"他在演唱会开场时就已经说得非常清楚了。结束时，现场有八万人。他们是我见过最震耳欲聋、热情高涨的一群人。鲍勃先是撸起袖管，露出被子弹击穿的一只手臂，指了指绷带，然后又解开衬衫，指了指胸口上的伤。紧接着，他假装掏出了一把转轮枪，嘴里"砰砰"作响，就像《不速之客》的封面上那样。他举起大拇指说了一句"我没事"，便匆匆下台了。在此之后，他花了近十五个月的时间自我放逐。

卡尔·科尔比：人们认为具备感召力的人应该是充满活力

的，浑身上下能够迸发出能量。从某种意义上来说，事情并非如此。对我来说，他是个自我封闭的人。不过，他可以接纳你，是一位益友，心无恐惧，也不会被恐惧所驱使。但我觉得有趣的是，他对命运是如此关注。

帕布洛夫·布莱克：演出结束后，鲍勃离开了。我和他必须坐车里返回山上。我将作为他途中的诱饵，在车门打开时下车假扮鲍勃·马利！因为他那时已经被吓坏了，浑身颤抖着说："会不会有下一个人朝我开枪？"我必须走在前面，坚持住。听听现在发生了什么。演出开始之前，他们下山时还响了警笛。这反倒会招人耳目，所以我们告诉他们别这样，别这么做。他回去的时候，那些人也想打开警笛、快些出去，但这样只会把注意力吸引到我们身上，也被我们拦住了。

杰夫·沃克：我们很快意识到，其中一台对讲机不见了，于是不得不在接下来的几个小时里私下安排了一架喷气式飞机回来，接走鲍勃。我们担心有人会通过对讲机听到他的计划和飞机到达的时间，不想再通过对讲机来沟通了。因此，演唱会之后的那一晚，我趁着半夜返回草莓山，告诉他飞机将在清晨六点半等待他。我先他一步与随行的三四个成员坐上了一辆汽车，基本上就是充当诱饵，确保计划不会被人知道。一行人走上跑道，来到了飞机的尾部。透过望远镜，我们看到外围有士兵戍卫，还停着几辆载有武装警卫的吉普车。所以他们知道这里即将发生什么事情。我们到达后大约四十五分钟，鲍勃和内维尔·加里克来了，告诉支援人员，万事俱备。鲍勃下车登机后，飞机便起飞了。几天后，这架飞机又回来接走了丽塔和几个孩子。

[罗杰·史蒂芬斯] 内维尔·加里克说，他们来到巴哈马群岛时只领到了条件最多的那种签证，不得不每天前往海关续签。鲍

勃来的时候，他们显然问过他是否要申请政治避难。他否认了，表示自己只不过是个游客。

蒂龙·唐尼：我没有跟随鲍勃前往巴哈马，不知道他们去了哪里，连他们走了都不知道。我能去的地方要不就是加拿大，要不就是美国，因为我的女朋友住在蒙特利尔。不过我没有加拿大或美国签证，却一心只想离开，唯一可去的地方就是巴哈马群岛了，所以我们赶了过去。到达的那一晚，我们在酒店的餐厅里吃晚饭时，一名服务员走了过来，听到了我的口音，于是问道："你是从牙买加来的，对吗？"我回答："是的。"他问我："你知道这里有间录音室吗？那里有个白人制作过不少的雷鬼唱片。"我说："哦，是嘛？那间录音室叫什么？"他答道："罗经点。"当时我从未听说过罗经点录音室，也不知道布莱克威尔在那里还有一间录音室，甚至会在那里生活。他从未提起过这些。于是我表示："好的。我会去看看的。"我说："肯定是克里斯。"就这样，我在电话簿上寻找克里斯·布莱克威尔，竟然查到了号码！同一天晚上，我就打了过去。接电话的是谁呢！鲍勃·马利！"你可以跑，但你不能躲。"对吗？他说："你在哪儿？"我答道："我就在这儿！"他告诉我："哦，那过来吧！"我们即刻退了房，赶往克里斯的住宅，开始制作《时间会证明一切》(Time Will Tell)。我到达的时候，他们已经在敲鼓、弹奏了。这是我第一次听到那句："你以为自己身在天堂，却住在地狱。"没错，我也十分震撼！

第 21 章 谁枪击了鲍勃·马利?

[罗杰·史蒂芬斯] 有关枪击事件的动机,流言很快传播开来。鲍勃的经纪人唐·泰勒有赌博的恶习,据说欠了一些恶人不少的债务。鲍勃最亲近的朋友"天才"科尔据传涉及组织赌马,最后还被禁止进入当地赛马场。有人声称鲍勃每日都要偿还科尔甚至是泰勒面临的赔金。不过最普遍的看法是,这是一起政治凶杀,其根据是一则传闻:某个"老大"曾经说过,"必须阻止这场演唱会的举行"。矛头直指牙买加劳工党的爱德华·西加。即便到了四十多年后的今天,要想为这其中的任何一种理论出面作证,都有可能导致严重的后果,甚至是被那些与谋害马利之人同流合污的势力所杀害。好几个人都不愿公开发表言论。

蒂龙·唐尼:谁枪击了哭泣者乐队?能说的事情可多了。有人说是因为赌马,是"天才"科尔害的。还有人说是牙买加劳工党。这很难说。我听说那些家伙全都已经死了,还听说其中某些人曾在枪击案之后跟随我们进行过巡演。这太可怕了。他们还向鲍勃坦白了!

[罗杰·史蒂芬斯] 在遇袭后,鲍勃曾在自己接受过的前几次采访中表示:"啊,我不知道是谁干的。"1977 年,一名英国记者提出了同样的问题,鲍勃却回答:"是的,我知道是谁干的。是魔鬼。"后来,弥留之际的他又透露:"没错,我知道是谁干的。但那是绝对机密。"

蒂龙·唐尼：他当然知道了！他看上去可不像是一副一无所知的样子。演唱会过后的第二天晚上，我说："我还是不知道发生了什么。我不知道是谁，或这一切是怎么回事。"我只是感觉大家仍有性命之虞。

我认为，所有拥有丰功伟绩的领袖、精神导师、诗人无论何时离开人世，都是值得怀疑的。这倒不是说他们天年不遂，而是因为他们死后才能得到世人的认可。我想，这正是鲍勃不想成为大明星或先知的缘故，因为这就像是在自找麻烦。

杰夫·沃克：时至今日，我也不确定谁枪击了鲍勃·马利。事发那天，我们听说许多人都遭到了指责。在接下来的数年之间，我认为最可信的故事包括那些人是冲着"天才"科尔来的，与穷凶极恶的政治举动完全无关。

[罗杰·史蒂芬斯] 我也不知道。老实说，我不相信已经发表的任何解释。不过，你懂的，所有人都因此遭到了指责。西加也遭到了控诉。甚至还有人谴责迈克尔·曼利，说他此举是为了试图博得同情。牙买加人当时曾意味深长地指出，竟然没有人因此送命，这可能就是有人故意为之的。鉴于唯一伤势严重的人是唐·泰勒，也有传言推论这是唐·泰勒的赌债惹来的麻烦。说不定他才是目标。

[罗杰·史蒂芬斯] 政治事件挖掘得越深，事情就会变得越复杂。

帕布洛夫·布莱克：枪击鲍勃的人曾经也从鲍勃的手里收过保护费。他们都是同一批人，因为两方都能从鲍勃手里拿钱，人民民族党和牙买加劳工党的坏人都有钱可领。他们只在意鲍勃·马利来了，于是贫民窟各处就会有人肩上扛着一个小包裹，骑车过来寻找鲍勃·马利。很快，他就给出去三万美元。这对他来说不算什么。

阿尔·安德森：每天！

帕布洛夫·布莱克：没错，只给钱的话，对他来说算不了什么。

[罗杰·史蒂芬斯] 如今，大多数证据似乎都指向了西加的武装力量，不过其他主要推论也仍旧存疑。

[罗杰·史蒂芬斯] 如果不是赛马场的事，如果不是在凯玛纳斯公园组织比赛的问题，西加是没有必要卷入这种事情里来的。我问过迈克尔·曼利"枪击鲍勃·马利的人是谁"，就像你问我们一样。他说事发之后那个星期，警方把所有的时间全都用在了追踪枪手所用的车辆上，一直追到西加在金斯顿西部的选区蒂沃利花园，却什么也没找到。用迈克尔·曼利的话来说，这是"一起极其专业、组织严密的行动，也许无人送命的事实本就也是安排好的"。

"猫咪"库尔：鲍勃站上舞台，献出了精彩纷呈的演出，一场极富深意的演出。从某种意义上来说，它确实帮助迈克尔（曼利）彻底埋葬了大选对手。因为人们会暗自盘算，如果鲍勃是在为人民民族党演出——正如他们谴责他的那样——民族党是不会动手枪击他的。因此，他们显然会认为（枪手）属于牙买加劳工党，因为我们只有这两个党派。不管发生了什么，不管有何私人恩怨、血海深仇要拿鲍勃出气，我其实并不想去推测，不过这反映了当时政治体系的腐坏。事情看上去似乎是一个党派在火力全开地对抗另一个党派，以至于发展到了会袭击鲍勃·马利的程度。当时貌似就是这么回事。对于牙买加来说，那是一段非常令人悲痛的时期。十六个月之后，"唯一的爱"演唱会之际，迈克尔与艾迪（也就是牙买加劳工党领袖爱德华·西加）竟然都登上了舞台，与鲍勃重聚，令全国上下为之振奋。这是不幸的，因为艾迪这个人也十分关心、爱护鲍勃。这是我的真实感受。没有哪个牙买加人不是全心全意热爱鲍勃·马利的。我说的是市郊最上流的叙利亚女子或牙买加白人女子——她们热爱鲍勃·马利，无论走到世界上的哪个角落，都一定会谈起他。

[罗杰·史蒂芬斯] 进一步的传闻还有许多，特别是有关卡尔·科尔比的一则故事传播得最为无休无止（在近日获得布克文学奖的小说《七杀简史》中，此事还被马龙·詹姆斯改编成了小说）。故事提到，卡尔·科尔比不仅以某种方式安排了枪击行动，还送过鲍勃有毒的靴子，害他罹患癌症。不过，不断有医生仔细研究这一陈词，对此予以了抨击。当我拿这些说法与科尔比对证时，他大吃一惊，仿佛在接受采访之前从未听到过其中任何一件事。

卡尔·科尔比：老实说，竟有人指责我会动手伤害无可匹敌的鲍勃·马利，更别提还导致了他的死亡，真是让人生气。他在我心目中就是最伟大的音乐家与艺术家之一。为他拍摄一部影片是我的职责，所以我就去了。顺便说上一句，那里没有人知道我的父亲是谁——截至 1976 年 12 月 5 日，我的父亲已经辞去了中央情报局的工作，被杰拉尔德·福特总统开除了。在我看来，手段低劣、糟糕透顶的新闻报道是对我人格的粗暴中伤。

[罗杰·史蒂芬斯] 还有一则传闻称，科尔比在牙买加时曾告诉某人，只要他打上一通电话，二十四小时之内就能召集一支军队到牙买加来。

卡尔·科尔比：什么！不，我爸爸已经离开中央情报局了。不会的，我为什么要那么说呢？写这些东西的人都是谁啊？我和警方、武装部队打过交道吗？没错，这还用问嘛，某个二十五岁的小毛孩打来电话，要派大量部队南下。好的，我们这就去办！

帕布洛夫·布莱克 | Pablove Black
乐队键盘手、十二支派成员、马利的密友，1997 年 6 月摄于洛杉矶雷鬼音乐档案馆

第 22 章　移居伦敦

[罗杰·史蒂芬斯] 在巴哈马群岛度过了一段时光之后，鲍勃飞去英国，与自己的情人辛迪·布雷克斯皮尔团聚。在那里，他开始为接下来的两张专辑录制素材，为雷鬼音乐人举办过的最大规模世界巡演做起了准备。

辛迪·布雷克斯皮尔：鲍勃遭人枪击的那天晚上，我在英格兰。那时我刚刚加冕世界小姐的桂冠，当晚本来还有工作要做，却断然拒绝了。我是说，我们的关系刚刚见诸报章时，就曾令许多人大吃一惊。有的报纸还在头版写上了《世界小姐与她的狂野男人》之类的内容。老实跟你说，他们真的是满口胡言。众口悠悠，所以对我来说，在他遭枪击的这个关键时刻，我还是不要露面工作为好！这就是一场大戏，对我来说着实艰难。我真的忧心忡忡，却又不能联系他，处境非常难过。是的。那年圣诞节，我们去了拿索，后来又去了伦敦，去了奥克利街。他离开拿索去英格兰的那段时间，大家一直住在奥克利街。我敢说，我们在那里待了大约一年的时间。那里交通方便，就在伦敦市中心，是个不错的地方。

[罗杰·史蒂芬斯] 尽管与本届世界小姐同居一处，鲍勃还是满心焦虑，会尽量保持低调。他将乐队召集到一起，还联系上了几个多年的老友。他们中既有来自牙买加的人，也有他上一次暂居伦敦时的老相识。对于移居海外的牙买加群体来说，鲍勃就

是一位英雄。在他们的第一代英国子女的眼中，鲍勃是一位已经在国际上取得重要声誉的牙买加人。身为一个曾勉强躲开近距离平射枪击的人，鲍勃的地位几乎如同神话一般。

盖尔·麦克加里蒂博士意识到了辛迪在政治与感情方面对鲍勃的影响，见证了两人感情的萌发。那时，辛迪与鲍勃都住在霍普路的那座房子里。

盖尔·麦克加里蒂：辛迪就住在霍普路的那座楼下，与她同住的还有她的兄弟史蒂芬，人称"红毛"。他是我的好朋友，其实在此期间还曾和我交往过一阵子。后来的某一天，我去霍普路看望鲍勃，发现辛迪躺在后院的草坪上，穿着短裤。鲍勃也在那里和她聊天，显然已经开始追求她了。

实际上，鲍勃已经向我吐露，自己真的非常在意辛迪。我在"红毛"管理的一家名叫"晕眩"的俱乐部上班，地点就在利瓜尼亚区。我在那里工作过一段时间。辛迪也一样。鲍勃有时会过来对我说些"我真的很喜欢那个姑娘，你懂的，盖尔。我想让你帮我撮合一下"之类的话。我会回答："你知道她在为牙买加劳工党工作吗？你知道她反对曼利的一切所作所为吗？"鲍勃就是鲍勃，他才不在乎那些呢，只是一心喜欢她。

然而，有关辛迪的一切却开始在鲍勃与我之间造成了些许隔阂，因为她是牙买加劳工党的坚定支持者。据说，她在伦敦参选世界小姐的费用就是牙买加劳工党赞助的，而迈克尔·曼利总理在此之前才刚刚宣布，牙买加政府与人民是不会委派选手参加当年的选美比赛的，以示对南非当时施行种族隔离制度的抗议。作为抵制全球种族隔离制度最杰出的领袖，曼利坚定不移地认为牙买加应该对全世界发出强烈讯号，我们不会参与这样一场比赛，因为南非的参赛选手只能出自白人候选人之中。

和中上层阶级的许多人一样，辛迪总是议论共产党人这个，共产党人那个。我敢说，通过辛迪的关系，随着鲍勃与牙买加白种人、棕种人精英之间的关系愈发密切，他在牙买加的政治范围内已经发生了动摇。一旦辛迪对他的示爱做出积极响应，这种观念便会钻进他的脑袋。

我认为，在政治方面，这一切真的对他产生了很大影响，让他参与了许多自己以前不会参与的事情。正是这个时候，他开始越来越多地演唱《徒劳等待》、《这是不是爱？》（Is This Love）和《把你的灯光调暗》之类的歌。这些歌曲都十分优美，但他显然已经进入了求爱时期的模式。

[罗杰·史蒂芬斯] 这些歌曲将形成他在伦敦开始制作的新唱片核心，即《出埃及记》与《大麻》。1995年，录音师卡尔·彼得森在迈阿密的录音室中回忆起了在伦敦制作《出埃及记》的过程。这张专辑曾被《时代》杂志称为"世纪专辑"。

卡尔·彼得森：这张专辑真的很酷，是在小岛唱片的两间录音室中录制的：圣彼得广场上的"坠尘庇护所"录音室和拉德布罗克丛林的贝兴街录音室。补充一句，鲍勃与辛迪·布雷克斯皮尔关系密切，因为当时她刚刚拿下世界小姐的桂冠。对他来说，与世界选美小姐交往只会是锦上添花，使他更受欢迎。要记住，他可是上过头版新闻和电视新闻的人。"美女与狂徒"——媒体当时是这样措辞的。希望这话不是贬义。

《出埃及记》的音乐与歌词如今的传播面更加广泛了，因为鲍勃与哭泣者乐队吸引的是更具代表性的一大群人和更加宽广的市场。所以，他们必须采取不同的方式向公众推广自己的音乐，而不是仅仅迎合牙买加人群体，或是主要针对受苦受难之人。眼下，他们要应对的群体下至蓝领，上至白领，包括所有认为自己

卡尔·彼得森 | Karl Pitterson
大师级制作人,图为他与鲍勃·马利录制时所用的其中一张混音板,2001 年 5 月摄于迈阿密

遭遇了阻碍的人。乐队的身后有没有规模庞大的公司都一样，他们已经着手将他歌中的歌词与这些人的处境联系在了一起。我猜这正是它开始越走越广的地方。就像是——哎呦！

《出埃及记》与《大麻》的所有歌曲都是在同一段录音过程中完成的。我们会从下午三点一直工作到第二天早上六点。不过这没有关系，我们第二天还会再回来。那里还有不少上好的烟草，录音室里总是烟雾缭绕的。我们会先录制基础音轨，然后把里科·罗德里格斯等其他乐手的部分配到母带上。乐队成员会录制自己的部分，然后是和声歌手。刚开始录的是鲍勃的人声小样。然后他会进棚来录制自己的主唱人声。在现如今的混音过程中，鲍勃已经不必全程在场了。就在这个阶段，克里斯介绍了朱尼尔·马尔文过来。

[罗杰·史蒂芬斯]现如今，鲍勃的演出场所规模更大了。他认为乐队需要有个能够负责舞台表演效果、活跃观众气氛的人。要知道，他通常是会回避这类行为的。主音吉他手朱尼尔·马尔文就这样顺势出现了。他的真名叫作朱尼尔·科尔·马尔文·汉森，是个出生在金斯顿的黑人。

朱尼尔·马尔文：我来英国的时候才九岁。我的家族姓科尔，是非裔苏格兰人，曾祖父来自一个名叫查尔斯山的地方，那里显然全都归他所有。我所有的表亲以及我的父亲、叔伯们，他们全都从三岁起就学习钢琴。我的母亲迁往伦敦，父亲去了美国，后来最终在英格兰与我们团聚。父亲是演奏古典钢琴的，后来进而入了爵士音乐的圈子。我开始弹吉他不是为了音乐，而是为了给女孩们留下深刻的印象。我曾看到过一个年轻的美国人在当地酒吧里进行现场演出，深受影响。他是用牙齿来弹奏的，每天要练习十四个小时，去哪儿都会随身带上自己的吉他。他的父母是混血，身上许多方面都让我想起了鲍勃·马利。我说的人就是吉米·亨德里克斯。我相信混血能够造就富有魔力的人。

[罗杰·史蒂芬斯] 最终，马尔文的琴技足够优秀，令他拿到了杰夫·贝克的面试，却遭到了贝克的拒绝。他告诉马尔文，一支组合里是容不下两位吉他大师的，所以朱尼尔应该马上成立自己的乐队。他照做了，为乐队起名为汉森，通过"蝎狮（Manticore）"的厂牌发行过两张唱片，还曾为史蒂夫·温伍德的首张专辑伴奏。最终，他开始参与雷鬼乐的录制，经手的作品包括托茨·希伯特影响深远的《雷鬼有灵魂》（Reggae Got Soul）专辑。1977年初的一天，布莱克威尔将马尔文带到了哭泣者乐队在伦敦租住的房子。当时，他们正在为《出埃及记》和《大麻》专辑进行彩排。

朱尼尔·马尔文：我们即兴演奏了三个小时才开口和彼此说话，望着对方边笑边击掌。鲍勃说："兄弟，想要和我一起演出吗？"我答道："非常愿意。"就这样，我成为了哭泣者乐队的一员。《时代》杂志将《出埃及记》评选为"世纪专辑"。能够参与它的制作，我感觉非常荣幸。要知道，我曾为这张专辑据理力争。他们的混音我不太喜欢，可所有人都说："让他走开。"是克里斯·布莱克威尔和鲍勃为我撑了腰。于是，我们花费六万英镑为专辑重新进行了混音，那大约相当于十万美元。鲍勃把握住了机会。专辑一炮而红，盘踞英国排行榜超过两年之久。所以，我为自己说出了内心的真实感受并得到了回报而感到骄傲。感谢上帝。

克里斯·布莱克威尔想要在混音中获得更加突出的优美吉他声，因为欧洲人和美国西部人都喜欢吉他。基本上，雷鬼乐中始终缺乏大段的主音吉他，直到阿尔·安德森的出现才为它增添了

朱尼尔·马尔文 | Junior Marvin
哭泣者乐队主音吉他手，图为他在蕾切尔剧院化妆间。2000 年 2 月摄于马里兰州
陶森

另一个层次。紧接着，我就带着自己的想法来了。将多个层次叠加在一起不仅能够维持返璞归真的感觉，还能给人留下些许精致高端的印象。我记得，鲍勃在演唱《逃跑》（*Running Away*）的声乐部分那天十分放松。"西科"还曾给他出过主意，用拟声唱法进行演唱。大家经常会建言献策，鲍勃和"西科"、我和鲍勃、鲍勃和蒂龙之间也常会小聊一下。鲍勃会将我们的想法收集起来，拼凑在一起，用他的节奏吉他来整合——整合，整合，整合——最后一头扎进录音室开唱——嘭！——就像这样。有些时候一遍就过。现如今的人会录上五千万遍，然后从中选取一条，可谓是百万中挑一。鲍勃就是具备这种天赋，能够钻进录音室就开录，如果一切顺利，就能通过！

［罗杰·史蒂芬斯］在哭泣者乐队 20 世纪 70 年代的许多录像带中，你都能看到鲍勃走向朱尼尔，和他说些"这群人死气沉沉的，让他们都站起来吧"之类的话。朱尼尔便会走到麦克风前，开始反复吟唱，或是把手举到头顶击掌。

朱尼尔·马尔文：我们非常亲密。那段特殊的时光里，鲍勃、"西科"和我常在一起玩。鲍勃与"顾家男人"也十分亲密，一度形影不离，后来却有些变了，变成了我、"西科"和他在一起。后来，这样的情形还会变换成不同的成员。我们三个常常一起出没，而我是新来的那一个，所以常被他俩取笑。即便你犯的是最微不足道的错误，也会被鲍勃发现。当然了，我曾经当着公众的面犯过一两个其实不算明显的错误，可还是被鲍勃听到了。他朝着我的耳朵歪过头来问："怎么回事？"我记得有一次，我们正在牙买加举行"唯一的爱与和平"演唱会。这是我在牙买加的首场演出。你懂的，这是我在英格兰长大、念书后才再次回到牙买加的——回归故土。举办那场演唱会好像才是我的终极目标！那天晚上，我实在是太兴奋了，在他演唱《即兴演奏》（*Jamming*）时弹错了一个音符，错得特别离谱。鲍勃说："看着点儿，看着点儿，看着点儿你在做什么！"所以说，他是个非常自律的工作狂，希望一切都近乎完美。这一点也感染了我们。他不只会说，还会去做。我们曾经十分热爱即兴演奏，一弹就是几个小时。他也是这么写歌的。

刚加入乐队时，我就像一个独奏乐手，经常一个人演奏。他们就在一旁闲着，看我独奏两三个小时！看他们会给我适应的时间，让我通过练习走上正轨。这不是一份容易的工作。鲍勃是绝不会宽容地对待你的，总是会留下"你还能做得更好"的印象。他能激发出你的最佳水平。我们一度曾拥有两位主音吉他手，阿尔·安德森和我。阿尔弹奏的都是他在专辑里演奏过主音的歌曲，我也一样。不过这样的竞争也是异常激烈的。鲍勃心知肚明，还会开玩笑似的让我们彼此竞赛，更加努力，好上加好。

[罗杰·史蒂芬斯] 聆听鲍勃现场演奏带的乐趣在于，一首歌的长度一夜之间竟会变得截然不同。

朱尼尔·马尔文：关键就在于彩排。乐队里所有的人都熟悉彼此的那一部分。我知道"顾家男人"该弹什么，也知道钢琴的那一部分，对鼓点的部分也烂熟于心。反之亦然。"卡尔利"了解吉他的一部分，也知道声乐的部分。每一首歌我们都了若指掌。大家仍旧会努力做到这一点。乐队之所以可以即兴表演，就是因为我们十分亲近，如同一只连指手套，让人感觉可靠、自信。你知道自己移动一下，所有人也会跟着你移动。无论鲍勃何时有所动作，我们也会随他而动——他去哪里，我们就去哪里。于是这就成了一种独特的火花。我觉得乐队就是这么运行的。我最喜欢的表演是自己1977年的巴黎首秀。一切都是那么的美好！唱完第三首之后，鲍勃走过来和我击掌，我说了一句："嘿，就是这样。"那太棒了。

"顾家男人"巴雷特：在我对那段时间的记忆中，鲍勃有时会变得精神恍惚。

朱尼尔·马尔文：那是灵魂出窍，就好像我们都是上帝的乐器，万物如同乐手般皆由我们发声。这是上帝赐予你的一种天赋，他在借你发出回响。这不是你能够拥有和占据的某种东西，你就是它的渠道。偶尔你会发现，当所有人都团结一致时，这些东西就会出现，成为额外的馈赠。就像是你做了功课、完成了练习，来到现实之中，上帝决定给你额外加点料。该来的总会来，不用你去筹谋，不用你去安排。它会以上帝格外施恩的形式出现，当它出现的时候，一定是美妙极了的——这样的情形如今就经常发生在我们身上。

第 23 章　布莱克威尔、鲍勃与生意

[罗杰·史蒂芬斯] 在自诩为全世界最大城市的伦敦，一场规模浩大的世界巡演正在组织当中，其范围不光包括欧洲，还将涉足北美、亚洲和南太平洋。支持这场巡演的将是鲍勃通过小岛唱片于 1977 年春末发行的专辑中一句重要的声明。这张专辑充斥着激动人心的言语，能够改变与照亮我们的时代。哭泣者乐队的阵容中又多了几位关键人物，声音也成熟了不少。但不幸也即将降临。《出埃及记》巡演开始之际，鲍勃的一生将在巴黎的一场意外中永远地改变。

鲍勃新添的其中一个随从名叫查理·康莫，是个面色红润的爱尔兰裔利物浦公关——他在许多方面也是我的导师。年少时，他曾在丘纳德邮轮经营过地下赌局，还在波多黎各管理过一家黑手党酒吧，在发现甲壳虫乐队之前效力于布莱恩·爱泼斯坦，后来和甲壳虫乐队乘坐同一架直升机进入过谢菲球场。

查理最著名的客户包括弗兰克·辛纳屈、约翰·列侬、米克·贾格尔、酋长乐队、史蒂维·雷·沃恩、理查德·哈里斯、彼得·托什和鲍勃·马利。他发誓自己从未公开谈论过他们。鉴于他对彼得·托什和鲍勃都非常熟悉，所以我问起了他俩之间的区别。

查理·康莫：彼得总是想要所有记者都能明白——你有没有听到我刚才的答案，理不理解我说的方言？鲍勃却从不会浪费那个时间，因为他显然认为自己的信息足够强烈，他们最好能够听

到，不然就会错过。我一下子就喜欢上了彼得，我觉得是因为他的正直吧。还有另外一个原因：他总是实话实说。我也喜欢彼得的幽默。他要靠我才能上报纸、上电视。新闻报道对他的风评很好。他想要将自己的话传播出去，想要出现在盛况之中，电视、广播、报纸、杂志，什么都行，因为他说人们始终会相信杂志和报纸中所说的一切。当然了，在牙买加，这的确不假。

我总是告诉鲍勃与彼得，要是我们召开新闻发布会，你们应该努力告诉人们的是——你们想要告诉他们的事情。我还说，参加电视节目时，别他妈的在乎问题是什么，只要说出自己上电视要说的话就行！新唱片、新电影、新电视节目或者新视频。我说，没有哪个采访者能够阻止你们说出自己想说的话。他们实际上会找机会换个方向，假装问过那个问题，否则就会让自己看上去像个白痴。彼得总是坚定地要把内心的感受和信仰说给别人听。鲍勃则不太直率，尤其是对待该死的媒体。我过去常对白人媒体说："听着，如果你们不理解他的意思，就问我，我事后会告诉你们他说了什么。"

[罗杰·史蒂芬斯] 鉴于鲍勃过世后哭泣者乐队曾经历财务问题，有关鲍勃是如何在各个成员间进行财务安排的回忆总是令我很感兴趣。在被问及唱片中出现的歌曲都由谁来负责时，蒂龙解释了所有人的感受。

蒂龙·唐尼：哭泣者乐队实际上是鲍勃音乐的共同创造者，比如《即兴演奏》就是我的歌。鲍勃的词只有"即兴演奏，我想和你即兴演奏"，其他的每一个段落都是我的。还有《徒劳等待》，半首歌都是我写的。"我一直在你的队伍中等待 / 等待的感觉很好"。鲍勃可不会这样写歌。还有《拉斯特法里人的感受》，是我有一天进门后说了一句："拉斯特法里人的感受是积极的。"

阿尔会支持我的说法。

　　鲍勃会将巡演的钱分摊，一半给乐队，一半给自己。唱片发行方是鲍勃·马利音乐。我的名字不就是鲍勃·马利吗？写歌的时候，我还不曾意识到，不知道发行是什么。我以为给乐队伴奏，或是在唱片中伴奏就能领到钱，就是这么回事！你是有薪水可拿的。许多牙买加音乐人就是这么单纯。

　　[罗杰·史蒂芬斯] 虽然鲍勃已经控制了自身产品的制作，克里斯·布莱克威尔却还在从鲍勃与日俱增的成功中获利，收取产品的代理佣金版权。他曾经说过，他与鲍勃从不是朋友，只是工作伙伴。然而，他却以自己与迅速蹿红的超级巨星马利表面上的亲近作为权宜之计，获得进入更高水平国际社交圈的权利。值得赞扬的是，如果不是布莱克威尔巧妙的推广，鲍勃也许永远无法获得如此空前的成功。这是大家普遍公认的。实际上，布莱克威尔也为鲍勃竟能如此成功感到惊讶。

　　1988 年，唐·泰勒滔滔不绝地讲述了克里斯·布莱克威尔与鲍勃在《出埃及记》时期的关系。截至 1988 年，小岛唱片的另外一支乐队 U2 已经成为了全球最抢手的组合之一。

　　唐·泰勒：出于生意方面的严格考虑，为了让 U2 乐队成为最伟大的乐队，克里斯·布莱克威尔满怀热情地投入了一场运动，摧毁牙买加音乐和鲍勃·马利最伟大的乐队。这是事实！这是事实！是 U2 乐队的人在巴黎告诉我的。今年（1988 年）1 月，他们的经纪人在国际音乐博览会上告诉我，此事最大的影响就是，他的乐队在制作自己的首张唱片之前花了十八个月的时间聆听马利的作品。而且马利的带子还是克里斯·布莱克威尔寄来让他们学习的。

　　你必须理解克里斯·布莱克威尔。我第一次见到他时，便开

查理·康莫 | Charlie Comer
马利最初的公关，脾气暴躁的利物浦爱尔兰人，1998 年 2 月摄于纽约

始分析鲍勃对他意味着什么，他从未料到鲍勃会变得如此炙手可热。由于重签的合同使我们取得了控制权，克里斯·布莱克威尔在为自己做过的所有歌曲制作单曲唱片时，都要打电话征求我的同意。合同上就是这么写的。

事情会如何发展？克里斯到底想要什么呢？在为小岛唱片制作的第三、第四张唱片时，鲍勃就已成为那些乘坐喷气式飞机出行的富豪们心目中的大红人。而这一切正是克里斯·布莱克威尔的安排。整个巡演途中，肯尼迪的小儿子约翰都追随在我们身后，还有比安卡与米克·贾格尔夫妇。鲍勃成了富豪界的穷人，我们在巴黎的演出更能证明这一点。克里斯·布莱克威尔举办了一场盛大的富豪派对，所有人都是坐着喷气式飞机来的。鲍勃对于这个圈子来说实在是太重要了，从而成为了克里斯接触许多人的途径。多年来，他始终没有说过自己是小岛唱片的老板，而是自称鲍勃的制作人。这就是他接触许多人的方法！有段时间，克里斯·布莱克威尔在欧洲出售的唯一"商品"就是鲍勃·马利，别的什么都不卖。

[罗杰·史蒂芬斯] 随着《出埃及记》发行截止日期的临近，封面艺术家内维尔·加里克感觉自己陷入了困境，因为他的原创构想总是遭到拒绝。

内维尔·加里克：作为鲍勃的新艺术总监，《出埃及记》对我来说是一次实实在在的深刻经历。老实说，大部分时间里，我最初的所有想法通常都能被接受。比方说，我会把它带去展示给鲍勃，问："队长，你怎么看？"他回答："拿给乐队里的所有人看看。"要是大家都说好，他就会表示："没问题，就是它了，去吧。"在英格兰，我为《出埃及记》的设计忙碌了三个月。这份设计我仍然保留着。我不想骂人，但是我猜鲍勃当时采纳了几个人的意见。他们可能不喜欢鲍勃在上面的某张照片，便说不喜欢这个封面。于是鲍勃也说他不喜欢，另做一张吧。我花了两个月的时间呢，真的有些灰心丧气，就像是"唷"！你懂的，我现在做的这份绘画工作是要耗费大量时间的。总之，这是第一版，于是我再次走向了画板。我决定做一个没有鲍勃·马利与哭泣者乐队的封面。我用了埃塞俄比亚的阿姆哈拉语字母，将它们颠倒、倾斜过来，这才写出了"E-X-O-D-U-S"，因为这种语言中是没有字母"ABC"的。后来，我发现自己竟在不知不觉中拼出了"埃塞俄比亚"。这是埃塞俄比亚皇太子阿斯法·沃森告诉我的。

[罗杰·史蒂芬斯]流亡期间，马利曾几次遇到埃塞俄比亚皇室，自认为与他们亲密无间，并对其呵护有加，因为他相信他们与真正永生的上帝是血亲，还为他们提供过大笔捐款。三年后，海尔·塞拉西在埃塞俄比亚被推翻。任何保留陛下画像的人都会遭到监禁。鲍勃对整个非洲大陆自由运动的支持与他对埃塞俄比亚君主政体毫不动摇的支持形成了鲜明的对比。该国君主的血统可以回溯到所罗门王。

1977年，他在伦敦遇到了流亡的埃塞俄比亚皇太子，并获赠了一枚属于海尔·塞拉西一世的戒指。

内维尔·加里克：将海尔·塞拉西一世的戒指交给鲍勃的人正是埃塞俄比亚皇太子阿斯法·沃森。鲍勃得到这枚戒指时，在场除了皇室家族之外只有我一个人。他告诉鲍勃，自己有一样东西要给他，是为了认可鲍勃为他的父亲拉斯·特法里传播教义的过程中所做的努力。他给他的这枚戒指上带有背着旗帜的"犹大之狮"图案。鲍勃把它戴在了自己的手指上。据我所知，埃塞俄比亚皇室手里还有一整套这样的戒指，是属于犹大皇室内部的，只有皇族的成员才可以得到。我不知道它是否就是皇帝陛下亲手戴过的戒指，因为据我所知，那枚戒指还在陛下的手上。

[罗杰·史蒂芬斯] 流亡的那个春天是个忙碌的季节。《出埃及记》的录制与发行、史上规模最大的雷鬼音乐巡演的策划；他又急需时间消除刺杀企图所带来的压力；以及和自己最爱的女人在一起……这些事情全都一拥而上。幸亏辛迪为鲍勃带来了新的平和与方向，在众多需要占用他宝贵时间的矛盾需求中关爱他、呵护着他。

6月初，鲍勃精彩绝伦的欧洲巡演最后一站在伦敦彩虹剧院上演，整个过程被摄影机拍摄下来后还被制作成了故事片，在欧洲各大电影院中上映。

辛迪·布雷克斯皮尔：伦敦彩虹剧院的演出我去过一两次。不过老实跟你说——我这话很有意思——那段时间，我是无法在音乐上欣赏鲍勃的。我曾经十分欣赏他，那时的他只是写歌，乐队也刚刚组建。他会抱着吉他坐在一个房间里；另外一个人会捡起一包火柴，还有一个人会捡起另外的什么东西，开始敲打化妆台；其他人则会用戒指敲起手中的瓶子。音乐就这样被组合起来，拥有了曲调。那些时刻对我而言是特殊的。老实说，出于某种原因，我们其实非常幸运能在奥克利街上度过这么多的时光。我猜这是因为我俩都以那里为大本营，来了又去。我还记得自己曾在凌晨三点钟做过牛肝。他偶尔会吃点牛肝，因为它对身体有益，富含维生素 B。不少怀孕的素食主义者都贫血，会被告知需要服用肝粉末片。那为何不坐下来好好吃一片牛肝呢？对什么事太过极端简直是荒唐。他可不是个自以为是的人。

塞德拉·布克尔：有一次他告诉我："我从没有在凌晨三点钟之前上床睡过觉。"我说，而且你起得也很早。他表示，更多的时候他只睡两三个小时就够了，因为手里总是有事要忙。如果你还有工作要做，就不能把睡觉这件事放在首位，必须先去做要做的事情。

吉利·吉尔伯特：我觉得他也需要一些空间。我自己有时会好奇，他为何不去度个假，或是找个什么地方避一避，哪怕能够拥有片刻的宁静也好。可我的意思是，他是为人民而活的。我猜他想要去接触他们，不想远离他们。他从没有与我谈起过死亡的事情，只是忙于手头的工作。虽然我们知道自己终有一死，却还是无时无刻不在反复颂扬着生命。

第 24 章　巴黎比赛中流血的脚趾

[罗杰·史蒂芬斯] 耗费巨资、计划于 1977 年夏秋举行的《出埃及记》全球巡演首段在法国拉开了帷幕。在一场激烈的足球比赛中，鲍勃被一名法国记者意外踩伤了脚，伤势严重，导致了一段痛苦的恢复期，最终阻碍了正在进行中的巡演。

吉利·吉尔伯特：1977 年，就在《出埃及记》巡演开始之前，他在巴黎弄伤了自己的大脚趾。至少在好几年前，他的大脚趾趾甲就已经充血，他却无动于衷。在被人踩伤之前，他从未跛过脚之类的。是踩到他的那个男人害其病情出现了恶化。后来他巡演了一个多月——六个星期。1977 年的欧洲巡演过程中，他一直是蹦跳着走路的，演出时脚趾上也缠着绷带，如同一只狂暴的狮子。他们后来给那只脚趾加了个罩子，是什么类似海绵的东西——以免他还想踢足球。后来，他果真又去踢球了，而且踢得十分拼命。康复期间，鲍勃在自家门前踢球时再次弄伤了脚，似乎是因为和别人一起抢球。

辛迪·布雷斯斯皮尔：脚伤只不过是他顽固倔强的一个简单例子。他就是不肯让伤口有时间复原。我记得住在伦敦奥克利街的那段时间里，他会用各种各样的溶液来浸泡它，还会涂些药膏。这些全都应该对康复有益的。伤势恢复得不错。后来我觉得他去巴黎后又在那里踢了一场足球。有人穿着该死的足球钉鞋踩到了伤口，害它再度复发。简而言之，这纯粹就是不给细胞复原机会的范例。

朱尼尔·马尔文：他们在巴黎踢了一场球赛，其中一个穿着钉鞋的球员踩到了他的大脚趾，直接踩穿了趾甲，害他不得不用绷带把它包扎起来。此后的巡演过程中，他也必须穿着凉鞋。

［罗杰·史蒂芬斯］在鲍勃展开全球巡演的那些年间，卡尔顿·"皮威"弗雷泽医生不仅是他的密友之一，还是他的私人医生。

"皮威"弗雷泽：从本质上来说，这是旧伤，伤口最初是在少年镇的一次踢球时意外造成的。我猜所有人都把它当成了简单的皮外伤。过了一段时间，也许是三年之后，伤口复发了，又疼又肿。我觉得在那之后，伤口的事第一次被人提起是在特拉华州。医生们将它误诊为真菌感染。这当然是错误的。我们知道它很快就会复发，也知道症状会是什么。它就这样继续发展了下去。

过了一段时间（1977年春天），他的同一只大脚趾被某个穿着铁钉鞋的对手踩到后压伤。他不踢球了，因为持续不断的疼痛而必须找医生介入。不论大脚趾的伤势是否是促使疼痛症状的最初因素，还是说早年间趾甲下的某处损伤遭到了忽视，他都做了些"改变"。法国的医生介入之后，这只脚趾被缠上了绷带，还出现在了《坐大巴去巴比伦》（*Babylon by Bus*）的专辑封套上。

不幸的是，我认为医生当时应该做的是一次切除活组织检查。换句话说，就是将整个病变的位置切除，送去检验。但他没有那么做。直到鲍勃返回英格兰，我觉得其实是克里斯·布莱克威尔带他去找了皇家外科医学院的某个人，才让他第一次得到认真的诊断。那一次，他们确实进行了切除活组织检查，结果显示是三级黑素瘤，意味着肿瘤已经入侵真皮与组织。就在这个时候，所有人都开始变得激进起来。

朱尼尔·马尔文：巡演过后，他被小岛唱片的克里斯及其助手丹尼斯·米尔斯送去了哈利街的一个医生那里。医生告诉他，这只脚趾已经生了癌，必须被切除。当然，一旦你切除了脚趾，就会失去平衡。鲍勃对此不太高兴，因为这会毁掉他当时的职业生涯。

[罗杰·史蒂芬斯] 据弗雷泽医生说，当时曾兴起过一波新的免疫疗法，提倡切除恶性肿瘤，然后在被感染的区域周围进行植皮。

"皮威"弗雷泽：如果我记得没错的话，鲍勃当时的病变部分组织学检查显示，该区域的淋巴细胞反应发病率增高，被认为是引入免疫疗法的好迹象。

辛迪·布雷克斯皮尔：正如众所周知的那样，黑素瘤恰好是一种不可预知的癌症形式。虽然它属于皮肤病，你却永远不知道该如何应对。确诊癌症时，医生说他们想要切除脚趾，却遭到了否决，因为大脚趾对于平衡来说是至关重要的。于是他们决定进行植皮。我是说，伤口恢复得非常好，真的非常、非常好。他还常常细心呵护那里。真正康复之后，他无论如何也不允许那里再受伤了。当然，那块被植入的皮肤是从大腿上部的位置取下来的，十分细嫩，所以不太像是脚趾上的皮肤，会更柔软一些。它不会变硬或起茧，需要小心呵护，注意该穿什么鞋子等等，以免它受到任何东西的刺激或摩擦。不过伤口恢复得非常好。

朱尼尔·马尔文：我觉得好几个人都曾说服他不要切除自己的脚趾——换句话说，就是唐·泰勒。事实上，植皮而非截肢的结果竟然不是什么好主意。在返回牙买加举行"唯一的爱与和平"演唱会时，那里的医生建议他植皮就足够了，不必切掉脚趾。从那一刻起，我就不知道是怎么回事了。

吉利·吉尔伯特：植皮手术是1978年年初或1977年年末在迈阿密进行的。他认为自己当时已经痊愈了，因为患处得到了复原。他们给他加了一个罩子，以便他再踢足球。他后来又开始踢球了，还是那种很激烈的球赛。那个罩子是种类似海绵的东西。在接下来的两年半中，他始终没有提起过自己的脚趾。1980年的巡演美国站拉开帷幕之际，他还通过了体检。直到今天，我也无法理解。鲍勃在澳大利亚、津巴布韦都踢过足球——我们去哪儿，他就踢到哪儿，在球场上宛如王者一般。就在出发展开1980年的美国巡演之前，我们还在迈阿密的西南部地区举办过一场送别球赛，与海地的美牙联合球队对抗——这也是我在迈阿密的队伍。他和其他人一样健步如飞，踢出的球如子弹一般。如果鲍勃感到疼痛，我在他踢球的时候是能看出来的。

[罗杰·史蒂芬斯] 某个根深蒂固的观念认为，在一个"言语–声音–权力"的世界中，就连是死亡的可能性也是要避免谈及的。长老们会为鲍勃的疾病提供建议，公开反对西药，推广草本疗法。其他与他亲近的人也对他的病情一无所知。

丹尼·西姆斯：我是如何听说鲍勃得了癌症的？说来也怪，我是从艾伦·"天才"科尔那里听来的传闻，因为我不和任何牙买加人说话，但艾伦一直是我的朋友。艾伦告诉我，鲍勃在踢球的时候撞到了脚趾，被克里斯送去伦敦看诊，才发现他得了黑素瘤。脚趾受伤时，他并不认为那是癌症。当时的牙买加人还没怎么应对过癌症，所以并没有人告诉我。哦，我的上帝，百分之百没有人告诉过我。

别忘了，我可是个营养学家，是写过《贝弗利·约翰逊健康与美容指南》的人。我全家都得过癌症；这种病几乎就流淌在我的家族血液之中。即便是外行人，我们在美国也常会听说癌症。我问道："怎么回事？"艾伦回答："他去了迈阿密的雪松黎巴嫩医院。那里的医生说他应该切掉半只脚。"

　　直到三年后公园里的那场意外，我才发现此事，此前竟然一无所知。让我来告诉你吧，不仅我一个人会告诉他，他应该欣然把所有癌症的蛛丝马迹全都切掉。在如今的抗癌技术条件下，失去了半只脚，还是可以通过安装假肢来走动的。鲍勃在台上的动作和他的双脚没有太大的关系，他的整个身体、脑袋和手也差不多。我不知道他们为何不告诉我，我真的不明白。就连布克尔太太为何不告诉我，我都不知道。1977 年，我没有见到鲍勃，再遇到他时已是 1979 年，他带着贝蒂·莱特外出巡演。我对他患病一无所知；他们都守口如瓶。也许是因为那是癌症，而牙买加人还不习惯应对癌症。

第 25 章 "唯一的爱与和平"演唱会

[罗杰·史蒂芬斯] 在"微笑牙买加"演唱会不久后的大选中，迈克尔·曼利以压倒性的优势再度当选牙买加总理。他首先采取的举措之一便是将双方政党手下的几名主要枪手丢进监狱。巴基·马歇尔（人民民族党）和克劳迪·马索普（牙买加劳工党）同住在一间牢房。通过比对笔记，两人很快意识到，在这场分裂与征服的游戏中，他们都被牙买加政界给耍了。这种老生常谈的手段在《圣经》中就已经出现过了：让代理人在较低的社会等级中不断内斗，这样他们就不会冲上贝弗利山，攻击人民真正的敌人。这两名无恶不作的枪手宣布就此停战。他们所在牢房里的另外一名囚犯被释放时，将消息带回了金斯顿西部战火纷飞的贫民窟。一场自发的和平运动爆发了。

1977 年年末，马索普与马歇尔出狱。两人前往英格兰，恳求鲍勃返回祖国，大力宣传他们所希望的"唯一的爱与和平"演唱会——这场活动是以鲍勃最吸引人的其中一首歌命名的。心知与他说话的正是传闻中曾经企图刺杀他的人，鲍勃满心不情愿，但最终还是同意了，表示只要自己的安全能够得到保障，便赞成回国。

朱尼尔·马尔文：演唱会前八个星期，鲍勃回到了牙买加。我去机场接他。机场里人山人海，还停着许多大巴车。所有的追随者都去了。我记得大家全都跳过围栏，冲向了飞机，就像陛下到访时那样。

鲍勃跑了起来。齐格想要到鲍勃那里去，撒腿奔向了父亲。鲍勃一把抓住齐格。他们也抓住了鲍勃，把他丢进一辆车，载上他开走了。他甚至没有经过海关之类的，就被人一把抓住，送去了赛马场，因为他们在那里有场集会。大家都受邀到赛马场来与鲍勃见面。集会的目的是表示鲍勃·马利已经回到了牙买加。他回家了，回来与自己的人民见面，怀揣着积极的想法，丝毫不顾及枪击之类负面的事件。我们开去赛马场时，现场已经聚集了上万人。大规模的奈亚宾尼活动（一种当地教派的击鼓纪念活动与仪式，也被称为传道仪式）在鲍勃到达之前就已经开始了，眼下正在进行之中。对于政治方面所发生的一切，我实属无知。一切对我来说只与信仰和爱有关。

我们是晚上赶去参加奈亚宾尼仪式的。现场有一千只鼓在敲，到处都是水烟筒和大麻烟雾，还有不绝于耳的祈祷声与颂扬声，歌声此起彼伏。那真是一段美妙的经历，因为我此生还从未参与过奈亚宾尼仪式。我仿佛回到了《圣经》时代，见到了众多的教派长老，他们对待彼此都既谦逊又积极。这些人真正让我感觉内心充满了温暖与爱，因为我说："看看这个世界，到处都有人在制造炸弹与军火。这里的兄弟们却像摩西等人那样，在为世界的和平吟唱。"不断地吟唱。怀揣着百分之一百一十的信念。那真是一段美妙的体验，令人永生难忘。

[罗杰·史蒂芬斯] 电影制片人，特别是纪录片制作人通常都要依靠运气，发觉那些心血来潮、值得纪念的时刻。对吉姆·刘易斯来说，如此意外的某个瞬间就发生在《雷鬼乐腹地》拍摄期间。这部音乐选集仍旧是雷鬼乐的里程碑式作品之一，其高潮的主要内容就是一轮满月之下，鲍勃·马利当着四万多人的

面，将迈克尔·曼利总理与右翼在野党领袖爱德华·西加拉到一起，以示和平。内维尔·加里克将这个令人震惊的瞬间与基督在两个贼人之间被钉上十字架相比较。在鲍勃看过曼利、西加与他在舞台上握手的片段后，记者约翰·萨顿－史密斯问起他都想了些什么。鲍勃答道："我不是个政客。如果我是个政客，就只有一件事情可做，那就是把他俩全都杀了！"

吉姆·刘易斯：我是加拿大人，多多少少做过许多年的纪录片制片人。在我制作的一部真实电影"夭折"之后，我来到了加勒比海地区，开始四处寻找某些看上去充满热带风情的内容。后来，我觉得自己越来越喜欢雷鬼乐，想做的唯一一件事是就是南下前往牙买加。我第一次前往那里是在1977年9月前后。"唯一的爱与和平"演唱会是1978年4月的事。一听说这件事，我就决定要为它拍摄一部影片。我的合作伙伴比利·米切尔也鼓励我为他返回牙买加。他先我一步南下，与各个派系进行了协商，似乎觉得此事可行，并坚信我们能够解决一切问题。这更像是一次游击制片，而不是任何有组织的拍摄。比利告诉我，他曾被带往其中一座贫民窟深处的某座地堡，在里面和派系一方的军阀谈判。在这座所谓的贫民窟中，他为他们竟能拥有如此先进的电子设备感到吃惊。不过，我们直到最后关头才得知自己能否进行拍摄，甚至不知道到底是谁在操作此事。最终，我们不得不假设此事一直处在鲍勃·马利手下人的掌握之中，所以与我们打交道的正是鲍勃和他的代理人。直到他走上舞台时我们也没有搞清楚这件事。唐·泰勒在所有事务的运作中都起着重要的作用。在拍摄鲍勃的过程中，哪些可能发生的事件与情形是我们可以记录下来的，似乎都是他说了算。显然我为了拍摄鲍勃什么都可以答应，因为这是值得的。

吉姆·刘易斯 | Jim Lewis
加拿大电影导演，图为他手举日文镭射影碟《雷鬼腹地》，又名《"唯一的爱与和平演唱会"实况》。2000年7月摄于加拿大温哥华

[罗杰·史蒂芬斯] 颇具历史意义的"唯一的爱与和平"演唱会于 1978 年 4 月 21 至 22 日在金斯顿的国家体育场上演。鲍勃午夜过后才露面。

吉姆·刘易斯：我们有四台摄影机，其中一台的位置已经架好了，另外两台在舞台两侧；还有一台小的会在观众席中进行移动拍摄。脚手架上的那台摄影机使用的是所谓的广角镜头，就立在人群之中、舞台的前方。最后关头，我记得自己还在舞台下方热得使人汗流浃背的衣帽间里进行协商。律师戴安娜·乔布森着实是个墨守成规的人。突然间，有人跑进来说，他们要把所有的摄影机都取下来。此刻外面的天色还亮着，所以应该是四点半前后的事情。一切已经准备就绪，却有两个摄影师来找我，说他们准备辞职。终于，我与唐·泰勒达成了协议。那时的天色已经一片漆黑，演出早已准备开始。我们其实没有解决任何的问题，连握手都没有，只是同意将演唱会拍摄下来，之后再解决法律方面的问题。

[罗杰·史蒂芬斯] 鲍勃的公关查理·康莫走上了舞台。

查理·康莫：我们周围全都是枪，崭新的枪！成百上千挺机关枪！我把米克·贾格尔带去了舞台一侧。曼利与西加也在那里，但并没有坐在第一排，而是出于安保考虑坐在了第二排。可恶的媒体全都坐在他们前面。要是有人开枪，他们肯定会在总理之前中弹，这是毫无疑问的！因为我记得《蒙特利尔公报》(Montreal Gazette) 的记者加里·斯泰克勒斯对我说过："我们感觉就如同活靶子一般。"可迈克尔·曼利实际上却面无表情。西加也一样。他们什么也不肯透露。

吉姆·刘易斯：我们不得不同意让和平委员会（贫民窟冲突各派的代表）接管从摄影机里取出的胶卷。他们派了人守在每台摄影机旁边，在每盘胶卷用完时将它接过去，递给另外一个人，后者会飞快地消失。我希望他们都能设法掌握这些胶卷的去向，他们做到了。我们还同意由和平委员会控制曝光的片段，直到我们从电影中整理出收益分成。这批人一共有七个，两个主管分属牙买加劳工党和人民民族党。这很可怕，因为那些家伙全都声名狼藉。

[罗杰·史蒂芬斯] 当晚的全明星阵容包括冥想乐队、奥尔西亚与唐娜二重唱、坚钻乐团、文化乐队、三位一体乐队、核心集团乐队、大块头青年、比尔斯·哈蒙德、"拉斯"迈克尔与尼戈斯之子、马利及其前任合作伙伴彼得·托什。在八小时的演出中，彼得·托什的表演排在倒数第三个，欢腾的表演十分抢镜。

内维尔·威洛比：彼得·托什的表演令所有人都大吃一惊。当他拿出大麻烟卷，开始朝着四周的警察吞云吐雾时，我问："这可怎么办啊？"谁也没有采取任何的行动。那天晚上太艰难了，太艰难了，历尽千辛万苦。因为我既要盯着安全部长之类的人物，还要关注警察的一举一动，看他们打算做些什么。

查理·康莫：我喜欢彼得说的："我不想要和平，我想要正义。"

朱尼尔·马尔文：我对自己说，这一定是上帝的安排，因为我竟能荣归故里，和鲍勃·马利与哭泣者乐队——牙买加的滚石乐队——一起在和平演唱会中演出，这简直是不可思议！我心想，能够参与一场促进和平的活动，是多么积极向上的一件事呀。我必须要感谢鲍勃容许我参与其中。这真的是一段美妙的经历，令我永生难忘。能够在自己的同胞面前演出，利用自身的正能量参与能让政府团结的活动，将所有人都聚集在一起，前面还有鲍勃带头——太令人惊喜了。

吉姆·刘易斯：我们是幸运的：对的时间，对的地点，经验丰富的人。要是你问我，那一刻能与鲍勃一起站上舞台是种什么感觉，这个问题太不公平了。因为作为一个摄影师，除了眼前的一幕幕，你是几乎意识不到其他东西的。老实说，我就知道有什么特殊的事情将要发生，而且迫在眉睫。换句话说，两位政治领袖即将登上舞台。这是一个前所未有的举动，只有有限的几个人知情。那种感觉令人充满了期待。我曾与摇滚明星同台，拍下过人们的感受与热情，但这一次迥然不同。那晚结束时，就连最不友善的保镖也在随着节拍摇摆。

当然，我偶尔也会察觉到周围的气氛。我敢说，大家似乎都十分紧张。观众们的情绪是非常积极而随意的，但从另一方面来说，他们也在自我抑制，因为任何事情都有可能发生。我感受到的是一种有所保留的欢欣鼓舞。这是一场与众不同的严肃演唱会。没有谁会为了拍手而拍手。如果你要拍手，就得发自内心。演出结束后，所有人都回家了。我记得自己当晚是夹杂在人群中步行走出体育场的。这在某种程度上有点类似伍德斯托克音乐节。

内维尔·威洛比：在我看来，鲍勃·马利与彼得·托什的最佳状态无疑就是"唯一的爱与和平"演唱会在体育场里上演的那一刻。我是主持人之一，我记得自己离开时，鲍勃将曼利与西加引上了舞台，此后又继续唱了起来。虽然我是主持人，却还是决定赶在人群之前离开。因为一旦他在某个时间点上接手，就会自己完成剩余的演出，再也不需要人来主持了。于是我步行穿过体育场，走过去准备穿过隧道。我在出口处停下脚步，转过身来，看到了最令人吃惊的一幕。首先，那是一个月圆之夜，美得如同图画一般。鲍勃站在舞台中央，我的意思是，从我所站的出口望去，他看上去真的就像在天空中攀爬。我立在那里，没有离开，直到他又唱完了两首歌：《耶和华在世》和《唯一的爱》。虽然我留下了，但是一看到人群开始移动，还是很快离开了，因为我想赶在他们之前出去。不过我永远无法忘怀，站在那里回望聚光灯下的鲍勃那一刻，他移步的那种方法，仿佛几乎是在空中攀爬。我在远处注视着，然后又望了望头顶的月亮。真是美轮美奂的一幕，我记得格外清晰。那是我见过鲍勃最精彩的一场演出，真是精彩纷呈！

吉姆·刘易斯：在多伦多国际机场见到巴基·马歇尔之前，我始终没有看到过那些胶卷。我不得不募集机票款，才把巴基与克劳迪接到加拿大来。

巴基·马歇尔是个瘦弱矮小却很结实的人，大约只有五英尺八英寸高，身材很好，十分机警，对一切人和事都了如指掌。克劳迪·马索普大约六英尺四英寸高，是个大块头的男子。他年长不少，三十五岁左右，家眷很多。他这个人铁面无情，却非常聪明，精于算计，人脉很广。

知道身边的这些家伙都是无情的枪手，我感到了一丝恐惧，但至少我是在家乡的土地上。我知道他们这辈子都没怎么出门旅行过，还无法相信自己突然间降落在了加拿大。两人的机票问题解决时，演唱会已经过去了好几个星期，时间已经到了夏天。他们的到达行李中装着尚未处理的胶卷。我把他们从机场带去了各个地方，最终载着胶卷来到了电影制片厂。程序简单明了，唯一要做的就是决定影片制作完成后由谁来领取。那个家伙问我片子是给谁做的，我告诉他，这是给我和他们的，于是把他们两人的名字也写了上去。一旦它进了制片厂，就永远不归属于他们所有了。就文件内容而言，影片将成为我的财产，该如何处置都由我来决定。之后我会把它拿给他们展示，共同讨论该怎么做。在此之后还要经历长期的谈判。

我让他们待在自己的住处。最终，这两个人都得到了自己派系中那些流亡海外的追随者的照顾。在他们逗留期间，我一直充当司机，载着他们参加各种会议，非常配合。最后，克劳迪接到一通电话，告诉我他得回国去了，因为那里有什么麻烦正在酝酿之中。截至那时，我们已经完成了所有谈判，必须处理马利的那一部分了。他的人曾经告诉我放手去做，把演出拍摄下来。这场演出基本上就是他自己出钱举办的。

他们离开后两天，另一个家伙出现了。他是被派来确保我没有遭到他们欺诈的！他是个聪慧过人的家伙，名叫特雷弗。他们都知道对方危险至极，却又需要彼此，没有对方便什么都不是。两人互相吓得要死，却又需要彼此。我还感觉他们知道自己时日无多。在这些人看来，生命在二十分钟之内就有可能终结。陪同他们期间，我也会透过他们的目光去看待生活，感觉很奇怪。巴基·马歇尔二十四岁那年死于纽约的一起枪战。自十二岁起，他除了帮派斗争之外就一无所知。

鲍勃·马利与我在电话中谈起了制作电影的事情，却没有真正谈到过任何细节。我们只在电话里沟通过，但通过电话交谈和面对面交流是不一样的。我会大致告诉他我在哪里，事情进展如何，还要努力让他明白，我多多少少了解事情该如何操作，所以他不必担心，在电影制作完成之前放我一马就好。所以从未与我起过任何摩擦。我猜唐·泰勒说过，我们是下定决心要把工作做好的。影片是不会骗人的，尤其是这种真实电影的拍摄手法是不能被操纵的，只能讲述事实。如果它有什么内容要表达，就会表达出来。

我和鲍勃最后一次对话是在一间餐厅里。我记得他非常积极，说了些类似"继续前进"之类的话，全都是些积极向上的内容。在我忙着制作影片的这段时间里，鲍勃病了，因此处理好这部片子就是我没有辜负自己对他的承诺。

任务顺利完成了，但我又有什么选择呢？任何人都能完成它。这只不过是一种强烈的冲动。我对这部影片的喜爱远远超出了我的期待。影片是由他们来管理的，直接被我们放进了他的遗产之中。当然，和平委员会解散了。这我倒是并不吃惊，因为我觉得它并不是出于正当理由形成的，而是在绝望中匆匆组建起来的——是一种错误的绝望——所以本来就没有太多的机会。和平是种如此脆弱的东西。

吉利·吉尔伯特：如果他们能够说到做到，现在的牙买加就应该变得更好。我的意思是说，对于贫民窟的人们来说，就连鲍勃的去世也该被视为具有十分重要的意义。因此，和平休战协定其实就像平底锅里的一滴水，不是真的，这只是一场"唯一的爱与和平"演出。他试图在一个夜晚把所有人都召集在一起，弄明白接下来该如何是好。我们巩固了它——贫民窟的人们，牙买加社会各行各业的人。因为这是一次善意的聚会。我们正努力远离不幸与邪恶，为善良、为人类生活、为环境的改善而努力。当它失败时，我感觉非常糟糕，心知鲍勃肯定也会为此感到难过。

朱尼尔·马尔文：有人说和平是无法维系的。但我说，和平是可以维系的。直到现在。因为你看，你必须明白的是，没有这个举动，许多人现在已经没命了，无辜地离世了。不少人以前甚至从未想过自己会拾起一把枪。不过它也煽动了不少人心中的许多想法。也就是说，因为那场演唱会，当时的整整一代人如今都有了不同的想法。我感觉这就是成功。没错，战役已经胜利。人的一生中都要面对好的一面。如今，我们从中成就了什么呢？即便是在那种时刻，你也必须看向好的一面。因为你知道，你永远不可能说："哦，我们赢了所有人。"无望的罪人还有许多，就像歌曲《唯一的爱》中所唱的那样："有没有一个地方能够容纳为了自保而伤害全人类的无望罪人？"幸运的是，上帝永远是宽容的。因此，你会意识到我们已经赢了九成的罪人。因此，你就不能说自己输了。

[罗杰·史蒂芬斯] 一年半之后，1979 年 11 月，我问起了鲍勃回国的决定，以及他是如何帮忙将两名处于敌对状态的牙买加领袖一起带上国家体育场的同一座舞台的。

鲍勃·马利：他们从未想要来过。是我们派人传话，说他们必须得来。我们派两边的人告诉他们，去吧，那个男人说了，他想要你们上台，现场向人民展示，牵起手，这样一来，战争，双方的战争就必须停止——因为人们每天看到的都是这样的画面……人们会说，要是迈克尔·曼利和西加面对面地坐下，就肯定会打起来。我们知道他们是永远不会争斗的。要是领袖之间都没有争斗，人民之间又为何要彼此争斗呢？于是我们把两人带到一起，展示了他们内心真实的想法，事情就是这么发生的！

[罗杰·史蒂芬斯] 随着他越来越了解非洲的政治解放，鲍勃的音乐发生了转变，更加贴近他们为了独立所做的挣扎，比如《非洲团结》(Africa Unite) 和《津巴布韦》(Zimbabwe) 等歌曲。他敏锐地意识到，没有公平，那里就不可能拥有和平，而在即将到来的战斗中，只有让青年人在革命运动中团结一致，才能取得胜利。在牙买加，生机勃勃的新型教派哲学正在引路。

试图控制新晋独立国家、掌控那些为脱离殖民统治而抗争的国家丰富的自然资源，苏联与美国展开了代理人战争，导致非洲四分五裂。于是彼得·托什唱道，他不想要和平，而是想要平等的权利与公平。

鲍勃·马利 | Bob Marley

1979 年 11 月 24 日，图为马利在圣地亚哥体育场后台召开新闻发布会期间。这张照片成为了他的遗作《万能的灵魂》的封面，该专辑曾在公告牌雷鬼音乐排行榜上停留过五十六周

鲍勃·马利：托什说出"不要和平"这句话时，心里肯定知道自己是在为谁发声。我是在为贫民窟里生活的那些相互对抗的年轻人呼喊和平。我愿意再说一遍，无论去往何方，我都愿意为之奋斗和抗争。和魔鬼是不能讲和平的。我们必须自身拥有和平，才能团结一心，要求公平。因为团结就是力量。如果我们兵戎相见，又能拥有哪种力量呢？我们正面临一场战争，需要力量，眼下却在对彼此开战。你能明白我的意思吗？这就是愚蠢啊，伙计。

蒂龙·唐尼：彼得所说的"不要和平，要平权"，我觉得是这个意思：他们想要和平，但在讲求和平之前，必须拿出一些公平来，然后你自然就能得到和平了。

鲍勃·马利：一个置身事外的人看问题的角度与身在其中的人是不同的，一个局外人的匆匆一瞥与当局者的所见所闻也是不同的。没错，伙计，和平协定达成时，我们全都在英格兰。战争过程中，有人来找我们探讨和平。我们彻底明白了自己能够做些什么，因为有些人对和平始终一无所知。他们只听说过和平这种东西，却不知道它从何而来，又会发生什么。

蒂龙·唐尼：这是鲍勃愿意回去的唯一方法，因为那里有和平。但如果战争还像这样继续残酷地进行下去，那就是被盗版的和平。

鲍勃·马利：什么是盗版的和平？好了，看我！社会是会自我调适的。年轻人可能会心怀所谓的沮丧情绪，彼此刀戈相向。现在我们说，我们会和年轻人一起抗争，将他们团结在一起，这样你们就有了能够试图让他们战斗的一股势力。因为如果他们能够团结一心，就会认清自我，从而有可能像阿亚图拉 [1] 一样去战斗。

蒂龙·唐尼：我们将他们直接带到了和平的门前。

鲍勃·马利：所有人都是有罪的。既然和平来了，所有人就都能看清那个人在做什么。

蒂龙·唐尼：他要说的是，这是虚假的和平。

鲍勃·马利：如果这个人躲起来行事，就是表里不一。如今是启示的年代。一个目标，一个上帝，一种命运，就能攻克一切。音乐就是整个斗争过程的一部分，不是吗？音乐。

[罗杰·史蒂芬斯] 许多批评家认为，鲍勃的《燃烧与掠夺》等最为激进的歌曲歌词是在煽动人们对压迫采取暴力回应。

鲍勃·马利：就我个人而言，你也看到他们是如何应对当地教派的了。我看不到什么解决的方法。他们想要处理、解决任何事情，如果方法不对，就必须重新展开下一次革命。我不是说和平是无法维系的，你知道我不是这个意思。我只是说，他们有权捍卫信仰，这才能制造和平、公正和一切。据他们所说，世界上有两个大国，俄罗斯和美国，对吗？我是说，我们看不到俄罗斯和美国能在哪里永远改变我的人生，明白吗？他们不在其中。他们所做的就是创造了那个人，说永生吧，上帝。如果那个人来了，看见你、与你说话，人们不明白，那么上帝就会开口。上帝不说话，他会采取行动。所以你看，如果美国想要什么来让人们更靠近上帝，也许就能得到，你懂吗？所以言语是第一位的。因为你要记得，行动是第二位的。

吉利·吉尔伯特：1977 年，在经历了许多政局变化、枪击事

1　阿亚图拉是伊朗伊斯兰教什叶派宗教领袖。——译者注

件之后，鲍勃在说起非洲时，还是表示他想去非洲。当他说到
"耶和华子民的迁徙，出埃及记"时，他已经踏上了艰难的旅途。
他已经计划去非洲生活、创业。可随着 1978 年的到来，牙买加
有了和平协定，把鲍勃也卷了进来。我敢说是他们劝导或说服他
返回牙买加的。我个人认为他不应该那么做。我们和谁都不争。
我们是带着和平、爱与和谐来到这里的。鲍勃传播的是团结，歌
颂的是一致。

彼得·托什：所谓的传奇和平演唱会。它改变了什么吗？是
的。更多的人死去了。没错，兄弟。和平？那你觉得和平是什
么？和平就是死亡，是你通往天堂的护照。大部分人都不清楚这
一点。

第 26 章　坐大巴去巴比伦，从联合国到埃塞俄比亚

[罗杰·史蒂芬斯] 1978 年 6 月，和平演唱会两个月后，在一次国际巡演的途中，鲍勃受邀前往纽约，接受联合国第三世界和平奖章。

被某记者问及成为英雄有何感受时，鲍勃谦虚地否认了这一说法，反倒指向了塞拉西。"这是能够看到上帝的一代人。"他说，"万能的上帝。他的讯息才是我们所关注的……你是不能控制这个讯息的。"意识到自己是上帝消息来源的渠道，他在最初公开承认时表示："你张开嘴，上帝就会借你之口言语，而你是不受控的。我记得耶和华曾派摩西去演讲。他说自己说不出来，耶和华就告诉他，张开你的嘴巴，上帝就会借你之口言语……这就是耶和华为何要利用音乐，因为你是不受控的……音乐是最强大的枪支。"他解释道，被压迫者买不起武器，如此斗争是没有用的，因为他们在各个层次上的火力都是欠缺的。所以爱才是答案。这也是他 1979 年的专辑《生存》（*Survival*）的主题。

1977 年的《出埃及记》北美巡演在鲍勃的脚趾发现黑素瘤时便取消了，直到第二年为了支持新唱片《大麻》才回归。

被感染的脚趾进行植皮后，鲍勃相信自己已经痊愈，于是安排了一场要求很高的欧洲、北美巡演，时间从 1978 年 5 月一直延续到 7 月，自斯堪的纳维亚半岛到圣地亚哥，涵盖超过五十场演唱会。最终，巡演的录音将成为他的第二张双碟套装现场专辑

《坐大巴去巴比伦》。

朱尼尔·马尔文：1978 年，我们经常出去巡演，乐队成员之间真的非常一致。我们会聆听彼此，给予对方适当的空间，并感激每个人为对方提出的所有见解。面对自己受到的批评，所有人都是完全积极乐观的。这对我们颇有助益，因为大家确实在尝试积极思考，尽量将乐队经营好。在那次的巡演途中，所有人都欢喜雀跃，周围的气氛和观众的反应也都着实不错。演唱会上，大家都在跟随鲍勃演唱，而且都知道歌词，对我们来说格外鼓舞人心。阿尔·安德森和我还用了不少小过门。我们确实是在推着彼此向更好的地方发展。如果你听过现场专辑，就会听到我们两人弹得着实不错。鲍勃对此也很高兴。

[罗杰·史蒂芬斯] 从风格和内容上来讲，《大麻》这张录音室唱片十分与众不同，其颇具象征性的封面照片由获奖摄影师凯特·西蒙拍摄，后来还入选了塔森出版社的《世纪之照：100 个历史性时刻》（*The Photos of the Century: 100 Historic Moments*）。在她的作品《叛逆音乐》（*Rebel Music*）中，西蒙描述了自己拍下鲍勃面带幸福笑容的那一天。

凯特·西蒙：1976 年，我南下金斯顿，为邦尼的专辑《黑心人》（*Blackheart Man*）拍照。有一天，我在喜来登酒店的泳池中和克里斯·布莱克威尔比赛蛙泳。克里斯稍稍领先于我，但我曾是少年奥林匹克游泳选手，所以游得非常不错。不过还是克里斯赢了。我从泳池里爬出来，鲍勃·马利就在那里，坐在其中一张插着锡骨伞的桌旁。我就在那个时刻拍下了《大麻》用的那张肖像照，不是什么正规的拍摄程序。我还穿着泳装，就是这么非正式。这张照片对我来说十分特别：鲍勃的表情是那么的坦率，笑容如此灿烂，目光炯炯，使得照片似乎都在发光。

[罗杰·史蒂芬斯]马利与哭泣者乐队的第二张现场专辑发行于 1978 年，是一张颇具创意的黑胶双碟唱片套装，录制于好几个不同的场馆。

内维尔·加里克：克里斯·布莱克威尔在《坐大巴去巴比伦》这张专辑中与我小有合作。此前，他旗下曾有一支非常不错的组合名叫交通乐团。他真的很喜欢卡车的屁股，比如那种巡演用的四十英尺拖车。他主导过一张现场专辑，这个组合就是坐着这种车出场的。我觉得 10CC 乐队后来也做过类似的事情。克里斯说了几句什么，类似要展现出他们在巡演途中辗转各地，于是我开始围绕这一想法着手工作起来：用大巴车或者飞机之类的东西作为他移动的工具。专辑的名称就来自当时的这个设计理念，而非这一设计理念是源自专辑的名称。

[罗杰·史蒂芬斯]该唱片封套的内容简介中包含了一张加利福尼亚州怪异的地图，马利的加州粉丝一直为此迷惑不解。

内维尔·加里克：不知怎么，位于伯克利西南约九十英里处的圣克鲁兹最终跑到了伯克利北边四百英里左右的地方！想象一下，加州是我居住的地方，也是被我搞砸的唯一一个地方。当地的地震太多了，那地方可能在某个时间移位了。

[罗杰·史蒂芬斯]据马利的几位最亲近的同伴所言，他在北美时最喜欢的是海尔·塞拉西的生日那天——1978 年 7 月 23 日——举办的演唱会，地点在圣塔芭芭拉的露天圆形剧院。雷鬼乐历史学家史蒂夫·黑里格博士当时在场。

史蒂夫·黑里格博士：听闻马利与哭泣者乐队会再次前来举行一场午后演出，圣塔芭芭拉的人都兴奋极了，特别是因为有人刚刚引证过鲍勃的话，说我们的露天圆形剧院是他在美国最喜欢的地方。与此同时，就在几小时车程的洛杉矶南部，复出后凭借

《某些女孩》（*Some Girls*）黑胶唱片变得炙手可热的滚石乐队也在演出。马利与哭泣者乐队奉上了一场传奇式的精彩表演，返场节目一直延续到了夜里。渐进尾声之际，我站在舞台一侧，感觉有人就站在我的身旁：那是米克·贾格尔。等等，我心想。米克现在应该在演出才对啊。在鲍勃和男孩们满身大汗地最终离开舞台时，我看到米克冲向了等在下面停车场里的一架直升机。见鬼，他会迟到的，我心想。毫无疑问，他是为了赶上马利的演出，才让自己的五万名粉丝多等了好几个小时。

[罗杰·史蒂芬斯] 1978 年，鲍勃第一次飞往非洲，与几个朋友降落在肯尼亚，试图去埃塞俄比亚游览。他的努力遭到了断然拒绝，直到有一天，他在内罗毕的一条街道上行走，被一个男人认了出来，问他来非洲做什么。当鲍勃说他一直在尝试入境埃塞俄比亚时，那个男人表明自己就是埃塞俄比亚领事馆的官员，并给了他一张签证。

这段短暂的旅行打开了鲍勃的眼界，让他看到了 1974 年那场将海尔·塞拉西推翻的政变之后，埃塞俄比亚的现状。陛下的所有肖像都已遭禁。他震惊地发现，这里已经没有信仰的任何证据——除了该国奥罗米亚区沙莎曼附近的那片区域。那里的土地被分给了教徒，其中大部分人是从牙买加和英格兰回归故土的，形成了教友们的聚居地。鲍勃认为自己一有机会就该尽快迁居埃塞俄比亚的念头被搁置了。

内维尔·加里克：鲍勃在埃塞俄比亚停留了三四天。为了进入埃塞俄比亚，他在肯尼亚逗留的时间可能还要更长一些。我觉得他大部分时间都待在沙莎曼，可能有一两天去了亚的斯亚贝巴。我想"天才"还来找过他，然后去了沙莎曼，在那里逗留了几天就走了！

凯特·西蒙 | Kate Simon
摄影师，图为她为《大麻》拍摄的封面照片的双曝光图，2008 年摄于洛杉矶

普林斯 · 马拉奇 | Prince Malachi（左）　　　　"利普斯" | "Lips"（中）
鲍勃 · 马利 | Bob Marley（右）
在埃塞俄比亚沙莎曼的一棵无花果树下，摄于 1978 年（由罗杰 · 史蒂芬的雷鬼音乐
档案馆提供）

在一张宝丽来照片中，鲍勃站在沙莎曼的一棵无花果树下，照片左手边是他的朋友马拉奇，中间是一个被称为利普斯的男人。

[罗杰·史蒂芬斯] 多年以来，谣言四起，说鲍勃其实并没有创作过《津巴布韦》，而是在到访埃塞俄比亚期间从某人手中买下了这首歌。

内维尔·加里克：十二支派中第一批到达沙莎曼地区的成员之一是费利平斯。我认为鲍勃创作《津巴布韦》的念头就来源于那段时间的种种论证。因为歌词创作的同时，人们正在英格兰试图通过《兰卡斯特宫协议》解决问题，使得这一事件成为了各大新闻的话题。考虑到费利平斯、"天才"以及他对世界大事的兴趣与认识，我能够想象导致这首歌的状况。

[罗杰·史蒂芬斯] "天才"科尔私下里证实，费利平斯其实才是歌曲的作者，是鲍勃花钱雇他创作了歌词。这首歌的独特性在鲍勃的作品目录中独树一帜，指明了一个处在剧变中的国家及其问题的答案。"每个人都有权利决定自己的命运。"歌中这样声称。这首歌将成为他的新专辑《生存》中最重要的曲目。几个月之后，鲍勃将在津巴布韦的独立庆典上献唱。这一次的表演也将成为他尽人皆知的职业生涯中至高无上的成就。

第 27 章　慈善与生存

[罗杰·史蒂芬斯]哭泣者乐队最初的多年梦想是在家中建造一座录音室。1978 年，马利在霍普路 56 号的录音室完工，实现了这一梦想。《生存》是他在这里录制的第一张专辑。他的帝国正在蓬勃发展，拥有一家唱片压制厂和一家分销公司，还制定了将其他艺术家也招入麾下的厂牌扩张计划。录音室与厂牌都被称为塔夫冈。鲍勃的灵感启迪来自于贝利·戈尔迪的"汽车城音乐"。这是一家完全由黑人拥有的公司，这让鲍勃对未来充满了雄心壮志。

柯林·莱斯利：早在 20 世纪 60 年代，我就认识鲍勃了。那个时期，他已经迁回乡下，是圣安区的一个农民，也会进城到金斯顿来。我当时参加了一支学校乐队，是乐队的贝斯手。一所名叫圣安德鲁斯的女子高中邀请哭泣者乐队在学校音乐会上演出。所以鲍勃的那场演出其实是我去伴奏的。那个年代，不少艺术家都会为高中音乐会演出。这场很特别，是 1968 年前后的事情。

我开始为第三世界乐队的制作公司工作之后，与鲍勃有了交集。离开公司时，唐·泰勒找到我，让我帮忙组建塔夫冈旗下后来的几家公司。当时有唱片录音棚、压制厂和分销公司，是和平演唱会前后的事情。他刚刚开始创建录音室。在我真正加入时，录音室实际上还在霍普路上建造。我被带去帮忙。他们想要建立起运行录音室的体系，作业登记卡之类琐碎而单调的事务都是我设计的。

这份工作最难的部分是确保钱能够及时到账。在钱的问题上，鲍勃的态度很不寻常。他不想知道花销凭据与账单的事情，而是想要看到钱躺在银行里。他对此十分明确。我还必须掌握兰迪的账户情况（兰迪的公司是主要的唱片分销商）——而那可是当时最大的账户——和这些人打交道，取来支票。还有录音室：我们不得不从不同的制作人那里收钱。最大的挑战就是确保资金的流入，而且还得是正值的现金流。

在此过程中，鲍勃是非常专注、有条有理的。他知道自己想做什么。由于自身的个性与曾暂居美国特拉华州的经历，他曾接触过生产制造业与企业界，是带着某种意识回到牙买加的，知道商场中的规矩。这对他的影响很大，让他在心里对自己想要如何行事搭建起了某种框架。以霍普路为大本营，托米·考恩负责国际分销。鲍勃已经准备好将自己的唱片出口，因为在此之前，他只会在牙买加各地出售这些唱片。我们从双石公司的波廷杰先生那里买下了一家压制厂，由鲍勃接手将它改名为"亚的斯亚贝"。实际上，德罗伊·威尔森的妻子塞西莉亚曾是波廷杰先生在压制厂的雇员。鲍勃将她留了下来，还让她担任亚的斯亚贝厂的经理。另外一位名叫戴安娜·埃利斯的年轻女士是被雇来运营录音室的，就是录音室经理。所以，三家不同的公司拥有三个不同的领导者。这就是框架。

[罗杰·史蒂芬斯] 在霍普路新建的塔夫冈录音室里混音的首张专辑是朱迪·莫瓦特的《黑人女子》（*Black Woman*）。许多人仍旧认为，这是牙买加女声专辑中制作最精良的一张。专辑中全都是经典歌曲，其中不少都是她当时的伴侣弗雷迪·麦格雷戈执笔的。

朱迪·莫瓦特：我第一次见到鲍勃时总是对他说，我想让你为我写一首歌，因为我从未想过我会有能力为自己写歌。他总是承诺："好的，朋友。我有一大堆的歌呢。你到我那里去，看看我那儿有什么歌。"合作成立"吾三人"组合之前，丽塔和我常在一起排练。每天晚上，我会满心期待工作结束，去沟镇和丽塔坐在一起。鲍勃参与进来时，还会为我们规划筹谋。仅仅是出于练习的目的，而不是把我们当成一个歌唱组合。或者是为了嗓音训练。不过我们经常唱歌，只是即兴表演，他和他的吉他。就我对鲍勃的了解而言，他是从不会离开自己的吉他的。鲍勃无时无刻不在唱歌。后来，我们还会在夜里过去与他一起唱，那里的人们也会跟着唱。这太美妙了，我经常满心期待。

[罗杰·史蒂芬斯] 在《拉斯特法里人的感受》专辑简介中，鲍勃表明自己是《圣经》中的约瑟夫转世。约瑟夫曾在离开埃及后流亡的七年时光中喂养以色列的孩子们。朱迪指出，鲍勃的国际巡演也历经了七年的时间，为他的听众提供精神食粮。

朱迪·莫瓦特：《圣经》告诉我们，这个时代将会发生一场大规模的饥荒。神说，会有饥荒。鲍勃就是那个为了神的话带来精神"玉米"的人，将它播撒向全世界，送往地球的四面八方，好让所有人都能填饱肚子，让那些想要分一杯羹的人都能享受到食物的力量。我承认这一点，并且真心想要表达自己的感激之情，因为鲍勃真的给过我许多的鼓励。如我所言，我们过去常跟随他排练，知道他是什么样的人。我不能走过去对他说："是这样的，鲍勃……"言语——我找不到言语来表达我有多么感激他，感激他与我如此亲近。知道上帝选择了我来与如此伟大的人合作，我是真心感动，荣幸之至。我不能真的这么对他说，于是决定把自己的心意匆匆写进歌里，唱给他听。他很喜欢这首歌，不过是初次听到时多多少少有些害羞的那种喜欢。他真的乐在其中，还说这是一首好歌。他是不会告诉你他有多喜欢它的，他不是那种人，不过你能看出他很享受。他本人和我们在一起时，我就曾看到过他一脸陶醉的样子。

[罗杰·史蒂芬斯]其他人也曾意识到，鲍勃相信自己是人民的代表。不少与他最为亲近的人都能回想起他无比的慷慨。业务经理柯林·莱斯利曾负责书写支票。

柯林·莱斯利：无论鲍勃何时在牙买加，院子里都是人满为患。队伍都挤到街上、延伸到人行道上去了。夜里晚些时候，我们会到楼上去。毫不夸张地说，他会让人们排好队，由他来面试，弄明白他们特殊的需求。故事多种多样，人也是形形色色。

我给你讲个小笑话吧。某一天，有人来找他开公司，想要制造与生产椰子油。鲍勃觉得这非常有趣，笑着说："我一直很想参与制油的生意。"所以就资助了这个家伙！

人们想要买卖东西，都要经过他的面试——毫不夸张地说，就是面试。他会派他们来找我，说："给他们多少多少钱。"我就得把支票写好。这样的情况会一直持续到夜里九点、十点、十一点、十二点。我要一直为这些人写支票。

还有些人会定期上门，每个月都来，认为自己肯定能够领到钱。这样的事情简直是无休无止，队伍庞大得令人吃惊。他降落在牙买加的那一刻，院子里就会被这些人挤满。他会说："去找经理谈吧。"那当然就是我了，所以这很有趣。我必须确保资金的流动，保证这些人的胃口能被填饱。还有一些人是靠鲍勃提供的热餐来果腹的，因此我还得始终确保有钱可供这些人吃饭。直到今天，他们中还有不少会来提醒我这一点。有些名字你可能也知道。他们会说，多亏了你和鲍勃，我在那段日子里才能吃上一口热饭。这就是鲍勃。

[罗杰·史蒂芬斯] 鲍勃的老友和私人助理也同意这一说法。

德西埃·史密斯：鲍勃告诉我，请他帮忙的人排成的队伍会一直延伸到街上。他真的是这么说的。"德西埃，霍普路上的人，还有来自国内各处的人！他们还会拖家带口来。"比如一个女人会带上四个子女，驱车好几英里赶来。深夜里，类似凌晨三四点钟的时候，他私下告诉过我，冗长的队伍每天络绎不绝，不仅有附近的人，也有远方的来客。他会帮助所有人。可他们中却很少有人会提起此事。

吉利·吉尔伯特：人们饥肠辘辘地赶来。他会试着帮助那些饥饿的穷人。有些受他帮助的人不知感恩，有些则千恩万谢；有些贪得无厌，有些则心满意足。他会努力向每个人伸出援手、取悦大家，还会为埃塞俄比亚正教教堂、十二支派基金会、神权政府捐款，就我记得的而言，这些一个都不会少。

柯林·莱斯利：他的身边总是围绕着当地教派的长老们，近在咫尺，为他建言献策。他总是会把我拉到一旁，反复向我灌输教义。那时候，我留着浓密的大胡子，常戴着毛线帽。你知道的，鲍勃每年都会资助一场奈亚宾尼仪式，即教派长老的聚会。他很愿意促进这种灵修活动。霍普路那里也无时无刻不在举办聚会。这就是如今的鲍勃，热衷于政治，会将大家团结在一起。他将大量的时间都投入了试图调和不同地区的事务方面，因为他满心惦念的都是团结，无时无刻不在谈论这个话题。他是以它为生的，而且不光是嘴上说说而已，还会采取行动。

辛迪·布雷克斯皮尔：人们每一天都会来恳求他。每一天！不管是为了钱还是什么别的。而他也什么都给，无论对方是谁。你知道的，他不太重视物质，也不珍惜金钱。他总是说，一切都

德西埃·史密斯 | Dessie Smith
马利人生最后几年间的私人助理，2014 年 8 月摄于加利福尼亚州加伯维尔

会烟消云散，所以这真的不那么重要。我是说，要是你足够了解鲍勃，就会知道他总是打扮得仿佛身无分文似的。他喜欢牛仔裤，这是他在乎的唯一一样东西。他脚上一只鞋子的鞋带系着，另一只就是敞着的，其中一只鞋舌还吊在外面。一只袜子是拉起来的，另一只则堆在一起。不修边幅的小伙子，其实这也是鲍勃的本质所在：真挚不做作。我是说，就算某人送给他的金链子在足球比赛中被人从他的脖子上猛地拽掉了，他都浑然不知。两天之后，他望着镜子说道："糟糕，我的链子去哪儿了？"他真的不在乎金钱能买来什么。

[罗杰·史蒂芬斯]《大麻》专辑得到的评价褒贬不一。在此之后的 1978 年，许多人说鲍勃·马利已经"软化"，于是他开始着手制作历来最激进的一张专辑《生存》。截至那时，这也是他唯一一张全部启用新歌的专辑，是他成熟理念的深度陈述，不再如《肮脏的发辫》那般以牙还牙，而是转变为一种领悟：如果你要改变世界，那么就要从个人的转变开始。这样做的唯一途径就是通过爱的治愈力。唯一的爱。我与你。

为了给这张专辑混音，他找来了埃罗尔·布朗，牙买加的无名混音英雄之一。早年间，"国王塔比"曾在混声乐器音效方面做出过不少努力。大约同一时期，布朗也进行过许多试验。他是跟随当地重要厂牌"珍宝岛"的创始人、他的叔叔"里德公爵"入行的，为许多名副其实的牙买加音乐巨头录过音。1979 年，他加入鲍勃·马利的团队，为他录制了代表作《生存》。

埃罗尔·布朗：1979 年，我接到了玛西亚·格里菲斯的电话。她告诉我："埃罗尔，不管你去哪里，我都会跟着你。没有人能像你那样为我录音。"玛西亚还说，鲍勃·马利想在霍普路的塔夫冈与我见面。我去了，步行走进了唱片行。在我与玛西亚聊天的时候，鲍勃走进来问道："玛西亚，这位兄弟是谁？"玛西亚回答："鲍勃，你知道我提起过的那个录音师——我的录音师。这位就是珍宝岛的埃罗尔·布朗。"鲍勃露出了灿烂的笑容，答道："是吗？太好了，见到你真好。"他握了握我的手，接着提起自己的录音室里有个新的调音台。一个录音师正在酒店里等待，因为调音台的声音不太对。他说的这个人是艾利克斯·萨德金。可他无法开工，因为调音台里没有低音。于是，我进屋掀开了调音台上的罩子，大吃一惊！那是我必须经历的挑战。总之我告诉他，我有几张在珍宝岛混录的双轨录音带，并开车取来了带子，播放时果然没有听到任何的低音部——相信我，我混录的所有歌曲都有低音部。肯定有什么地方不对劲。我对鲍勃说："我们来试试 JBL 的低音扬声器吧。"到了第二天早上，新的扬声器就来了。录音室录音师查伊奥用低音扬声器换下了新的机器——还是没有任何的低音部。扬声器貌似是水平地嵌在里面的。录音室就是这么建造的。于是我建议鲍勃——当然心情十分紧张："你知道吗，我觉得我们应该把这几个扬声器从墙上取下来，试试做些改进，让它们朝着我，面向调音台朝向我。"令我吃惊的是，他真从外面的后院里叫来了一个木工，用两英尺见方的材料在对面的玻璃上方做了几个架子。感谢上帝，这个方案奏效了。是这么回事：他们设计了一间没有活动阶梯平台的控制室。查伊奥后来便做了一个平台，好让低音能从控制台的后面发出。我猜从那天起，鲍勃就对我有了信心。正如他们所言，第一印象总是最好的。

就这样，我成了《生存》专辑的录音师，为艾利克斯·萨德金做助理。艾利克斯是被克里斯·布莱克威尔雇来制作《生存》专辑的。所以尽管我是录音室的录音师，还是要辅助他的工作。

柯林·莱斯利：此时的鲍勃和克里斯·布莱克威尔相互尊重，关系甚好。鲍勃总是会仔细聆听克里斯的想法，反之亦然，互惠互利。我记得有一次，鲍勃在迈阿密时计划举行一场会议。克里斯从拿索的总部飞去与鲍勃见面，却错过了航班，于是改乘了下一个航班。到达迈阿密时，鲍勃正在机场等他。从这一点上，你就能看出双方对彼此的尊重。

[罗杰·史蒂芬斯]《生存》专辑中有一首十分重要的歌曲，是桑吉·戴维斯创作的《醒来去生活》（*Wake Up and Live*）。作为《醒来去生活》的合作作者，桑吉的名字曾被登在《生存》最初的封面上。1979 年，专辑发行之际，他收到过一笔金额不多的报酬，但自此以后便分文未收了。在接下来的几批压制光盘中，他的名字也被人从演职人员名单中移除了。

这首歌将注定成为鲍勃最后的经典歌曲之一，由一群人伴着音乐快速舞蹈，边跳边跟唱——尤其是那句拉长的警告："起来！你们这些强大的人！"

录音结束后，内维尔·加里克承担起了设计封面的职责。

内维尔·加里克：《生存》是我最喜欢的一张专辑，却也是推广力度最小的一张。它原本被称为《黑人的生存》（*Black Survival*）。我觉得，之所以决定将标题中的"黑人"删除，从某种意义上来说其实是所有人出于商业原因的考量——《黑人的生存》可能会离间听众，让他们以为"好吧，这张唱片是只给黑人的，那我们就别买了"。OK？对我而言，虽然没有写上这几个字，它要说的仍旧是"黑人的生存"。为了表达"非洲团结"这一理念，我在封面上用上了所有非洲独立国家的国旗。我扪心自问："怎么才能反映牙买加、特列尼达以及美国和巴西的黑人呢？用什么旗帜来代表它们？"我自问自答，"我们全都经历了奴隶制。"于是奴隶船便成了非洲以外黑人的代表。

封底上是哭泣者乐队在一捧岩石火堆上做饭的画面。这就是生存——有些人在做饭，身穿军队作战服，整装待发。没错，那不只是飞机修理工或军队的战服。也许可以把他们想象成伞兵，正在做饭。他们主要表现的是生存的场景：吃些东西果腹，然后就外出作战。

那个看上去类似蜂巢的东西并不是蜂巢，而是遗迹——被称为"石头城"的遗迹1。它就是津巴布韦原本的村镇。许多去过非洲的人都说，黑人是不可能建造出这种东西来的。它太精细了，一定是途经这里的罗马人、腓尼基人教会他们的，差不多是这个意思。那里是津巴布韦的几大奇迹之一，你去的时候一定要去看看。所以说，这个东西是津巴布韦遗址。在它的下面画着一位马赛战士和他的妻子。事实上，它出自我在加州真正卖出过的第一幅画。购得这幅画的人是美国黑人研究中心的主任亚瑟·西姆斯。这个画面就来自那一幅画。旁边是意大利人侵埃塞俄比亚期间的陛下肖像——陛下站在一挺机关枪背后，脸上带着顽强抵抗的表情。顶部是非洲统一组织（OAU）的标志。紧挨着它的是鲍勃·马利在宣传《拉斯特法里人的感受》过程中留下的一个镜头。

朱迪·莫瓦特：《生存》专辑对我具有特殊的意义。如果你听过同名歌曲的歌词内容，就会发现里面叙述了世界上正在发生的所有事情，以及我们所面临的体制。它表现的是眼下正在上演的一切，以及我们应该如何被引领。这是一个迫使人终生不安的世界。接着它会告诉你绕开这种生活的道路，向你展示去哪里寻

---

1 "津巴布韦"在班图语中意为"石头城"。——译者注

找和平，寻找永恒自由的出口。

[罗杰·史蒂芬斯] 随着专辑的完成，乐队雄心勃勃地着手展开了秋末的北美三十二场巡演。这其中，他们在哈勒姆区颇具传奇色彩的阿波罗剧院进行过四晚演出。马库斯·加维[1] 曾经在这里的舞台上宣讲，使得这一场地对于鲍勃个人来说十分特别。12 月 15 日，巡演终止于巴哈马群岛拿索市的"拉斯特法里后裔之年"演唱会。

1979 年末，我的电台节目《雷鬼节拍》刚刚走上正轨。鲍勃·马利是我们的第一位音乐嘉宾。节目上线仅仅六周，是洛杉矶唯一的雷鬼乐秀，因此鲍勃的宣传人员询问我们是否"介意和鲍勃一起上路"，巡演两个星期。我欣喜若狂。

第一场演出竟然令人大失所望。被困在如巨穴般回音四起的保利馆（Pauley Pavilion）——加州大学洛杉矶分校的洞穴状篮球馆，我们甚至听不出鲍勃弹奏的是什么歌曲，声音失真得厉害。不过他还是镇定自若，这一点显而易见——尤其是当观众席中的一个彪形大汉跳上舞台、腹部着地、紧紧抱住他的大腿时。似乎过了许久，都没有任何人采取任何的行动，直到保安终于将他拉了下去、赶出场外。

接下来的那场演出在圣地亚哥。我与汉克跟随鲍勃坐上大巴车，沿着海滨行驶。马利的经纪人唐·泰勒（两人似乎暂时存在争执）告诉在场的所有记者，不要和鲍勃讲话，因为"他需要休息"。想象一下，鲍勃走过来，与我们面对面地坐在后面一排的走道上。那种感觉真是五味杂陈。

1　马库斯·加维（Marcus Garvey），黑人民族主义者，宣扬黑人优越论，提倡外地非裔黑人返回非洲，建立统一的黑人国家。——译者注

车子驶离洛杉矶时，鲍勃与泰勒之间爆发了某种冲突。"开你的奔驰吧，泰勒。"鲍勃怒斥道。泰勒沿着走道走过来，靠向了他："鲍勃，别在媒体面前让我难堪。"鲍勃冷笑着重复道："开你的奔驰吧！"他这是在嘲笑泰勒会大肆炫耀自己通过管理鲍勃赚得的财富。

鲍勃身上的压力一目了然。在《精神舞者》(Spirit Dancer)一书中，你能从布鲁·塔拉蒙的许多照片中看出他脸上的紧张神色。癌症正肆虐着在他的血流中穿梭，最终在他的肺部和大脑中找到新的归宿。他似乎已经成了我们一年前见过的那个男人留下的一具躯壳。我还记得我们驾车路过圣克莱门特，我指了指尼克松的房子，就在几座巨大的信号塔和一片破旧的直升机停机坪环绕下的断崖上。鲍勃只评论了一句："他哪年当的总统？"

结果，那晚的演出场地再次令人失望不已，低音一直从圣迭戈体育场的板子上反弹回来。我绝望了，以为自己再也听不到鲍勃在什么像样的环境中唱歌了。这就是他的功成名就所带来的问题：如今，小规模的俱乐部几乎已经免谈了。不过观众对于演出似乎十分满意。在回家的路上，乐队挤在大巴车的后面。吉他手阿尔·安德森用鼓槌在厕所门上打起了拍子。我记得自己曾针对这趟旅程为新《洛杉矶周报》写过一篇文章，评论称——按照摇滚乐的标准来说——乐队成员和巡演团队似乎健康得出人意料：他们只吃纯天然的食品，还经常抽烟抽到一半便停下来，感恩、赞美塞拉西一世。回到洛杉矶时，看上去一脸忠厚的中年大巴司机告诉我，他喜欢为马利开车，"因为乐队每次下车，我都得打扫卫生。他们会留下半磅的大麻烟卷"。

几天之后，鲍勃举行了他在洛杉矶洛克希剧院的最后一场演出——为舒格·雷·罗宾森举办的一场慈善活动。我们受邀前去参与调音。我与汉克携妻子几乎孤零零地在俱乐部里待了三个小时，等待鲍勃演奏所有的乐器。"顾家男人"巴雷特钻进了舞台上方狭小的隔音室，调节声音的平衡。我对他正在创作的一首新歌印象深刻，内容与救赎有关，那歌被他唱了一遍又一遍。想象一下：五个月的全球巡演，无疑已是超级巨星的鲍勃仍会亲自上阵，完成几乎所有调音工作，就为了努力向乐界和好莱坞的大批观众确保一切完美。这将是我最后一次见到他。

第 28 章　从阿波罗到加蓬

[罗杰·史蒂芬斯]1979 年年末发行的《生存》受到的评论褒贬不一。某纽约评论家称其为"年度唱片",另一位断言它是"一次胜利,包含了鲍勃多年来最好的素材"。然而许多英国评论家却发表了言辞激烈的谴责,用到了类似"毫无活力""无精打采"之类的词语。还有人说马利已经"成为了依靠过往的辉煌为生的又一位衰老的摇滚明星"。鲍勃曾亲口告诉一位费城的作家,这张专辑是他的心头最爱,因为其讯息"更具说服力"。专辑最大的粉丝之一是约翰·列侬。摄影师鲍勃·格伦透露,在这位曾经的甲壳虫乐队成员流亡纽约、居住在达科他大楼做家庭煮夫的五年中,《生存》是他会播放的仅有几张唱片之一。"腐败的政府体系就是吸血鬼。"鲍勃带着重新燃起的激情唱着,用词与十年落幕之际的摇滚世界里阴沉的流行音乐完全不同。然而,尽管这张唱片如此辉煌,小岛唱片的推广却十分不足,销量也成绩平平。

1979 年巡演的细心观察者们注意到,鲍勃的精力似乎已经衰退了;永不停歇、缺乏睡眠、压力重重的迹象显而易见。与此同时,癌症的威胁正潜藏在阴影之中,除了他最亲近的密友之外无人知晓。

与鲍勃在《生存》专辑美国巡演途中相伴的并不是什么雷鬼艺术家,而是美国蓝调音乐童星贝蒂·怀特。贝蒂十六岁便在牙买加与拜伦·李、"斯提特国王"和朱迪·莫瓦特演出。九年之后，继轰动一时的 1978 年热门曲目《捡漏的女人》（*Clean Up Woman*）之后，这位出生在迈阿密的灵魂乐歌手被选中为鲍勃进行开场演出。

贝蒂·怀特：在听到鲍勃的音乐之前，我就已经和他很熟了。事实上，我是因为诺埃尔·威廉姆斯的缘故才熟悉鲍勃·马利的音乐的。诺埃尔是我当时的一位挚友，人称"斯伯蒂国王"，也是鲍勃的童年好友。他们不仅是伙伴，也是同行音乐家和朋友，亲如兄弟。他总是会将鲍勃的音乐重新录制。那个年代，由于美国不具备真正能够留给根源雷鬼乐的市场，"斯伯蒂"会在音乐中加入一些别的内容，使其不同于弹奏彻头彻尾的雷鬼乐。

至于与鲍勃一同踏上的这段旅途，首先我要说，在抽烟这件事上，当时的我支气管很不好。所以，为了前往我在阿波罗剧院的更衣室，我常要用两条湿毛巾裹住整个脸颊，就为了在上楼的过程中透过毛巾呼吸。在阿波罗剧院做暖场表演，就像是身处一百层楼上。烟会一路向上，我不得不穿过去才能到达。烟会往上飘！直接扑向我！所以，我是说，我会肿着眼睛祈祷："上帝啊，我无法呼吸了。我还要唱歌呢。"我就快要窒息了。终于有一天晚上，我在祈祷时说，"我会克服这一点的。"我只是在祈祷时说："不管这件事有什么让我反感的地方，它都会在我的周围。我在工作，我在演出。感谢上帝让我拥有一份工作。我会学着去克服的。"

乐队里所有的人待我都亲切友善、乐于帮忙，还有"吾三人"组合——我觉得当时玛西亚怀孕了，不过丽塔、朱迪和大家真的都很好相处。这正是我着实喜欢那次巡演的地方。我们之间丝毫没有许多巡演中会上演的任何残酷争斗、眼红嫉妒，他们全都非常非常和蔼可亲。我一直相信，你能够付出爱，就能够得到

"斯伯蒂国王" | King Sporty（右）

《水牛士兵》的作曲家、制作人，图为他在迈阿密的录音室中，摄于 1995 年 2 月

爱，即便有些人没有能力付出和你一样多的爱。但我敢说，我们都会善有善报。而且鲍勃也开始越来越敞开心扉了。

[罗杰·史蒂芬斯]1979 年 10 月，阿波罗剧院本来安排了四个晚上的八场现场演出，但由于周边的街道混乱不堪，只有开幕之夜那天的演出得以如期举行。到处都是寻找门票的人群。

贝蒂·怀特：鲍勃吸引来的都是我想要的观众，而我吸引来的都是他想要的观众。在其中一个地方，人们的欢呼声响亮得把窗户都震碎了！那是在多伦多的枫叶花园——一座冰球场，简直是不可思议。

好的地方在于，大家都能和谐相处，鲍勃也十分友好。你懂的。我们会坐下来聊天。他想要聊的是自己和"斯伯蒂"的童年。他开口告诉我："给我讲讲你的男人吧。"我以为他的意思是，和他讲讲我当时的丈夫。鲍勃答道："不，不，不，你的男人。'斯伯蒂'是你的男人！"我说："不——不是的！他是我的朋友！我的朋友。"然而，他在 1979 年跟我说过的这句话后来竟然成为了预言。1984 年，我开始与"斯伯蒂"约会，还在 1985 年嫁给了他。所以说。这是最令人不可思议的一则预言了。

自己的那一幕演完之后，我站在了扬声器的旁边。我以前从未见过这样的景象。跟随泰迪·彭德格拉斯巡演时，我曾看到过一些女子因为他的性感而昏倒。但我从未见识过先知也有迷惑众人、让他们昏倒在地的能力。我站在扬声器旁，看着他用手指指向某个方向，仰起头，那里的观众就会晕倒！他们都神魂颠倒地着了迷。我注视着观众，发现自己也着了迷。我试着不去注视鲍勃，而是努力注视着他们。如果我望向他，视线就永远再也无法转回观众席，因此我故意走到扬声器旁，开始望向观众。一旦你放眼望去，就会入迷。他的演出是如此的即兴，几乎可以说是草率。只是站在那里，搅动人们的情绪。你知道吗，什么都没有，伙计！没有空中爆开的炸弹，没有飞翔的鸽子，没有悬挂在树上的人，只是一个单纯的小小音乐人。音乐人！即兴弹奏着自己的吉他，唱着天堂的歌。

鲍勃生来就是要成为王者的。他出身卑微，却能将自己的歌曲唱遍世界的所有角落。我还记得他的那股活力。那舞步！哦！

[罗杰·史蒂芬斯] 在阿波罗演出期间，号手戴夫·马登从无尽的能量中发现了一个灵感。同行的萨克斯风乐手格伦·达科斯塔在他即将问市的回忆录中描述了马利的神秘灵丹妙药带来的强力影响。

格伦·达科斯塔：时至今日，"鲍勃的专属水壶"对我来说仍旧是个谜。作为号手，戴维·马登1和我一直都是亲密的伙伴，什么东西都会随时分享——食物等等。某场演出中，我们来晚了，决定突袭哭泣者乐队的冰箱。我（以为）喝到了少许的橙汁——我是不是该说"兴奋"饮料，戴维喝得更多。那是鲍勃的水壶——管它是什么呢，我也不知道。这是他为了上台喝的某种东西，是有人为鲍勃特意准备的混合饮料。

戴维喝了一整杯鲍勃的饮料，当即意识到它正在自己的体内产生非常不好的影响。舞台上，戴维一直都是最尽职尽责、专心致志的乐手，工作起来一丝不苟，表现不错。感觉到饮料的效力，他对我说："格伦，如果我犯了任何错误，告诉我。"我真的吃了一惊，简直不相信发生了什么。

后来演出时，我意识到他靠在了我的身上，明显已经无法自行站立。于是我不得不当场和他交换角色，因为他的号声变得非

---

1 指戴夫·马登。——译者注

常轻柔，已经失去了魄力。

演出过后——我们通常会休息半个小时，再回来进行下一场演出——那天，我们不得不休息了两个多小时，因为大家必须把戴维从舞台上抬下去，用一些很甜的糖水让他苏醒。我永远也忘不了，他就像个刚刚被打翻在地的拳击选手一样，仰面平躺着。每当想起这一幕，大家总是会捧腹大笑。

戴维吸取了教训，再也不碰鲍勃的果汁了。它对于鲍勃来说不是什么问题，因为他可以承受。我不知道水壶里装的是什么，不过它肯定在戴维的身上起了某种效力，而且肯定是种十分特别的东西。

[罗杰·史蒂芬斯]录音师卡尔·彼得森对鲍勃在忍受剧痛的同时还要控制观众的那股热情印象深刻。

卡尔·彼得森：我觉得鲍勃在1979年经历了许多不为人知、被他偷偷埋在心里的痛苦。但就在鲍勃于巡演途中倒下的前一年，我就知道有事要发生。我曾对吉他手阿尔·安德森说，嘿，事情不太对劲，非常不对劲，因为我能从他的声音里听得出来，他似乎在努力唱准某个音。即便如此，在进行尝试，还没有真正唱出那个音时，他就意识到——哎呀，我觉得自己唱不上去，那就改一改好了。我注意到了。这个迹象就能说明问题。它就是在我眼前招展的一面旗帜，尤其是在过去的一年中。我觉得他经历了许多的痛苦，许多。

他精力旺盛，是个非常非常好的歌手，知道某些艺术家应对人群的秘密方法，比如迈克尔·杰克逊。

[罗杰·史蒂芬斯]一个月之后，贝蒂·莱特介绍鲍勃·马利与哭泣者乐队受邀前往非洲，带他们走上了一趟妙趣横生的旅程。

贝蒂·莱特：事情是这样的。我大约十五岁时，曾跟随詹姆斯·布朗外出巡演。两年前，我被介绍给了布朗的生意伙伴查尔斯·鲍比特。1979 年，我们前往洛杉矶时，鲍比特出现了，说道："你知道的，我现在住在非洲，为奥马尔·邦戈工作。他是加蓬的总统，住在利伯维尔。"他还向我全面介绍了自己的事业。我问："什么？什么？你什么时候离开的美国？"他答道："这是帕斯卡利娜与艾伯丁·邦戈。她们真的是鲍勃的粉丝，想要见见他。"于是，我们为两人弄到通行证，让她们进去与鲍勃见了面。结果，她们成了鲍勃最好的朋友。我记得两人的父亲在贝弗利山的山麓路上为她们买了一座房子，我们在那里办过一场盛大的派对，她们还铺上了红毯。

这两人中的一个马上就要过生日了，于是提出："不知道你们是否有空，因为我们已经央求父亲邀请你们过去了。"我心想："哦太棒了，不是吗，是邀请我们所有人，对吗？"众所周知，她们在 1980 年把我们带去了加蓬。

我们住了两个晚上。我所能告诉你的是，那是我一生中最美好的一刻！所有东西都是一流的。他们推出了一桌桌的美食，大家都住在皇宫酒店里。所有的一切——游戏、购物——我们想做的任何事情，鲍勃都会关照我们。某天晚上，她们说："知道吗，我们还有一家迪斯科。"我心想，哇，非洲的迪斯科是哪一种？看上去是什么样子的？这里的某些城镇非常偏僻，老天呢，可迪斯科看上去就像是从法国的核心地带搬来的，整体装饰十分华丽。我自此以后再也没有见过任何能够与之相较的迪斯科。我们走上去，开始和着音乐跳舞。鲍勃也上去了，跳起了跺着脚后跟之类的舞步。我们跳了一整夜。他的精力是如此的旺盛！我们跳了各种各样的音乐。那里播放的都是来自美国的各种音乐，还有非洲音乐和鲍勃的音乐。那一刻，我们全都随着他的歌舞动了起来——比如《即兴演奏》——不亦乐乎!

吉利·吉尔伯特：我还记得去市场参观，夹杂在人群当中。在我看来，人们仿佛会把我们当作皇室来对待，无论我们去哪儿，都会紧随其后、亦步亦趋。那段时间，我们一路随身携带的磁带、唱片、海报都成了炙手可热的宝贝，有些被拿来赠送，有些则被卖掉，就为了努力炒热气氛。大家到市场里来就是为了从我们手中买东西。我们买了羽衣甘蓝和各种各样的卷心菜，酒店还会为我们烹饪非洲风味的菜肴。

[罗杰·史蒂芬斯] 一天下午，他们去皇宫拜见了邦戈总统。据被鲍勃唤来陪同他一起出行的摄影师布鲁斯·塔拉蒙形容，那场面就像是"目睹艾迪·墨菲的电影《美国之旅》(*Coming to America*) 里的开场画面"。陪伴鲍勃的吉利回忆，两扇巨大的门敞开之后，坐在宝座上的邦戈就出现了。

吉利·吉尔伯特：我们在他的皇宫里拜见了他。他身着盛装长袍，身披各种装饰，与鲍勃谈起了他的音乐与人生，以及他的国家与百姓。这趟旅程其实是为了他的孩子们——邦戈姐妹——她们才是旅程的主要核心。

[罗杰·史蒂芬斯] 最让鲍勃感觉自在的地方是市场和酒店前面的沙滩。他欢迎所有的访客到他的酒店房间里去，还会混在其他早起的人群中，在加蓬河口平静的海滨自由漫步。

吉利·吉尔伯特：早晨，我们会在海滩上散步。许多人都会赶来探望鲍勃，围绕在我们身边。他们大部分都是孩子，一直会在那里等待我们迈出酒店。我们的生活方式、音乐和鲍勃本人都令这些人着迷。他们还会视鲍勃为国王。如此遥远的地方竟会有人了解鲍勃的音乐，这太神奇了。能够与了解自己的人相处，通过音乐将福音传播出去，鲍勃是如此开心。

布鲁斯·塔拉蒙：一天早上，鲍勃正沿着海滩散步。一个年轻人走上前来对他发出了质疑："拉斯特法里是什么？你到非洲来，却要给我们讲述非洲，是什么意思？"那孩子想让他再多告诉他们一些。鲍勃从容不迫，向他们讲述了自己来到这里的兴奋之情，还说起了黑人移民史。你我都是一样的：我是来自牙买加的黑人，你来自非洲，我们都来自非洲。

贝蒂·莱特：有一次，我们和他去市场采购。我以为大家是去为"吾三人"组合寻找某种布料，可在跟随鲍勃的多半时间里，我似乎就是在看他踢足球，也就是我们所说的英式足球。就在街道上，哪里都可以，因为鲍勃会随身带着足球，走到哪里就踢到哪里。

朱迪·莫瓦特：这是我第一次去非洲，我以为会看到非洲人民说着自己的语言。但当时的加蓬属于法国殖民地，所以他们说的是法语。我希望看到那里的非洲人民支配自己的命运，未曾料到会看到人们——这倒不是说他们仍处于殖民状态，可是他们并不自由。有些人失业待岗，有些人是有工作的，但收入贫瘠。他们的工资非常低。逛市场时，我看到人们连放肉的冰箱都没有，于是肉都变成了蓝色，却还在被出售。

我觉得鲍勃还额外待了一段时间。去了那么远的地方，他想要看看乡下是什么样子的。我是说，既然你已经见识到了它的一面，就需要看看它的另一面，和人民打打交道，走街串巷。人们很高兴见到他。鲍勃一直在与人交流，还总是像父亲般为他们提出建议和问题，好让自己能够多和街道上的人说话。几个会说英语的年轻人会陪伴在他左右。

加蓬很美。是的。但我们一直没有机会在大规模的体育场馆中演出，让所有人都能来看看。我们会在小型体育馆中为国王及其女儿、所有上层集团的人演出。这让我们十分不安，因为那些真正能够引起我们兴趣的人却来不了。

［罗杰·史蒂芬斯］多妮斯·西姆斯是丹尼·西姆斯的姐妹，也是跟随鲍勃前往加蓬的其中一员。她是一位造型师，多半时间是为贝蒂·莱特工作的。

多妮斯·西姆斯：身在加蓬的鲍勃是幸福至极的。我一早便能见到他，因为他起得非常早。他是如此的亲切和蔼。我们下榻的是一家五星级酒店，是他们这里最好的。可当地的百姓却穷困潦倒，其中许多都从未见过室内厕所。他们（加蓬人）已经准备好要看着我们离开了，鲍勃知道他们会跟过来。（模仿鲍勃）"他们是和我一起的！他们是和我一起的！来吧，来吧。"就这样，我们迈开大步穿过华丽的大堂，身后跟着一群没有穿鞋、双脚肮脏的人。他们会把这些人带进房间，送给他们衣服。我觉得大家已经剩不下什么东西了，因为给出去的实在是太多了。我还记得自己常和鲍勃一起吃早饭，只是坐在那里，望着彼此微笑。他很喜欢水果。

不过在他的眼中，这些人还不算贫穷，因为他们拥有如此富饶的自然资源。即使有了这些，人们也很少会到我们所在的这个区域里来。他们听说鲍勃·马利来了，却不敢靠近酒店，也不敢在这类酒店的附近闲逛。这里可不是他们爱去的地方。但多亏了鲍勃，他们走了进来，得以睁大眼睛四处张望，将一切尽收眼底。这就像是在他的带领下参观酒店。他们还会揉搓他的头发。

［罗杰·史蒂芬斯］加蓬之旅的过程中，鲍勃发现了某些不法行为，从而导致经纪人唐·泰勒遭到了解雇。

贝蒂·莱特：我总是说，纸是包不住火的。是这么回事：我

308

们接到了鲍比特先生从美国打来的电话（与詹姆斯·布朗合作的那个朋友），说他要来处理什么生意。我们与他见了面——我、唐·泰勒的妻子（我觉得她的名字叫作爱普洛）——领取上述演出的工钱。和其他任何一份工作一样，你得拿到预付的工钱才能开工。不过，鲍勃不知道的是机票方面的某些问题。传闻说，就连旅行社都是由他们同一批人经营的（泰勒）。价钱和机票本身的价值大相径庭，所有回扣似乎都进了同一个人的口袋。因此，有人在闲聊的时候就发表声明："上帝，鲍勃的人手几乎是贝蒂的三倍，可贝蒂赚到的钱却和鲍勃差不多！"我回答："不是的，我没有。他的收入是我的三倍。"你懂的，没有给出数字。我就知道！我知道，这是因为我领取了我的那一半，他们则应领取他们那一半。可有人告诉鲍勃，并没有什么另外一半的钱，只有他领到的那些。具体的罪犯是谁尚且不得而知，不过从好的方面去想，我会试图消除这样的现象。我的忠诚是属于与我相识了一辈子的鲍比特先生的。我说："既然我已经知道了真相，是不会让事情继续这样发展下去的。如果他们问我，我可不会站在那里撒谎。我没什么好怕的。他们能怎么办，把我毒打一顿吗？你明白我的意思吗？不，你拿到钱了。我就站在那里来着。你的妻子，你签字了，你拿钱了。"鲍比特先生向我解释，他们一直在努力让事情看上去像是他不在乎自己的损失。我去找了一个人，认为他能把消息转告给鲍勃。最终，我还是不得不有话直说。经过验证，他们发现我说的确是实情。我是一个艺人，我们努力工作，怎么还有人胆敢拿走我们的报酬。他们给我打了电话，从我口中得到了第三次的证实，因为大家各执一词。他们想要知道的是，当时身在美国的人有谁知情。肯定有人已经知道了。你知道秘密是如何泄露出去的。可我不能撒谎。

鲍勃问到了我。他知道这个人是我的朋友，也知道他是如何认识那两个女孩帕斯卡利娜与艾伯丁的；他知道所有的情况。他还知道我是个牧师，知道我第一个效忠的是全能的上帝。

[罗杰·史蒂芬斯] 贝蒂揭露了非法剥夺马利合法收入的阴谋。很快，流言四起，说唐遭到了鲍勃随行人员的粗暴殴打，还将他悬挂在窗外，目的是试图让他承认自己背信弃义。

贝蒂·莱特：我听说泰勒被人打了一顿，还听说有人将一加仑的牛奶泼在了他的脑袋上等等。我不在场，而是在酒店里，但是我……我听说局面十分混乱。我知道出事了，不过你看，这就像是引线已经被点燃。就好像，嘿！这是不可避免的。

泰勒的确是和我们一起飞回来的。我在心里对比了一番。去程时，他似乎非常地尖酸刻薄，回程时却真的非常安静，非常低落。中途在法国的诺富特酒店短暂停留时，我听说了打架的事情。大家议论纷纷，说没有人能从鲍勃这里偷走一分一毫。鲍勃工作起来是多么的努力呀。他们还说泰勒应该坦白交代。你知道的，大致上和我想的一样。他们一直在说他是罪有应得。

自此以后，我还是会和唐说话，你懂的，还是会一起出去。我不知道他是否曾经发生过冲突，但事情真的就是这样。

[罗杰·史蒂芬斯]1988 年，我曾在雷鬼音乐档案馆采访过唐·泰勒。针对鲍勃的个性，他给出了一番发人深省的评论，并间接回顾起了这一争执。

唐·泰勒：鲍勃是个会挑人的人。举个例子来说，他要拥有某个女孩，就会试图把她所有的朋友都拉拢过来。可问题在于，他们允许自己受他操控的那一刻，就失去了他的尊重，什么也不剩了。这就是他处事的方式。鲍勃总是会试图这样做。你看，他就是这种人：他会装傻，却是我应付过最聪明、最睿智的人之一。只有他会在收到你给的巡演收据后花上三天时间去清点它们。

[罗杰·史蒂芬斯]令鲍勃感到失望的是，他主要是为邦戈总统的密友们演出的，也就是那些颇具影响力、能够坐进他音乐会现场的人。而他真正想要的是走出去接触所有的百姓。

多妮斯·西姆斯：哦，当然了，接触那些用力敲打大巴车的人，那才是他想做的事情。唐·泰勒就是因为此事才被吊在窗外的。因为鲍勃的心里最不想做的就是拿钱。我知道，如果是那样的话，我确定他心里在想："如果是那样的话，我会为人民而唱，分文不取。"他是不一定要得到报酬的。

第 29 章 津巴布韦！

[罗杰·史蒂芬斯] 马利的加蓬之旅使人获益良多，却也令人不安，不过他最成功一次的荣归故里还没有到来。

鲍勃曾三次短暂到访非洲——1978 年去了肯尼亚与埃塞俄比亚，1980 年去了加蓬，同年还到访了津巴布韦——对这片传说中的大陆有了更加清晰的印象，迁往非洲的决心与日俱增。他曾私下告诉德西埃·史密斯和伊薇特·安德森："我们的职责是在非洲建造一座录音室，创作一首首热门曲目，一举夺冠，然后开怀大笑！"

在此期间，盖尔·麦克加里蒂博士还会继续针对 20 世纪 70 年代整个非洲的政治叛乱浪潮为他提供深刻的见解。

盖尔·麦克加里蒂：在我前往古巴之前，古巴军队为埃塞俄比亚军队提供支持的角色就已众所周知。我记得鲍勃说过，他曾经以为古巴是个着实非常伟大的地方。他们消灭了资本主义之类的，可如今他们在埃塞俄比亚扮演的竟然是这种角色。

在英格兰时，我曾与一个名叫乔·斯特布莱茨基的罗德西亚人约会过很长一段时间。他的父亲是波兰贵族，母亲是来自罗德西亚的一名"有色"女子。我与他是 1972 年在伦敦相遇的。我记得曾带他去见过鲍勃。两人一下子就格外亲近起来。针对非洲南部的问题，乔教会了鲍勃许多事情。因为鲍勃当时对南非、反种族隔离运动以及非洲人解放津巴布韦的话题饶有兴趣。我觉得其结果就是"非洲团结"的理念——那肯定是他遇见乔之后的事情了,因为他经常与乔交流。我记得我们过去时,还曾经发生过一段冗长的论证。如我所言,只要不涉及古巴在任何事情中的角色,我都会在场。这一点鲍勃也完全赞同。不过,无论何时提起古巴人援助南非黑人或津巴布韦人的事情,他都会变得十分沮丧,说就因为他们在埃塞俄比亚的所作所为,非洲团结已经成了不可能的事情。

[罗杰·史蒂芬斯]1980年4月,鲍勃受邀担任津巴布韦独立庆典的主角,这也成为了他演艺生涯中最光辉的时刻之一。这个曾是英国殖民地、被称为南罗德西亚的国家一直处在少数派白人政府治下,1965年宣布独立,称罗德西亚。在经历了一场旷日持久的内战之后,独立国家津巴布韦宣告成立。罗伯特·穆加贝的党派邀请马利担任4月18日控制权正式交接典礼的主角。马利的歌曲《津巴布韦》虽然遭禁,却已经成为自由斗士们的战斗口号。演出班底、舞台、灯光和音响全都由鲍勃出资。他却一直忙着新专辑的事情,直到最后时刻才出发。

埃罗尔·布朗:我还记得在牙买加制作《你能否被爱》(*Could You be Loved*),一直忙碌到天亮,回家后收拾好行李就直奔机场。我们不得不前往英格兰,从那里转往津巴布韦。

内维尔·加里克:鲍勃赞助了前往津巴布韦的整个行程。就钱的问题而言,我觉得这属于他投入最大的事情之一了。他当时并不是什么百万富翁之类的,但我觉得他认为自己有责任去做——他对我说的意思大致是,这就如同我的孩子即将诞生,我必须到场,不能引起死产之类的。他们邀请了我们,送来的却是两个人的邀请函,因为独立庆典的开销要被用来邀请世界各地人士。有些人说鲍勃为了出席花费了二十五万美元,可要是我没记错的话，更有可能是九万美元。我们没有把舞台也带去，而是在那里完成了搭建工作。在检查完他们所拥有的条件之后，鲍勃的意思大致是，他想要举办一场类似麦迪逊花园广场的演出。于是我们用一架飞机租来了灯光、音响等设备，就这样举办了第二天的第二场免费演唱会。所有的设备都是我们付的费，跑道上的飞机也是我们租来的。那不是他捐赠给津巴布韦的，而是租来的！这么多的装备花费应该有二十五万美元了。不，他只是想奉上一场与在欧洲、美国水平相当的演出，不想在街灯和探照灯下为非洲献唱。

[罗杰·史蒂芬斯] 鲍勃在津巴布韦逗留期间，全程护送他的人名叫德拉·汤普金斯，是个留着脏辫的暴躁美国女子。20 世纪 70 年代中期，她前往牙买加进行宗教、文化与音乐研究，途中与哭泣者乐队相识。她的父亲曾活跃于津巴布韦的解放运动之中。正是他邀请女儿来与自己一同参加独立庆典的。1988 年，她在自己的家乡华盛顿特区接受了《节拍》的采访，介绍了活动的全貌。

德拉·汤普金斯：我曾受邀跟随哭泣者乐队去过不同的地方巡演，有时会与他们在纽约见面，有时则随队同行。我参加过哈勒姆阿波罗剧院的四日演出，以及金斯顿的年度演出、1979 年蒙特哥贝的雷鬼"阳光普照"音乐会、麦迪逊花园广场演唱会，当然还有津巴布韦独立庆典。

故事起源于我的故乡罗德西亚。

我的父亲是个激进分子。他远看肤色很浅，却一丝白人血统都没有，是个纯正的黑人。我的父亲就是我的政治导师，是他带着我走到了如今这一步。他属于泛非主义阵营的社会主义者，毕生都是个改革论者。非洲牧师马佐比尔教士与我的父亲建立起了坚实的友谊。两人会到访监狱，照料病患。就在罗德西亚转变为津巴布韦的三年前，马佐比尔教士返回了家乡，为最后的战斗贡献自己的力量。我的父亲带上成年后办的第一本护照，准备前去与他会合。但我劝他等到战争结束之后再去。当独立庆典宣布将于1980年1月举行时，我的父亲打来电话说："德拉，你想回家吗？"我答道："当然！你在开玩笑吗？我们要去非洲了！"

[罗杰·史蒂芬斯] 父女俩在庆典前的一个星期赶到了那里。德拉发现马佐比尔教士是约书亚·恩科莫的坚定支持者。而恩科莫在内战中的盟友罗伯特·穆加贝如今却成了他的政治对手，即将成为该国的第一任总理。因此，这位善良的教士决定拒绝参加庆典，选择通过一台小小的黑白电视来观看。德拉裹上礼服，匆匆赶赴哈拉雷市中心（事实上，索尔兹伯里这个名称仍旧延用了几天），还因为满头脏辫而被误认作丽塔·马利。她随身携带了自己购买的十张鲍勃·马利的非洲解放专辑《生存》作为礼物，心想这对所有人来说应该十分新奇。

德拉·汤普金斯：相反，我下飞机后没多久便发现，《生存》已经成了全国销量第一的专辑。排名第二的是艾迪·格兰特的专辑——他有一首革命歌曲名叫《活在前线》（*Living on the Front Line*）。这两首歌就是独立的津巴布韦非官方的国歌！所以说，他们知道这些专辑和音乐，却无人真正了解我们的信仰。大街小巷、各家各户的热闹氛围令人震惊，仿佛是在同时庆祝一千个圣诞节。到处旗帜飘扬！随处可见红、黑、绿、黄相间的津巴布韦新国旗。这里是津巴布韦——这话听上去刚刚好。我们赢得了一场七年战争，忍受了更多年不道德的殖民压迫。如今，我们将举行非洲规模最大的独立庆典。津巴布韦胜利了！他们的枪炮比我们的更大，但比起这些枪炮，我们的事业更加伟大。我们要把那

德拉·汤普金斯 | Dera Tompkins
历史学家、活动家，图为她在华盛顿特区手举 1980 年津巴布韦独立庆典标语

些疯狂的光头赶出家门！

说到眼前的一幕如同圣诞节，我的意思是，周围的人终日里都处在纯粹的兴奋状态中。津巴布韦人民反复地呼喊歌唱，无论聚集在什么地方，都会唱起优美的无伴奏和声。市中心每天都有乐队在演出。学生们放学后也会穿着校服进城，加入每日的庆典。他们的父母都在忙着购置新衣、食物、布料和装饰品——帽子、海报、旗帜，还有城里到处飘扬的标语。标语上写着"欢迎来到津巴布韦"的字样，还印有穆加贝的手绘图像。更重要的是旗帜。它表明，我们的国家和土地已经回到了人民的手中。"津巴布韦万岁！津巴布韦万岁！"

鲍勃要来的消息美妙得令人难以置信。是穆加贝的政党——津巴布韦非洲民族联盟邀请他来了！这就如同耶和华让自己的儿子在伟大的非洲独立日这一天来到他该去的地方。街头的兴奋情绪愈演愈烈，演变成了雀跃的狂欢。

4 月 16 日，鲍勃到达的那一天，我去了机场。查尔斯王子的飞机也是同时降落的。现场来了几位官员，但大部分高级官员都去迎接查尔斯王子了。前去迎接鲍勃的民众并不多，因为他到达的时间没有被公开宣布。

阿尔·安德森：查尔斯王子与鲍勃在转机候机室里短暂见过一面。王子想要知道鲍勃的运动鞋是哪里买的。

吉利·吉尔伯特：革命内阁的全体成员都到哈拉雷机场来迎接我们。一行人迈下飞机时，他们说道："欢迎回家，兄弟！"鲍勃被带上了一辆吉普，四处游行。人们都在呼喊："鲍勃·马利万岁！穆加贝万岁！"

德拉·汤普金斯：我们先是被带去了鲁法索体育馆，因为鲍勃想要看一看舞台。那是下午的事情了。站在体育馆舞台旁的小山坡上，我们听到了美妙的歌声，以及体育馆外右手边游行队伍靠近的声音。那听上去就如同一场非洲大合唱。起初，我们只能听到声音，因为体育馆的露天看台遮住了我们的视线。声音越来越近，很快，一整组人从角落里绕了过来。所有人的眼睛都在注视着。体育场的官员告诉我们，他们是津巴布韦非洲民族联盟的自由战士，是来体育场彩排的。他们即将演唱解放战争的歌曲，革命战争之歌。由站在前面的一个战士担任领唱。行进的节奏与风格完全是非洲式的。

队伍中至少有三百个身强力壮的兄弟姐妹。值得注意的是，在多年的革命游击战斗中，津巴布韦女性一直在灌木丛中与她们的兄弟并肩作战，赢得了人民的最大尊重。所有人都穿着绿色的军裤，上身则是新国旗颜色的纯色上衣：红色、绿色、黄色和黑色。一听到他们的歌声，你就知道那是自由之歌！我们全都感受到了一股难以置信的骄傲之情。为了我们所有人，那么多的兄弟姐妹曾置生命于不顾。那些前线的战士，他们正是我们如今能够站在这里的原因，我们的一切都应归功于他们。

我转过身，望向站在身旁的鲍勃。只见他径直凝视着那些战士，眼含泪水。我清楚他的感受。这是一位坚信自由的战士对另一位战士最深沉、最崇高的敬意所带来的泪水。这一刻触碰了我的灵魂，我也哭了。我不知道你能否理解，我们是多么敬重自由战士。大家心中的自豪感与敬重感势不可挡。但我看到了他哭泣。那是因为他热爱革命，热爱革命者；因为他是真心喜欢他们，认同他们，觉得自己是他们中的一员，感同身受。这是他第一次见到一支非洲革命军：津巴布韦非洲民族联盟的爱国阵线。这些人曾为我们浴血奋战，赢得了这场战争。你能够切实看出他心中的骄傲之情。这个瞬间将被我永远珍藏在心中。

埃罗尔·布朗：之后，他们把我们带去了某个村庄。那里有许多人在跑上跑下，不太安全，厕所还在室外。团队表示，我们不能住在这里，他们这才把我们送去一家足够安全的国际酒店。

德拉·汤普金斯：从那里出发，大家被带去了一个名叫约伯的企业家旗下的夜店吃饭——他们竟然端上了猪肉！我们的东道主并不了解大家不吃猪肉的饮食限制，但马上就把开胃菜端走了。听闻酒店的条件不符合规定，约伯主动帮忙，献出了自家一座带泳池的住宅，自己则搬去城里居住了。唯一的问题在于，他的电话线路停用了。约伯似乎属于黑人上流社会。在酒店房间可用之前，所有人都不得不住在这里。对于哭泣者乐队来说，这样的情形着实有些奇怪。我的意思是，这可是鲍勃·马利呀！没有人知道我们的地址，屋里也没有电话，除了住宅佣人之外也没有人来照顾团队里的人。

此时此刻，我就成为了团队里必不可少的环节——这是属于我的特殊故事。他们到达后被带去了一个又一个地方，没有来得及兑换罗德西亚货币，甚至不知道汇率是多少。而我已经在这里待了一个星期，手里是有罗德西亚货币的。

埃罗尔·布朗：这是我第一次为鲍勃的现场演出混音。这样的经历非常美妙。你知道，所有的设备都是鲍勃·马利带来的，一切费用也都是他来支付的——运输等等。我们到达体育场时，那里并没有舞台，一切都是鲍勃·马利贡献的，灯光、音响、机票。后来我们所知的是，舞台被送来了，一切慢慢步入了正轨，不过我们都熬过来了。舞台终于被搭建起来，我们做到了。

德拉·汤普金斯：独立日那天，从晚上六点到十一点左右，在场地里演出的多半是来自当地的非洲传统舞舞者、鼓手、印度教团体和基督教合唱团。后来，马利在刹那间登上了场地远处尽头的舞台，声称："你们好，津巴布韦的兄弟姐妹。鲍勃·马利与哭泣者乐队感谢能够受邀前来参加你们的独立庆典。唯一的爱。没错，津巴布韦万岁！"

当他突然唱起《积极的感受》(*Positive Vibration*) 这首歌时，人群开始随着节拍摇摆起来，一直欢快地舞到了《他们酒足饭饱》和《根源摇滚雷鬼》(*Roots Rock Reggae*)。突然之间，在《我射中了警长》唱到一半时，空气中弥漫起了催泪瓦斯的恶臭。我正在前排为鲍勃的演出拍照，在催泪瓦斯炸开时正好身处运动场中。我以为一切全都结束了，哭了起来，心想可能发生了暴乱。我的双眼灼烧得厉害，需要某样东西保护脸颊不受催泪瓦斯的刺激。

埃罗尔·布朗：演出开始之后，我记得看到大家纷纷离开了舞台，感觉自己的眼睛里有什么东西正在燃烧。我心想："事情不太对劲。"后来录音师带着 P.A. 播放设备跑来，告诉我外面有催泪瓦斯。自由战士们从大门往体育场里投掷了催泪瓦斯，因为那些人不想让他们进来。这太可怕了，他们曾为独立而战，你们却不想让他们到场地里来庆祝？他们应该是第一批进场的人！我不怪他们。催泪瓦斯是自由战士们自己放的。气味飘散之后，所有人都回来完成了演唱会，唱完了该唱的所有歌曲。

德拉·汤普金斯：一切很快冷静了下来，大家的心情也都得以平复。空气干净了，舞台上的活动最终重新开始。但有人把朱迪、玛西亚和丽塔带了回去，还有史蒂芬与齐格。事情是由一些急于进入体育场的人引发的。听到鲍勃·马利的演唱，人群兴奋不已，挤破了屏障，以至于警方发射的催泪瓦斯飘进了体育场。根本就不是什么暴乱！没有人受伤，也许只是有人轻微擦伤，其实什么事也没有发生。

鲍勃重新开始演唱《战争》(*War*)。唱到第六首，也就是最

320

后一首颂歌《津巴布韦》时，观众举起战斗军旗，纷纷涌上前来。走下舞台之前，鲍勃朝着人群致敬："战斗还在继续！津巴布韦万岁！跟着津巴布韦前进！"

[罗杰·史蒂芬斯] 作为殖民的象征，遭人鄙视的英国国旗最后一次在非洲被降了下来。德拉、哭泣者乐队一行人和另外数十人一同站在舞台上，注视着显然十分难堪的查尔斯王子对着国旗敬礼。取而代之的津巴布韦国旗在风中招展的那一刻，高潮般的欢呼声响彻云霄。

德拉·汤普金斯：我们全都在尖叫、欢呼。鲍勃还记得，他看到我再次掉下了眼泪。我是说，人们的尖叫声、呼喊声和叫嚷声三十分钟都不绝于耳。啊！少数白人统治下的九十年苦难已被人群的欢呼声淹没。你懂的，大家把自己的新生全都吼叫了出来，场面就如同光荣日一般。正如邦尼·威勒所言，这就是令人赞美上帝的其中一个时刻："称颂上帝的的时候，人们会唱起歌来。"他们好像在说，我们赢了，我们赢了，津巴布韦又是我们的了！那场面比任何一场足球赛都要热闹得多，让人简直不敢相信。礼炮就在我们附近。那二十一响令人印象深刻！就是这么回事。这就是我经历过的最崇高的时刻。

[罗杰·史蒂芬斯] 目睹了所谓独立夜暴动的还有音响师丹尼斯·汤普森、朱尼尔·马尔文和朱迪·莫瓦特。

丹尼斯·汤普森：人群骚乱时，我还在舞台上。我觉得是有人想要闯进来，迫使保安发射了催泪瓦斯。瓦斯被风吹进了体育馆。查尔斯王子和所有国家首脑全都趴了下去！我正要问出了什么事，就被瓦斯的气味熏倒了。于是，我拉起史蒂夫奔下舞台，躲了十到十五分钟。这很好笑。我们以为发生了什么，却只不过是催泪瓦斯。

朱尼尔·马尔文：第一天晚上，我们全都被催泪瓦斯熏倒了。旗帜刚刚升起，威尔士亲王也刚刚取下英国国旗，飞机正从头顶上飞过。我们以为自己身在太空，因为它们实在是太近了，那声响让你仿佛以为自己正身处另一个星球。降旗五分钟之后，哭泣者乐队唱起了《自然的神秘》(Natural Mystic)。外面显然还有数以万计的自由战士，成千上万，比里面的人还要多。当然，所有的大门都紧锁着。自由战士们要想进来，却遭到了拒绝。于是他们说："听着，鲍勃·马利来了。《津巴布韦》是带领我们熬过这场战争的歌。'在津巴布韦开战。'"他们决心把大门炸开。大门就这样被炸开了，被他们用手榴弹炸开了！大门倒下时，所有人都涌了进来，所有的士兵，所有的自由战士。负责安全保卫的人也慌了，开始使用催泪瓦斯控制人群。当然，催泪瓦斯也飘上了舞台。当时，齐格与史蒂芬和我们在一起。所有人都不得不迅速卧倒。我觉得事情发生在《我射中了警长》唱到一半的时候！我们纷纷趴下，眼睛里都是泪水。齐格、史蒂芬和"吾三人"组合的情况最为严重。"吾三人"组合跑下了舞台，但乐队成员全都留在台上——一步也不曾离开。

我觉得鲍勃是最后一个站着的人，后来他也被熏倒在地。催泪瓦斯终于散去了，我们给齐格和史蒂芬找了些水，也让所有人用毛巾擦了擦眼睛。出于某种未知的原因，大家恢复了平静。自由战士被允许进场，大门也敞开了，人群摩肩接踵。很快，我们重新恢复了演出。演出中断了大约二十或二十五分钟。我们重新开始时，现场仿佛响起了咆哮声。许久以来，这是我听过的最响亮的咆哮声。

朱迪·莫瓦特：我们在那里，查尔斯王子在那里，我此生从未见到过的各种坦克、士兵和机关枪也在那里。然而，让一切成为可能、让独立成为可能的自由战士们却没有受邀参加庆典。所以，我们在台上唱到大约第三首歌时闻到了某种奇怪的味道。我看了看玛西亚，发现她似乎在咳嗽，紧接着看到丽塔也咳嗽起来。我望向所有人——大家仿佛都被呛晕了。于是我丢下麦克风，所有人也丢下了麦克风，奔跑着离开了舞台。我看到几个小孩摔倒在了地上，你知道我是一位母亲，但我无法停下脚步去帮助他们。

后来我们才发现，是自由战士们听到音乐在隆隆作响，如同被音乐唤醒了一般，随着节拍闯进了大门。可他们是不允许入内的，于是大家一路奋勇抵抗，闯了进来。在场的士兵与警察释放了催泪瓦斯，从而影响到了我们。大家还以为是战争爆发了呢！毕竟津巴布韦还是战区。所有人都跑了起来，想要离开这个地方。津巴布韦的一个兄弟带着我们去找可以停留的地方。可不管我们去哪儿，都会被手持机关枪的士兵挡住。连他自己都说："我们现在就要死了。"大家都在逃命。那个兄弟开车载上我们，试图去寻找乐队留宿的那座房子。终于，我们赶到那里时通过电视看到人群已经被驱散了，还看到英国国旗被降了下来，津巴布韦国旗则被升了起来。我们竟然没能在那里亲眼目睹这一幕。

听后来回到现场的丽塔讲，鲍勃唱了《女人，不要哭泣》，还和乐队合作了《津巴布韦》那首歌——因为他还没有机会演唱这些歌曲，因为演出才刚刚开始。只不过"吾三人"组合已经逃走了！

德拉·汤普金斯：独立庆典过后，所有的外交官与受邀宾客要去参加各式各样的舞会。约伯和我们的另外几位东道主也纷纷离开鲁法罗体育场，去参加舞会了。催泪瓦斯的插曲过后，"吾三人"组合带上司机乘车回去了，给其他人留下了一辆卡车和一个不会开手动挡汽车的司机。这么说来，所有能够帮助哭泣者乐队的人都离我们而去了！更糟糕的是，我们连自己住在哪里都不知道，也不知道约伯住在哪一条街、城市的哪一部分。大家都一无所知，也无人可以询问。简直是不可思议。鲍勃·马利刚刚完成职业生涯中最重要的一场演出，我们却没有办法回家。

时间已经到了清晨时分。所有人都筋疲力尽。卡车就在那里，却没有司机，团队中也没有人会开卡车。终于，在我们找到一个司机时，却又不知道该去哪里。毫不夸张地说，车子在路上转悠了好几个小时！你以为自己开上车就能在不知不觉中碰到它——没错，说不定终有一刻就能莫名其妙地碰上。但我们连城市地图都没有，就这样一直开车闲逛到了天亮。

那天晚上，鲍勃举行了第二场计划外的演出。设备还在，舞台还在。我觉得大家都不知道庆典只是为外交人员举行的。因此他说，他想要为人民而演出。这本身应该是一场付费演出，可我们不知该从何下手，老实说也不清楚他们的货币价值，不知道什么价钱合理。幸好他们放弃了这个想法，决心直接举办一场免费音乐会。

但津巴布韦观众还不熟悉演出的规矩。鲍勃的表演和前一晚一样精彩。当晚，他可能更感觉自己是在为人民而唱。演出颇具影响力。第一晚的观众已达四千人，却远不及第二晚的人数。这一次的演出未经公告，灯光不那么亮，他们也没有启用露天看台。大家就这么站在运动场上。唱到《津巴布韦》时，他和在场的观众都感觉到了一股不可思议的能量。人群站在原地欢呼起来。

鲍勃完成了自己的表演。众所周知，鲍勃演完之后就会走下舞台，在掌声足够热烈的情况下再趁某个合适的时机回来，进行返场演出。大家都知道他最多能返场三次。我相信鲍勃的心里是这么计划的，一定会返场。要是观众还想要更多，他可能可以返场五次。可事实上，大家在鲍勃唱完最后一首歌后便转身陆续离开了体育场，因为他们并不知道，自己若是鼓掌，他还会回来献唱更多的歌曲。他们真的不知道，就这么纷纷离开了！鲍勃随行团队里的所有人都震惊了！这是一种不理解返场概念的文化——毕竟返场属于后天养成的习惯。观众离场时，我们想说："回来！"他的最后一首歌曲是《出埃及记》。"没错。"人们问道，"出埃及记？"他们就是这么问的。这真的有点好笑，有点幼稚。因为其他所有地方的观众都会捶胸顿足、大吵大嚷地要求更多，可他们只是礼貌地说："谢谢，鲍勃·马利。好了，结束了。再见。"

离开津巴布韦的前一天，他把我叫到他的房间，在我的手里塞了一百美元，让我去购物，给自己买点东西。这就是他感谢我陪伴的方式。我是那么的惭愧。第二天，为他们送行的人只有我一个。鲍勃让我和他坐进派来的其中一辆豪华轿车，前往机场。他坐在右手边的窗户旁，我则坐在他的身边。这是一个成真了的革命之梦。取得胜利的是人民。

朱迪·莫瓦特：如今一想到津巴布韦，我就会想起鲍勃带给非洲人民的讯息。我记得他在非洲时还问过其中一些士兵："你们的武器是从哪里得来的？"我觉得他们说的是以色列。于是他又问："你们拥有这么多的铀和矿物，为什么不自己制造武器呢？"我不记得这话是他对什么人说的了，是不是交通部长之类的人，却令对方为此大吃一惊——这个男人从牙买加远道而来，竟然会开口询问他们为何拥有自制武器的材料，还要从别的国家进口。

丹尼斯·汤普森：哦，是的，津巴布韦人对鲍勃的音乐耳熟能详。他们希望他能够留在那里，把那里当作自己的家。我们下飞机时，这正是他们说的第一句话："欢迎回家，你到家了，别走了。"不过我们刚刚开始着手制作《起义》(*Uprising*)，身上还肩负着许多的承诺。于是他们说，完成了那些任务就回来吧。

第 30 章　起义

[罗杰·史蒂芬斯] 鲍勃的津巴布韦之旅打断了他自 1980 年年初便着手进行的工作——他的最后一张专辑,令人悲哀的《起义》。专辑中充斥着对死亡的暗示,曲目包括:《从寒冷的地方而来》(*Coming in from the Cold*)、《真实的情景》(*Real Situation*)("看来,彻底的毁灭才是唯一的答案")、《我们与他们》(*We and Dem*)("我们不知道,我们和他们怎样才能解决问题"。在某些人听来,这首歌指的是在他身体里游荡的癌细胞),还有载着他驶向天堂的《天堂火车》(*Zion Train*),以及他倒数生命最后时光的《工作》(*Work*)。专辑中最动人的歌曲是他始终最爱的一首原声《救赎之歌》(*Redemption Song*)。他在歌中坚称:"他们谁也无法阻止时间。"从 5 月 30 日到 7 月 13 日,他为自己定下了三十二场欧洲巡演,其中好几站都在大型的体育场馆。

埃罗尔·布朗:《生存》专辑之后,我开始录制丽塔·马利的专辑《谁感觉得到》(*Who Feels It*)。我意识到,鲍勃时不时便会钻进来听听,问道:"我录音的时候怎么没有听到那个声音?"说完,他就微笑着退了出去。不久之后,他展开了《生存》巡演。回来时,朱尼尔·马尔文说:"埃罗尔,鲍勃和我们聊了聊,决定让你来制作下一张专辑。"他们说,乐队向艾利克斯·萨德金支付了一大笔钱,可这钱本是可以给我的——乐队的成员之一。就这样,下一张专辑《起义》就由我来制作了。

你看，《起义》专辑中的每一段歌唱部分都是现场录制的。他试过重做这些部分，但这样就会改变它们的面貌。他的脑袋里竟能装下那么多的想法和念头，真是令人不可思议。所以我采用了他带着乐队录音时的所有声乐部分，从中去掉乐队的共鸣，那么实际上剩下的声乐部分就是最完美的了。因此，所有的声乐部分都有乐队的伴奏，从未被重做过。听听看《天堂火车》中他那句"过桥了"。那是鲍勃在告诉乐队，该过门¹了。是克里斯·布莱克威尔告诉鲍勃的，现场录制的声乐部分是最美妙的。

《救赎之歌》？鲍勃一直在不懈努力地为乐队寻找感觉，一遍遍地演奏。克里斯·布莱克威尔恰巧走进了录音室，听到乐队正在演奏这首歌曲。他说："鲍勃，我看这首歌你应该用原声吉他。""是吗？"鲍勃笑着答道，"好了伙计们，让我用原声吉他来试试。"这首歌成为了经典之作。虽然人们始终在说克里斯·布莱克威尔的坏话，但他还是尽到过自己的职责的。我在那里混音，他就坐在我旁边的座位上，摸摸按键，混混音，夜以继日。就雷鬼乐而言，克里斯还是尽了本分的。

［罗杰·史蒂芬斯］专辑中的某些歌曲是鲍勃住在迈阿密时创作的。他和母亲、妹妹珀尔住在美景路的一座大房子里。陪伴他的朋友德埃西·史密斯来自沟镇，是鲍勃巡演途中的私人助理，时常也会帮他写歌。

德埃西·史密斯：在迈阿密时，我们度过的典型一天是这样子：鲍勃差不多十点、十一点起床。他通常睡得很晚，醒来后会喝些薄荷茶。然后，他会拿起吉他，根据心情弹上几段，有可能

1　过门，也称桥段或桥梁音乐（Bridge），通常位于第一段副歌之后，可能紧接着第一段副歌的间奏，也可能位于第二、第三段副歌之间。——译者注

还能写出一首歌来，也有可能写不出来。日子就是这么一天天过去的！在那之后，可能还有足球、吉他、美食，再回到吉他。我们是在室外踢球的，有时也会跑到室内的厨房区域里来。鲍勃过去常在那里和人混战。布克尔太太会大声地抱怨："你们为什么要把所有的东西都砸碎？去外面踢球！"

后来，我们还在那里进行过拳击比赛，因为我和他买过两副拳击手套，总是在一起练习。他会试着伤害我，但我总是能挡住他。要是他说"我们现在来打架吧"，所有人都会支持他。我却连在场十人中的一个都拉拢不到。所有人都是他的前锋！我们总是会练习拳击，就连他上台演出前也不例外。他喜欢提前热热身。这样一来，他登台的时候就已经浑身湿透了。

许多歌曲都是半成品状态的，比如只有最初的三四句歌词。我们有一首歌名为《强有力的步伐》（*Drastic Step*），歌词写了三遍之后就被我们丢下了。同时，我们又并启了一首小曲，里面有几句歌词：

下来，从你那高高的骑墙上下来

你难道看不见自己正骑着过去吗？

虚伪的骄兵必败

所以当你摔下也不必费力大叫

别说我从未提醒过你

在我们唾弃你之前

有些人只不过是自然而然地卖弄

战斗与品格

快些恢复活力吧我的朋友

有人说这是再一次奋起反抗

从你那高高的骑墙上下来

难道你没有看到自己正骑着过去吗?

我曾经写过很多东西,因为我在学校里主修的科目是英国文学,读过不少莎士比亚的作品。自从我们开始即兴演奏,他有时会过来哼唱一两句,我就能抓住那种情绪。不是理解歌词,而是理解旋律。写歌要不就是先有歌词,要不就是先有旋律。他可能会弹起吉他,为它谱上一段美好的旋律。比方说,我们会面对面坐下来,他(哼唱着)等待我想出些什么。不过大部分歌曲的歌词都是他想出来的。我们就是这样合作《生存》与《起义》专辑的,写出了诸如《天堂火车》《从寒冷的地方而来》《救赎之歌》《真实的情景》和《平珀的天堂》(Pimper's Paradise)等歌曲。这些作品大部分都是在牙买加创作的。《从寒冷的地方而来》是在发行前三四年创作的歌曲,《救赎之歌》也一样,是 1977 年年初前后创作的。

合作的作品中,最令我感到骄傲的是《黑人的生存》与《真实的情景》。但我从未想过要求作为共同作者署名;不,我们的合作是在另一个层面上的。我们不会讨论那种事情,署名对我们从来就不具备任何的意义。我们只是起床就写歌,他就是这么做的。你不会听到他谈起或是争论"我的钱去哪里了"这样的问题,从不,从不。

[罗杰·史蒂芬斯]6 月中旬,《起义》发布。鲍勃有可能打破纪录的最终巡演也进入了初期阶段。

埃罗尔·布朗:我们踏上了欧洲巡演的旅途。这是一个梦想,看看人们是如何看待雷鬼音乐的。这就像是你要参加一场流行音乐会,门票全都销售一空!

[罗杰·史蒂芬斯] 津巴布韦的演出取得了巨大成功。两个月后，1980 年 6 月 27 日，鲍勃在米兰的圣西罗足球场上演了职业生涯中观众规模最大的一场演唱会。一个星期前，教皇若望·保禄二世也曾出现在那里，但鲍勃比教皇更吸引人！

朱迪·莫瓦特：最令我难忘的其实是米兰的那场演出。现场来了大约十一万人。看到如此庞大的人群，我的脑海中回想起了 1975 年初次和大家展开《傻瓜的脏辫》专辑巡演的经历。那是波士顿一个名叫保罗商城的小地方——你懂的，场地非常狭小。我们不得不一周工作七个晚上，十分辛苦。可即便是一周工作七晚，观众的人数累积起来也没有这么多！没错，时至今日，我们在一个场馆里就能见到如此庞大的人群，着实令人印象深刻。所有意大利人都在唱《不，女人别哭》，可他们是不说英语的。这和我们在日本巡演时的情景一样。那里的人也不会说英语，却熟悉鲍勃·马利的每一首歌曲，可以跟着你逐字逐句地演唱。

埃罗尔·布朗：规模最大的要数米兰的那场演出。哦，上帝！你都无法想象场面有多宏大。要记得，对于意大利人来说，最重要的就是教皇与足球。可你却能在他们发行量最大的报纸头版上看到关于鲍勃·马利的标题。文中说："鲍勃·马利在体育场创造了历史。"甚至连足球也无法与之相较！足球比赛都没有如此多的观众，因为我们显然把田径场也用上了。整个场馆里人满为患，人们嘴里喊着："鲍勃·马利！鲍勃·马利！"这是一次非常有趣的经历，对我而言就像如今的流行音乐巨星演唱会。巨星！在我看来，那就是一场梦，而我不想从梦中醒来。就这样一直下去好了。规模最为盛大的就数这场演出。不过我还记得英格兰的水晶宫，舞台前有个满是脏水的大水池。鲍勃一上台，所有人都跳进了脏水之中，就为了靠近鲍勃·马利和哭泣者乐队。那地方也是人山人海，演出门票全部售罄。

巡演接近尾声时，大家都可以领到奖金，金额比巡演的薪水更高。这是我第一次参与规模如此浩大的巡演。演出结束时，全体人员都会应鲍勃的要求留下来。我只想回家。我记得鲍勃在楼下的休息室看到我，问我要去哪里。我说回家。他说："等等，埃罗尔，我们正准备发奖金呢。"我答道："鲍勃，你回来时把钱带来吧。我只想回家。"他说："好吧，那就再多等一段时间。"可不幸的是，鲍勃再也没有回过家。你瞧，鲍勃是个好人，领到奖金都会和我们所有人分享。还有哪个艺术家能这么做呢？

[罗杰·史蒂芬斯] 截至 1980 年，鲍勃的经纪人柯林·莱斯利已经安排好了鲍勃脱离小岛唱片的进程。1980 年，《起义》的发行终结了他们之间的合同。鲍勃正在考虑更换唱片公司。宝丽金唱片公司提出了一份价值数百万美元的合同。

柯林·莱斯利：对鲍勃来说，这是一份"一揽子协议"，囊括了塔夫冈旗下所有的艺人。他还要配销"阿比西尼亚人"乐队、"燃烧的长矛"乐队、弗雷迪·麦克格雷格等许多人的作品。但离开小岛唱片不一定与逃避有关，而是关乎建立某种能为牙买加艺人提供选择的组织。他本不必前往纽约、伦敦或是任何地方。他们可以在金斯顿就地签约，仍旧能够获得国际知名度。既然没有什么更好的例子可举，那就暂且说他想要的是"金斯顿的汽车城音乐公司"好了。这才是他在努力构建的。

[罗杰·史蒂芬斯] 可梦想永远也无法实现了。随着计划中的世界巡演美国段拉开帷幕，悲剧降临了。

第31章 麦迪逊花园广场，一切分崩离析

[罗杰·史蒂芬斯] 如今，马利已经成为名声显赫的超级巨星，预订的都是体育场馆，整日遭到仰慕者与寻求善款之人的烦扰。巨大的压力正改变着他与辛迪·布雷克斯皮尔之间的关系。

辛迪·布雷克斯皮尔：鲍勃不是一个能够让你真正驾驭其时间或注意力的人，因为他的生活是如此难以满足，而他对手头的事情又是如此投入，以至于你真的不得不自我醒悟，不然就会变得极其缺乏安全感、大失所望、痛苦不安。因为你生命中的这个男人好像永远也不可能成为你想象中的那样。所以你必须认真审视内心，寻找自己的天赋。他也会全力支持这种做法。你瞧，他总是非常鼓励我去做任何富于建设性和创造性的事情。在我经营的自然手工艺品店成型的过程中，他就起到过非常重要的作用，为我们买来了店里的第一批电动工具，还从伦敦派人为我采购了首批材料。因此，他在我个人的成长与发展过程中很能启发我。如我所言，一定要安下心来，知道自己想做什么、放手去追，而不是坐享其成、等待任何人来让你的人生感到重要或兴奋。你必须自己兴奋起来。

在他生病之前，我们其实一直没有真正分手。他病倒的那年夏天，我从他为我在金斯顿巴比肯的罗素山庄购买的住处里搬出去——房子被我卖了。老实和你说，我其实从未在任何一个正式的场合中说过"你看，一切都结束了"这样的话。他也一样。

事情差不多是这样的：他北上去了迈阿密，准备外出巡演；而我决定搬离罗素山庄，因为那里太过拥挤。我觉得自己需要一些空间，于是在山里找了一个足够达米安和我容身的小地方。我还告诉其他所有人，他们需要寻找自己的房子。当他打电话给我，要我在巡演开始前去迈阿密待上一段日子时，我似乎问了一句："哦，那里的情形如何？"听完他的形容，我答道："不，我觉得我不能再进入那种情形之中了。如果你想要回来这里，我们就还能做些什么。"我想的是一段全心全意照顾子女的黄金时光。不过，这是当然的了，当我在新闻中听说出了什么严重的问题时，还是丢下手头的一切赶了过去。

[罗杰·史蒂芬斯] 在欧洲为逾百万名观众演出的那个夏天，他取得了巨大成功，但马利的密友们都毫不知情的是，他已然大期将至，这也使更多的人为之心碎。世界巡演北美段开始后不久，在麦迪逊花园广场的两场满座演出之后，转折点不期而至。截至这时，鲍勃已经解雇了唐·泰勒，重新联络上了丹尼·西姆斯。

丹尼·西姆斯：1980 年的欧洲巡演大获成功之际，纽约 DJ 弗兰基·克罗克跟着我们来到了牙买加，试图和 WBLS 电台的老板佩佩·萨顿一起说服我，让鲍勃与"准将（Commodores）"乐队一起演出。这场巡演由他们来负责，美国的巡演则由我来负责。这其中涉及许多安排，得与经纪人们重新筹谋，还要改变唐·泰勒安排好的一切。鲍勃·马利想在每一座城市里踢室内足球。要想联系到所有人，让他们来踢室内足球，还要在白天踢，这可不是什么轻而易举的计划。这件事花了很长的时间才安排好。

[罗杰·史蒂芬斯] 这次巡演的构思是与"准将"乐队等黑人艺术家一同上路，将非裔美国听众进一步囊括进来。鲍勃希望西姆斯能够帮助自己，因为他握有接触那些观众的途径，还能帮

他打入黑人市场的电台。他正在与史提夫·汪达讨论共同筹办多场演出的事情。

丹尼·西姆斯：是的，是的。这是他自己想做的事情。因为对于处在职业生涯这一时期的鲍勃·马利来说，为"准将"乐队做开场演出几乎是一种侮辱。我不是要贬低"准将"乐队，他们也是大腕。但不同之处在于：这是他们的演出，资金已经投入了不少，票却卖不出去，即便是针对黑人市场也卖不出去。因此，他们同意每隔一个小时就播一次鲍勃·马利的《你能否被爱》，播放三个月的时间。收多少钱？分文不取！让哭泣者乐队在麦迪逊花园广场登台，并为"准将"乐队进行开场表演，这就是价钱！

我记得自己是在大巴车上向鲍勃提起这件事的。在我的记忆中，鲍勃曾经见过 DJ 弗兰基·克罗克，对他颇有好感。他是个活跃的知名红人，而鲍勃·马利又正好想要打入黑人市场。弗兰基·克罗克返回纽约后，他们给我打来电话问："丹尼，你能让他接受这件事情吗？"我回答："好的，我会和他谈谈的。"于是，我找到"天才"和鲍勃说："'准将'乐队会遇到许多的麻烦。你们害怕为他们做开场演出吗？"他回答："不怕。"我说："弗兰基·克罗克与佩佩·萨顿一直在播放你们的唱片，却没有引起黑人市场的任何反应。"没有人认可，也没有人去商店里购买这张唱片。我觉得克里斯·布莱克威尔非常失望，因为他十分渴望打入那个市场，拓展鲍勃的歌路。要知道，唱片已经被我们投入了几乎所有主要的黑人电台和重要演出。《你能否被爱》甚至上了洛杉矶 KJLH 电台的节目。为了挣钱，他们几乎每隔一个小时就会播放这张唱片一次。

马利给了丹尼·西姆斯八万美元，购买美国黑人电台的播放时间，进行推广。

埃罗尔·布朗：《你能否被爱》发行之前，鲍勃·马利在美国没有什么名气。正是这首歌帮他打入了美国市场，因为它是一首迪斯科－雷鬼歌曲，属于两种风格的融合作品。此前美国还从未真正接纳过雷鬼乐，市场很难打入。

[罗杰·史蒂芬斯] 有人看到马利曾在纽约与薇薇安·布雷克出入。她是臭名昭著的暴力团伙"阵雨团"的头目，身上背了超过一千四百件谋杀案。多年之后，布雷克之子杜安出版的《阵雨团》一书中出现了两人一同出行的骇人照片。照片中的鲍勃形容枯槁，如同幽灵一般。

丹尼·西姆斯：我记得鲍勃说过，他有些担心自己的生命安全。艾伦说，他觉得某个团体之类的组织想要刺杀他。但我要说的是：他之所以感觉受到了威胁，要不就是因为自己曾在牙买加遇刺，要不就是由此留下了什么阴影。

[罗杰·史蒂芬斯] 为了确保鲍勃能在麦迪逊花园广场的演出过程中感到安全，丹尼·西姆斯采取了几个不寻常的手段。

丹尼·西姆斯：我带他去见了一个名叫乔伊·阿尔莫内的人，甘比诺（黑手党）组织的头目。乔伊·阿尔莫内在去世之前与我合作了四十年。我带着鲍勃和艾伦与乔伊·阿尔莫内见面的那间餐厅正是卡斯泰拉诺被杀的地方。艾伦告诉乔伊，他们想在麦迪逊花园广场得到保护。你还记得鲍勃的乐队成员之一"怀亚"林铎演出时迟到了，最后坐在了观众席里吧？就是甘比诺的某个手下让他坐在观众席里的。因为他迟到了，而他们并不知道他是谁，以为他是来做什么坏事的。所以，他进来时直接被他们迅速转移到了观众席里，还被包围了起来。美国各地的情况都是如此，因为甘比诺的组织是全国规模最大的。由于死亡威胁的缘故，他们将在剩下的巡演日程中充当安保人员。不仅仅是在纽约，美国到处都有牙买加人，还有牙买加政府的职业杀手团伙，他们无孔不入。

埃罗尔·布朗：我听丹尼·西姆斯说，有人对鲍勃发出了死亡威胁。可事情不是这样的，这不是真的——死亡威胁不是针对鲍勃·马利的，而是针对"天才"科尔的。他和我们在一起。我不知道政治方面的事是怎么回事，但我知道安保的力量加倍了。纽约就是纽约，那里有成堆的坏人。不过这没什么大不了的，根本就什么事也没有发生，一切都很顺利。

[罗杰·史蒂芬斯] 与此同时，正如西姆斯预料中的那样，马利要在麦迪逊花园广场加演一场的事情改变了整个活动的走势。

丹尼·西姆斯：我在告诉鲍勃即将发生什么时说过："鲍勃，'准将'乐队的吸引力不大，能够吸引来的也只有黑人。"门票开售当天就售罄了。这难道不神奇吗？演出有了鲍勃·马利的加入，门票就销售一空了？猜猜是谁把票买走了？是白人。

吉利·吉尔伯特：在麦迪逊花园广场，鲍勃用自己的音乐给了他们重重一击，他们却感觉不到痛苦。在我看来，美国人如今似乎已经为雷鬼乐做好了准备。有些事情指日可待：对于雷鬼乐和雷鬼音乐人来说，某些好事可以拭目以待。不过在那段时间里，事情也有些不对劲的地方——某种奇怪的氛围。好在两晚的演出都很火爆。

丹尼·西姆斯：演出过程中，我一部分时间始终在后台巡查。和鲍勃不一样，我并没有感到忧心忡忡，但也没有看到任何能够对他意图不轨的人，毕竟我们是有保安的，要想发现这些人并不难，因为大家都住在纽约。所以，如果你是什么黑帮成员，能来参加演出、钻进后台是件好事。你肯定能够玩得非常开心。

[罗杰·史蒂芬斯] 演出的反响非常热烈，却吓坏了与他同台的明星。

丹尼·西姆斯：鲍勃·马利的一小时演出让观众席里的黑人们有机会看到了他；现场来了不少牙买加人。是这么回事：随着鲍勃·马利的表演渐入佳境，观众们都入了迷，发起疯来。唱到最后一首歌时——我记得是《起来，站起来》，这首歌一直是非常不错的终场曲目——鲍勃·马利将观众带入了一种催眠的状态中。我为"准将"乐队感到遗憾。他们接着进行了三个小时的演出，观众却陆续离场。只有他们最忠实的黑人粉丝留了下来。你知道牙买加人是不会为一场 R&B 演出逗留的，而白人也肯定不会留在那里，因为他们想听的是摇滚乐。离场的观众超过了半数。

埃罗尔·布朗：我们为"准将"乐队在麦迪逊花园广场进行了两场演出。在第一场演出中，观众们对鲍勃·马利和哭泣者乐队亦步亦趋，时间都不够用了。"准将"乐队的经纪人看着薇薇安·菲利普斯（鲍勃的巡演经理）说："停下！停下！"薇薇安告诉鲍勃，他必须下台了。于是他照做了，没有演唱《你能否被爱》。现场一片嘈杂，尖叫声四起。他们不得已才让鲍勃·马利与哭泣者乐队重返舞台。朱尼尔·马尔文弹起了吉他引子的部分。我连 P.A. 播放设备的声音都听不到，因为观众实在是太吵闹了，令人无法想象。麦迪逊花园广场就要被掀翻了！当"准将"乐队伴着舞台中央的激光束和爆炸效果出场时，那些观众却丝毫没有为之所动。因为他们的热情已经为鲍勃·马利和哭泣者乐队耗尽了，就算是舞台中央的激光与爆炸也无法将他们唤醒。莱昂内尔·里奇呼吁他们："起来！起来！跳起来！让我们来狂欢！"可他们全都筋疲力尽地坐在那里，已然为鲍勃·马利与哭泣者乐队的演出心力交瘁。这就是另一回事了，我也看到有人离场。

"西科"帕特森：我记得鲍勃一下台，几乎所有观众都退场了，甚至没有人在注视舞台，只有那么一小拨人。

朱尼尔·马尔文：我觉得许多人都以为这只是哭泣者乐队的演出。我们是第一个登台的，所以他们觉得演出已经结束了。

[罗杰·史蒂芬斯] 许多头条报道、传闻都说后台存在嫌隙，因为鲍勃抢了"准将"乐队的风头。朱尼尔·马尔文并不同意。

朱尼尔·马尔文：许多传闻都提到了我们与"准将"乐队之间的气氛。我们与他们相处甚欢，彼此尊重对方的音乐。由于时间的问题，想要进行校音是非常困难的，但演出非常精彩，大家都很尽兴。

西格里·卫斯理：两晚的演出我都去了。我记得星期五那晚，我还为妻子和女儿买了票，因为她们也想去看。我一进门就知道，自己必须下到艺人们所在的地方去。我的座位不太好。我记得曾对前妻说，我要绕到后面去。走过去时，我在那里看到了"西科"。他问我："西格里，你在这里做什么？"他说："伙计，我们一直在找你呢。"就这样，我绕去了后台。其实整个演出过程中，我都是在后台与乐队、"顾家男人"等人一起度过的。那晚他让我非常骄傲，你明白吗？因为他抢尽了主演艺人莱昂内尔·里奇与"准将"乐队的风头。他们演完之后，超过半数的观众都离场了。两晚都是如此。他拥有了整个花园广场——全场的观众都齐刷刷地站了起来。我是说，一个区域接着一个区域，没有例外，就像排练过似的。他还没有唱到《起来，站起来》，就让他们纷纷站了起来。我的意思是，这首结束之后，观众在他的下一首歌结束之前还稍站了片刻。他又反复吟唱"喔——哟——哟"了？和往常一样，他穿的是牛仔裤。我甚至为此取笑过他，说，兄弟啊，你真喜欢牛仔裤。

"西科"帕特森：麦迪逊花园广场的演出。那最后一场，精彩纷呈，伙计，它是最棒的。我跟你说，老天啊，棒极了。大家都很喜欢那场演出。

[罗杰·史蒂芬斯] 麦迪逊花园广场的演唱会是他倒数第二次的成功演出。随着与史提夫·汪达的一系列演出即将临近，鲍勃似乎正处于影响力的巅峰。可命运却有其他的安排。

德西埃·史密斯：在普罗维登斯的演出之后、花园广场的演出之前，鲍勃都没有露出任何患病的迹象。我们四处奔波，前一天晚上还和往常一样吃了冰激凌。他是那么的快乐，我记得自己和他开过一个小玩笑。因为我们过去总是住在同一间套房，所以我对他说："鲍勃，你的朋友们睡得太晚了，你又整晚不睡。我需要休息一下，需要属于自己的空间。"看到他拿起了运动鞋，我问道："鲍勃，你要去哪儿？"他说他要上楼，到小房间里去。他要搬走。我说："我搬！把我的房间换了吧。"就这样，我一个人得到了一间大套房！我们就是这样，相亲相爱。不过，没有，他当时没有任何患病的迹象。

星期天，花园广场的演出之后，来了四五个人，是丹尼·西姆斯和他的几个朋友，全都穿着短裤、运动鞋。他们要去马路对面的中央公园慢跑。所有人都去了，包括"天才"科尔和比格斯。比格斯是在纽约照料鲍勃生活的人，会为他准备牙买加风格的食物等等。但我必须留在酒店里接听电话。从我所在的埃塞克斯大厦望出去，是能够看到他们走向公园的。他回来时，走路的姿势竟像个坏人似的，仿佛成了逃犯，而且他是走回来的。一进房间，我就从他的脸上看出了惊恐的表情。他什么话也没有说，只是来回踱步，不停地打转。过了一会儿，他问道："德西埃，你听说发生什么事情了吗？"我答道："没有。"他这才告诉我，他的身体麻痹了。后来"天才"对我说，他仰面跌倒，身体一下子瘫痪了。

丹尼·西姆斯：你瞧，第二天的悲剧发生时，我的兄弟艾迪和我在一起。我们每天都会去中央公园踢足球，虽然我不踢球，但是也会绕着公园跑一跑。我的兄弟也不踢球，但我们都陪着他去了公园。艾迪当时是索尼公司的宣传人员。我们都跟鲍勃去了公园。艾伦·"天才"科尔和鲍勃的乐队组成了一队，我们朝着足球场慢跑了过去，就在接近球场、准备踢球时，鲍勃突然癫痫般痉挛起来，口吐白沫，嘴里喊着："艾伦，艾伦。"他似乎已经精神错乱了，能说的只有"艾伦，艾伦"。艾伦环抱住他，和我们一起步行把他送去了西奈山医院，就在他与我住处的隔壁。

德西埃·史密斯：鲍勃后来告诉我，他突然就不行了，他就是这么说的。无论如何，他们决定带他去找医生做个检查，因为病情实在是太严重了。回来时，他似乎闷闷不乐。令我着实大吃一惊的是，他好像还瘸了。虽然他一言不发，你还是能够感觉到事情不太对劲。他脸上的那种表情就能让人看出事态的严重性，可他那会儿也没想过要告诉我。不过"天才"科尔找到了我，让我不要再给鲍勃大麻抽了。我还是没有进一步深究。将这一桩桩事情拼凑在一起，我就知道肯定出了什么问题。

吉利·吉尔伯特：星期日，"西科"给我打来电话说："吉利，快到酒店来，出事了，老大。"他开始向我解释，鲍勃和几个人去了中央公园慢跑，似乎旧病复发，倒地痉挛，癫痫般抽搐起来。"西科"还告诉我，他们试图施救，将他的身体伸展开来，让他深呼吸。待他缓和之后，大家立即将他送去了医院观察，还让他在医院里待了好一阵子。

丹尼·西姆斯：很快，罗斯曼医生预约了斯隆·凯瑟琳癌症医疗中心——全球最好的治疗癌症的医院。我们去看了世界上最有名的癌症方面的医生。他们收治了鲍勃，告诉我们要再回来：我和我的律师、罗斯曼医生的兄弟弥尔顿·罗斯曼，还有艾伦·"天才"科尔以及鲍勃·马利。他们为他做了扫描，医生却招呼我们去了另一个房间，说要和我、律师、艾伦谈一谈。这是我第一次发现癌症的事情。他说："鲍勃·马利也许是我见过的最坚强的男人。我能看出他是如何踢足球的，何况你们还在为足球巡回赛做准备。"他接着说："可是鲍勃体内的恶性肿瘤比我在任何一个活人身上见过的都多。"他表示，鲍勃的脑袋里全都是恶性肿瘤——黑素瘤。他知道鲍勃的父亲是白人血统，也知道他曾经发现过大脚趾的问题。他说，如果鲍勃·马利在当初发现自己患有癌症之后遵循医嘱，切掉半个脚趾，可能还能比我们所有人都长寿。他说："谁来告诉他？艾伦，你吗？"艾伦回答："我可不能告诉他。"于是他又问："你呢，丹尼？还是你，弥尔顿？"鲍勃还在等待我们告诉他结果。我不记得是谁把事情说给他听的了，不过不是艾伦。我觉得是我。他一声不吭，一直垂着头。我再也没有看到他抬起过头。

西格里·卫斯理：我就在他的酒店里。我是星期一到酒店房间去的。我记得自己赶到之后，他对我说，他要去匹兹堡，还说他要去巡演，大巴车就在外面，你明白吗？我那天没有去上班。紧接着，他还跟我说了键盘手"怀亚"林铎的问题：他不知从哪儿带了一个姑娘过来，是个美国人。两人似乎为此发生了争吵。他告诉他，要不就摆脱那个女孩，要不就结束与乐队的巡演。对于前一天在中央公园跌倒的事情，他却只字未提。鲍勃看上去矮了不少，像是瘦了许多，因为我还自言自语地念叨了一句，上帝啊，你怎么骨瘦如柴的——用牙买加的方言来说，就是干瘦。他对我说："兄弟，我已经不像你了，你知道吗，我只吃鱼和蔬菜。"我回答："可是兄弟，你看上去干瘦干瘦的。"他表示："不，我没事。只不过是大脚趾的问题。"鲍勃的意思是，出问题的只不过是他的大脚趾。我们还谈起了另外一件事。他问我，他唱过最好的一首歌是什么？我回答："《战争》。"他握了握我的手说："兄弟，兄弟，只有你能明白，因为我也是这么对外面所有人说的，这首歌最棒了。我不在乎任何人是怎么说的，你懂的。就是这首歌。"

吉利·吉尔伯特：所有人都沉默不语，他们努力保持镇静，在拿到最终的检查结果之前不肯透露半点声色。在他飞抵匹兹堡之前，我们还一无所知。在演出前的一次会议中，他把眼下发生的一切全都告诉了我们。大家都明白，这将是最后一场演出了。

德西埃·史密斯：到达匹兹堡之前，我们还不知道他病得有多重。演出之前，我在更衣室，他则坐在椅子上闷闷不乐。我在那里为他擦鞋。他整个人都瘫在椅子上，开口说道："给我点大麻烟卷。"我把烟卷递给了他。你知道他做了什么吗？他躲起来，把烟抽了——他接过烟，在厕所里抽完了它，因为他不想让任何人看到。演出的时间到了，我先一步走向了舞台的一侧。他在我的身后跟了上来，对我说："德西埃，看着点儿我。"他开始演奏时，我清清楚楚地记得"天才"科尔走到我的身后，说道："德西埃，这有可能是鲍勃的最后一场演出了。"我问："为什么？""天才"回答："医生说，他满身都是恶性肿瘤。"听罢，我的膝盖一下子就软了。

丹尼斯·汤普森：匹兹堡的最后一场校音延续了大约一个

小时。我记得他唱的是皇后乐队的《又一个人倒下了》(*Another One Bites the Dust*)。他就是用这首歌来校音的。我对他说："你为什么一直唱这首歌呢？这是你的歌吗？"他答道："不是的。"我从未听过皇后乐队的歌，也没有听说过他们。但鲍勃去过皇后乐队在麦迪逊花园广场的演唱会。他叫我去，被我拒绝了。他肯定是在那里听到了这首歌，于是反复唱着"又一个人倒下了"，还开怀大笑。我当时甚至不知道中央公园的那场意外，一无所知。即便乐队的人知道，我也不曾从他们的脸上看出些什么。对我来说，这就是公事，把自己的事情做好就行了。如果之前就有什么问题，我就更不得而知了，没有在他的表演中注意到任何紧张的迹象。

朱尼尔·马尔文：我觉得鲍勃之所以没有直接住院，而是去了匹兹堡，是因为他意志坚定，对自己的事业很有信心。要是他在此之后还能再办上十几场的演出，肯定会去做的。如果一切都能由他来决定，他还会演下去。我们止步于匹兹堡的原因在于，所有人都在对他说："鲍勃，我们去看医生吧。中断巡演吧。"我觉得是艾伦·科尔说服了他结束巡演。鉴于自己的身体已经在某种程度上垮掉了，他接受了这个主意。

然而，在匹兹堡的演出中，你是绝不可能知道他病了的。下午的校音过程中，我记得他唱了《(上帝，我要)继续前进》[*(Lord, I Gotta) Keep on Moving*]。但我觉得他也唱了别的歌。在我的记忆中，校音的过程十分紧张——乐队每次校音都很紧张，既要确保一切正常运行、安装得当，还要确保所有的声音都是均衡的，尽力献上最好的演出。整个校音过程和往常一样过去了。没有关于鲍勃或任何事情的负面情绪，你懂吗？校完音，艾伦·科尔找到我们说："我们要终止此这一趟的巡演了。这一站就是收官之战，是鲍勃·马利与哭泣者乐队的最终演唱会了。"于是我们知道，这将是最后一场演出了。

我只记得自己一直在祈祷，对上帝说："如果这是你让我们随鲍勃出来的最后一场演出，请帮帮我尽自己最大的可能。"我觉得乐队里的每一位成员都有同样的感受。让我们尽力做到最好吧，希望这不会成为最后一场演出。和你实话实说，演唱会过程中，这将是"最后演出"的念头一次都没有出现在我的脑海里。鲍勃也从未做出过任何会让你有此念头的举动。他的每一首歌都唱得精彩绝伦、完美无缺，和其他任何一场演出一样——都付出了百分之一百一十的努力。演出是无可挑剔的。每个人都努力不犯任何错误，即便是弹错半个音符也不行！我们全都在全力支持鲍勃，与他完全协调一致，如同魔术一般。观众疯狂了。

在我的回忆中，《工作》是最后一首歌曲（其实它是与《起来，站起来》混在一起表演的）。如果这是最后一首歌，那就完美了，因为我们还有许多工作要做。你知道的，工作还要继续。

丹尼斯·汤普森：演出之后，我接到电话，立即赶往了酒店。我收拾好所有的东西，必须现在就走，直奔酒店。鲍勃在自己的房间里。所有人都拉长了脸。我问："出了什么事情？"他们告诉我，结果出来了。我问："什么结果？"他们说，鲍勃星期日的时候在公园里摔倒了。结果出来了：他得的是癌症。听罢，我突然全都明白了——《又一个人倒下了》。

埃罗尔·布朗：这是我第一次听到鲍勃·马利的高音破音。为了这场演出，丹尼斯·汤普森和我换了位置。他在前面混音，我则负责舞台监督。第一次望向鲍勃的表情时，他一直不太开心。演出没有什么不一样，但我能够看出，他有什么烦心事。在演出后的会议中，我听说巡演被取消了。会议的地点不是在酒店，也不是在化妆间。丽塔说鲍勃病了，摔倒在了中央公园。我这才意识到他是在为何事烦心。

很快，我们坐上大巴，驶向了佛罗里达。鲍勃住院期间，我们在一家酒店里住了一个星期的时间。鲍勃出院时看起来是如此的神清气爽，以至于我认真对他说了一句："鲍勃，你现在看上去比我们任何人都要健康。也许你只不过是想要休息一下。"他回答："是啊，我不觉得难受了。但我还是想要检验一下他们所说的话。"就是这么回事。我下一次见到鲍勃的时候，他已经躺在棺材里了——回不去了。

德西埃·史密斯：匹兹堡的演出结束后，我们决定第二天一早就动身前往迈阿密，却没有赶上飞往那里的飞机，于是决定飞到西棕榈滩，再驾驶豪华轿车过去，因为他想要尽快返回迈阿密。听了医生的话，他必须找到那个迈阿密的医生寻求第二意见。后来的这位医生给出的报告也是一样的。在回去的飞机上，我满眼含泪，无法相信客机走道另一边的人就是他。坐上这趟飞机的只有我、丽塔、丹尼·西姆斯和"天才"科尔五个人。乐队被我们留在了那里，稍后才会赶来。我只是一直在哭。眼泪，眼泪，眼泪。

埃罗尔·布朗：鲍勃的心里是有负担的，太多的负担。可他从不抱怨，从不拒绝。他留下了宝贵的遗产，他的音乐。时至今日，把鲍勃·马利的任何一首歌曲拿出来播放，都像是在聆听今时今日的歌词与音乐。

邦尼·威勒：在我看来，鲍勃·马利唯一的缺陷就是从不会对任何人说"不"。

吉利·吉尔伯特：乐队全体人员最后一次见面是在迈阿密。他告诉我们，医生们说他得了癌症，其中一个说他只有三个月可活，另一个则说是六个月、九个月。所有人都陷入了绝望。我回到牙买加，后来又去了纽约为他做饭。此事让我的心都碎了。听说他们决定在冬天飞往德国的阿尔卑斯山时，我已经身在迈阿密了。在纽约，是我最后一次见到鲍勃。

第 32 章　伊塞尔斯医生与最后的时光

[罗杰·史蒂芬斯] 鲍勃在迈阿密和纽约接受了医疗检查，他们很快确认他已经病入膏肓，当初从他的大脚趾里检测出来的恶性肿瘤已经扩散到了肺部和大脑。他开始在迈阿密接受化疗，之后又转院斯隆·凯瑟琳癌症医疗中心继续治疗，并剪掉了一头脏辫。他还准备离开克里斯·布莱克威尔和小岛唱片，说他们能做的只是给他带来白人大学生。布莱克威尔即将失去自己最大的摇钱树。

丽塔·马利表示，巡演这些年间，她从始至终更像是鲍勃的母亲，照顾他的同时也有自己的情事。她有自己的安排，尤其是因为鲍勃拒绝留下遗嘱。在法律上，她仍旧是他的妻子，必然会继承他的房产（这将导致接下来十几年的诉讼）。唐·泰勒知道所有的银行账户在哪里，所以他仍旧徘徊在这一切的边缘，不过他也要遵循严格的纪律。每个人都有自己的金钱利益。

无法挽救的悲哀降临了。

丹尼·西姆斯：1980 年，鲍勃在纽约昏倒时，医生曾告诉他，他还剩下六个星期的时间，不妨还是踏上回家的路，在那里死去为好。听闻这个消息，我就再也没有见到他笑过。他的笑容消失了，整个人陷入沉默，变得如此悲哀。

吉利·吉尔伯特：1980 年秋天的《起义》巡演美国段开始之前，鲍勃刚刚通过了一次全身的体检。时至今日，我也无法理解。鲍勃在澳大利亚、津巴布韦都踢过足球，走到哪里，踢到哪里。他踢起球来就像个王者。甚至在 1980 年的美国巡演之前，我们还在迈阿密的西南部地区举办过一场送别赛，以我的美牙联队对抗一支海地球队。他踢出去的球如同子弹一般。如果鲍勃会感到疼痛，我在他踢球的时候肯定是能看出来的。

丹尼·西姆斯：发现他患了癌症，我便取消了巡演，还取消了谈判。我曾在上一次的匹兹堡演出中见到过舞台上的他，他的每一场演出我都会看。让我来告诉你吧，他简直是活力四射。你知道斯隆·凯瑟琳癌症医疗中心的医生是怎么说的吗？"鲍勃·马利比公牛还要强壮。某一天，他会迈开步子走上舞台，然后倒地而亡。就像他昏倒那几次一样。某一次，他将无法醒来。如果我是你——"就是我们决定是否要告诉他那一次，"——我是不会告诉他任何事情的，而是会让他幸福地死去。因为他不知道自己何时会死。他已经死了，是个活死人。"他认为他很快就会离世，可他还有不到六个月的时间。他是第六个月才去世的，医生的预言很准。他让我们去做的事情正是我们该做的。

在斯隆·凯瑟琳癌症医疗中心接受治疗期间，我让鲍勃和我一起住在一座九居室的顶层公寓里。那里整天都有梳脏辫的人上上下下，他们会偷走电梯里的座椅，还随处吸烟。丽塔会把早餐端给一起躺在床上的鲍勃与辛迪（辛迪彻底否认了这件事情）。丽塔已经十年没有看到过鲍勃的裸体了。

[罗杰·史蒂芬斯]10月中旬前后，鲍勃在纽约剪掉了自己的发辫。他住在丹尼·西姆斯的公寓期间，是辛迪·布雷克斯皮尔、丽塔·马利、詹妮弗与伊薇特·安德森在那里照顾他的。

辛迪·布雷克斯皮尔：我觉得鲍勃是在为了我们所有人而努力坚强。但我认为他可能已经意识到了，这将是他生命终结的起点。他会试着保持幽默。我觉得这在当时真的很难做到，因为他晚上休息得不好。他没有感受到太大的痛苦，反倒是精神十分焦虑：该怎么办，要去哪里，能求助于谁，走哪条路？

[罗杰·史蒂芬斯] 丹尼·西姆斯强烈以为，人们对鲍勃照顾是不周到的。

丹尼·西姆斯：鲍勃在中央公园病倒时，艾伦·科尔住在我家。"皮威"弗雷泽住在纽约的朋友那里，但每天都会到我家来。他们竟然全都瞒着我，让我非常、非常沮丧。人们就是意识不到，发行人对于一个艺人来说有多重要。竟然没有人告诉我。

"皮威"弗雷泽：我认为，可以责怪任何人的地方或是不足之处在于，他没有真正地进行过复查。我们本可以探究更多的细节，因为在他复发并出现癌症转移的状况时，佛罗里达的那名女医生——我觉得她是丹尼·西姆斯推荐的——明显忽视了他肺里的球形病变。

[罗杰·史蒂芬斯] 鲍勃与"皮威"都是十二支派的成员，鲍勃时常寻求他的意见，有时还会找他寻求一些非正统的疗法。针对赫尔曼医生的建议，他与西姆斯陷入了争执。

丹尼·西姆斯：我发现他们在迈阿密只让他接受过少数几次化疗。"皮威"弗雷泽告诉鲍勃——发现此事后，我将"皮威"弗雷泽赶出了我家，再也没有和他说过话——因为他怎么能告诉鲍勃·马利，你们的身体是不会生癌的呢？这是我听过最大的谎话，就像一个基督教徒告诉另一个教徒："你是基督教徒，癌症是不会伤害你的。"我对"皮威"弗雷泽说："你怎么能这么说？你是个医生，你怎么能这么对一个人说话？你怎么能阻止他接受化疗？"

"皮威"弗雷泽：我从未说过那样的话，因为正是我向鲍勃解释了黑素瘤是什么。他的癌症已经进入第三阶段。斯隆·凯瑟琳的医生说他活不过圣诞节了。我说他们不能说他会在某个时间死去，我也不会把这话告诉鲍勃。

[罗杰·史蒂芬斯] 在斯隆·凯瑟琳癌症医疗中心的医生说鲍勃康复无望之后，马利的圈子便开始寻求成功的替代疗法。主张返璞归真的那些当地教徒声称，山区的传统术士能够治愈他，力劝他返回牙买加；随行人员中思想较为科学的则劝他积极接受化疗；他们还咨询过自然疗法；丽塔、丹尼和辛迪赞成去一家墨西哥诊所看看，因为好莱坞演员史蒂夫·麦奎因的癌症据说就是在那里被治愈的。

丹尼·西姆斯：我告诉鲍勃，我会把他送去史蒂夫·麦奎因住过的那家墨西哥医院。费用是从开曼音乐付给鲍勃的版税里出的。后来，鲍勃说他不想去墨西哥，因为史蒂夫·麦奎因死了，而他是自己最喜欢的电影明星。鲍勃想去一个能让他觉得自己还能奋起一搏的地方。由于化疗的缘故，他的头发已经掉光了。痛苦即将真正来临。

后来他选择了我的第二选择，伊塞尔斯医生。于是艾伦他们决定让我给伊塞尔斯医生打个电话，安排他过去。我听说这位医生对替代疗法很感兴趣。

[罗杰·史蒂芬斯] 约瑟夫·伊塞尔斯医生是一名前纳粹医生，在德国的阿尔卑斯山区经营着一家诊所，使用的是替代疗法。

"皮威"弗雷泽：去德国会诊实属偶然。斯隆·凯瑟琳癌症医疗中心的神经科主任里滕豪斯医生告诉我，鲍勃活过1980年圣诞节的几率已经十分渺茫，我应该通知鲍勃。他说完这番话时，我们正在鲍勃的病房里。我告诉他，没有人能知道谁会死——我们都是依靠信念活着的。我不会告诉鲍勃，他即将在圣诞节前死去，但我会重新强调，我们应该多么努力地战胜他的疾病。

这段对话之后，我回到了鲍勃的房间。大家刚刚与埃塞俄比亚的牧师做完祈祷。艾伦·"天才"科尔、鲍勃和我都在房间里。牧师和他的助手已经离开了，仿佛临终祷告已经结束——医生敲响了丧钟，牧师做完了耳熟能详的最后恳求。所有人似乎都心事重重。就在这时，我注意到了地上的那则简讯。简讯被溅上水的那一部分已经干了，上面宣布美国科学协会的奥米加会议特邀发言人将是约瑟夫·伊塞尔斯医生。

在暗中进入伊塞尔斯的酒店之前，我们还不曾与这位医生见过面。我和艾伦先是趁他去开会时找他的妻子聊了聊，还面试了负责墨西哥诊所的医生——也就是史蒂夫·麦奎因住过的同一家诊所的医生。大家一致认为，伊赛尔斯医生不仅是当时最全面的、不可供替代的医生，还是绝症（即癌症）治愈率最高的医生。有文件证明，他之前曾经治愈过一例黑素瘤。

[罗杰·史蒂芬斯] 正如弗雷泽医生所证实的那样，在妻子丽塔与其他家庭成员在场的情况下，鲍勃在动身前往德国之前接受了埃塞俄比亚东正教教会大主教阿布那·叶塞哈克为他施行的洗礼。

大主教阿布那·叶塞哈克：不少人以为，他之所以接受洗礼
是因为自知命不久矣，但事情不是这么回事。他是在身上再无任何压力时接受洗礼的，还痛哭着拥抱了自己的家人。他们一起哭了大约半个小时的时间。

[罗杰·史蒂芬斯] 此事仍旧存在大量争议。鲍勃其实是否接受了耶稣作为自己的救世主，从而拒绝了之前的信仰？ 2013年12月，我向内维尔·加里克提出了这个问题。

内维尔·加里克：不，我从没有这样看待过这个问题，不能

说鲍勃在自己的人生走到尽头时皈依了耶稣基督。

[罗杰·史蒂芬斯] 选择伊塞尔斯医生来为鲍勃治疗也引起了极大争议。据说，他还曾在第二次世界大战期间加入过纳粹党卫军。1960年，医疗机构力图关闭他的诊所。他入狱三个月后才于1964年洗脱了所有的罪名。审讯的结果为免疫生物学疗法在德国获批铺平了道路。据他的妻子所说，伊塞尔斯的癌症疗法能够长期彻底缓解晚期标准抗药癌症，令病人过上多年无癌的生活。

伊尔丝·玛丽·伊塞尔斯：在刚接受治疗的几个月中，鲍勃·马利的健康状况有了很大改善，可以再次踢球了。当然，乐观的情绪是有帮助的，而且他也看到其他重病患者正在逐渐康复。尽管身患重疾、正在接受治疗，他还是会在这里风景如画的山区长距离远足，似乎十分享受。鲍勃·马利的身边总有一位私人医生或朋友在场，而且从始至终都有亲友们围绕。所有人都非常宠爱他。我们镇上的居民也为鲍勃·马利能够住在这里而感到骄傲。

伊塞尔斯医生清楚，精神在疾病的发展与治愈过程中能够起到至关重要的作用——任何疾病都是如此。他会试图教会病人原谅——这是康复的第一步。净化心灵与身体，给心灵医生一个机会。医学上的医生和药物只是帮助身体自助的工具。和对待其他病人一样，他也在为鲍勃·马利树立坚定的信念。有一件事我是知道的：这是一段尊重与信任的关系。伊塞尔斯医生高度尊重鲍勃·马利的为人、信念、人生立场和毕生奋斗的目标。他们进行过许多长时间的谈话，内容不仅涉及医疗话题，还与人生、宗教、他的音乐与艺术有关。

辛迪·布雷克斯皮尔：他去世的那年年初，我曾在那里待过三个星期的时间。这令人心碎，你懂的。不过几个兄弟也在那里。"天才"在，"皮威"在。那算不上是一段快乐的时光，我觉得没有人会真心想要待在那里。这还用说嘛，尤其是可怜的鲍勃。到那时为止，癌症已经开始影响到他的半边脸颊了，还有一只手臂的使用等等。我是说，当你看着那个曾经如此活泼、身心都健康得令人难以置信且富于爱心的爱人竟会落得这个下场——我是说，他是个相信日常锻炼的人，不管是跑步、足球还是轻量级举重，他就是喜欢健身。要是你能看到鲍勃不穿上衣的照片，就能看出他有多健康，浑身上下没有一盎司的肥肉。看着他如此退化实在是令人难受。我的意思是，这不仅对我一个人来说十分艰难。我相信所有认识他、在乎他的人都会觉得这很无情。

[罗杰·史蒂芬斯] 鲍勃经常在德国演出。他在多特蒙德的最后一场演唱会是在室内举行的，门票销售一空。开场节目结束时，现场一万六千名观众反复呼喊"马——利、马——利"长达一分钟，震动了建筑的四壁。斯提凡·保罗录下了这场演唱会以及他在 1979 年"阳光普照"音乐节上的现身过程。

斯提凡·保罗：鲍勃是在纽约听说这名德国医生约瑟夫·伊塞尔斯的。我们认识伊塞尔斯身在德国的儿子，他和我制作人的儿子是同学。于是我们安排鲍勃赶往了巴伐利亚。10 月末，他到达那里时看上去虚弱无力、病入膏肓。我记得 1981 年 2 月的某段日子里，天下了很大的雪。他已经稍稍康复了一些，在雪中踢上了足球，还谈起了三四月份的巡演。尽管脏辫已经没有了，他有两个星期状况还是非常不错的。

我们在一间阶梯教室里向盖着毯子的他展示了 1979 年"阳光普照"音乐节的录像。他已经有一阵子没有见过自己的孩子们了，看到影片笑个不停。他不相信自己在舞台上竟然是这么跳舞的。

[罗杰·史蒂芬斯] 在鲍勃刚刚住进巴伐利亚诊所接受治疗

时,常年居住在洛杉矶的美国雷鬼歌手泽马也去了那里。1998年,她谈起了那段经历。

泽马:正如上帝所筹划的那样,1980年11月,我的母亲在德国山区疗养胜地罗塔赫－埃根的伊塞尔斯诊所接受癌症治疗。这时,鲍勃来了。她知道我喜欢鲍勃的音乐,便给我寄了一张德文报纸,上面的文章基本上就是在说,他是"第三世界的摇滚超级巨星",6月时还曾在德国为数以万计的观众演出,为有色人种的自由弹奏吉他,引吭高歌。文中声称,他罹患转移肺癌,病入膏肓,在美国癌症专家束手无策的情况下正在接受伊赛尔斯医生的治疗。

1981年2月,我抽出十天的时间前去探望我的妈妈,并参加了伊塞尔斯的抗癌项目。就大部分替代疗法来说,伊塞尔斯的项目并不容易。大部分病人来到诊所时已经在别的地方经历了失败、化疗、放射疗法,被自身疾病摧残得瘦弱不堪。不幸的是,鲍勃也已病入膏肓,只有在别人与他说话时才会说上两句。

我第一次见到他是在他进入诊所、朝着候诊室走去的时候。他刚刚切除了扁桃体,这也是项目的一部分。切除手术令他十分虚弱,身体有些不受控制。他的脏辫已经被剪掉了,按照典型的根源音乐风格半戴着一顶编织帽。没过多久,他就被医生叫走了。

诊所里几乎已经满员,很难被安排接受这种紫外线治疗——用紫外线集中照射身体某一部分四十五分钟。我就在鲍勃旁边,问他是如何应对这一切的,因为伊塞尔斯医生曾着重告诉过我:"不能用大麻!不能用大麻!"时间已经过去太久了,我记不清他具体是怎么回答的了,但是他提到自己还记得牙买加,好像几乎处于一种恍惚的状态。他缓慢而忧郁地描述着牙买加的美景——雪白的沙滩,温暖的阳光。

2月6日是鲍勃的生日。那段时间，他们邀请了诊所里的人到公寓来参加生日派对。趁很多人还没到场之前，他来到房间与我们开口聊了聊。我的妈妈告诉他，我是个音乐家。提到这一点，他让布克尔太太取出了吉他。她匆匆离开，拿来了两把吉他。他弹起了其中的一把，我则拿起了另一把。鲍勃弹琴的时间不太长，声音也不太大，也许就半个小时吧，只不过是即兴演奏。所有人似乎都为他还能弹吉他发自内心地感到高兴。在我的印象中，他已经再也不怎么弹琴了。丽塔、蒂龙·唐尼、鲍勃的朋友伯德那晚都在。他们准备了一个蛋糕，上面写着"生日快乐，雷鬼之王"，可我记得他们把"雷鬼"这个词拼错了。不幸的是，他大部分时间都在隔壁的房间里卧床不起。那之后没多久，上帝就把鲍勃接回家了。即便疾病让他瘦削得只剩下从前的一部分，他也还是风度翩翩。他看上去是如此的脆弱，不得其所。

[罗杰·史蒂芬斯]1981年4月末，刚刚当选牙买加总理的爱德华·西加给身在德国的鲍勃打来电话，要向他授予牙买加的最高荣誉——一等功勋章。鲍勃的反应仅仅是："大人物，如果你能这么做，那就做吧。"这说明，源自他口中"腐败政府体制"的一切都令他鄙夷。"腐败的政府体制。"鲍勃总是说，"是不会有果实的。"

5月初，伊塞尔斯医生表示，他再也没有什么能够帮助鲍勃的了。大家包了一架飞机，载着他返回佛罗里达，回到家人的怀抱中。

辛迪·布雷克斯皮尔：5月，他被送回迈阿密时，我在10日那天与他见了面，也就是他去世的前一天。我还带上了达米安，所以他见到了我。我们走进重症监护室时，他一眼就认出了我，说道："嗯，我以为你永远来不了了。"他是说，他以为我不会来了。于是我回答："不会的，伙计。我肯定是要来的。"他说："不，你不必这么做。"我说："是的，我必须这么做。"到了那个时候，他看上去已经大不相同了，老实说已然面目全非，几乎像个小男孩。他只是摸了摸达米安的手。

史蒂芬·马利：他对我说的最后几个字是"金钱买不来生命"。他就说了这些。"就在那里唱那首歌吧，《金钱买不来生命》。"他说，"你唱吧。"是的，剩下的交给他就好了。

齐格·马利：他对我说的最后几个字是："向上攀登的路上，带我上去；下来的路上，就让我坠落吧。"

[罗杰·史蒂芬斯] 在马利生命中的最后几个月中，他最初的搭档朱尼尔·布莱斯维特出现在了金斯顿。（悲惨的是，朱尼尔于 1999 年死于枪击。）

朱尼尔·布雷斯维特：我有时也会考虑返回牙买加，重新加入乐队。就连鲍勃·马利也表达过这样的想法。但时机不对。鲍勃去世时我在塔夫冈。因为鲍勃说过要让我们重新聚在一起唱歌的，对吗？于是我在塔夫冈等待他的到来，等他回家。他过去常会从德国打电话来，听我亲口和他聊聊天。我等待着、期待着他的到来，他却永远也无法回家了。我在塔夫冈待了一个星期的时间，四处徘徊，就睡在某个房间里，希望鲍勃能够回家。

[罗杰·史蒂芬斯]1976 年，爱德华·西加旗下的势力曾经试图刺杀鲍勃·马利（但必须注意的是，没有证据证明西加事先知道这一阴谋），而在鲍勃的葬礼上宣读悼词的人也是西加。在加勒比海地区的历史上，这场葬礼成了一场规模浩大的集会。逾百万名致哀者——全岛人口的一半——从金斯顿一路排到了他下葬的九里村。那一天，鲍勃结束了自己的工作，从家乡飞往天堂，在金斯顿城的上空留下了七条彩虹。

第 33 章 马利的遗产与哭泣者乐队最爱的歌

[罗杰·史蒂芬斯] 1969 年夏天，二十四岁的鲍勃·马利还住在母亲位于特拉华州的家中，并在那里与伊比斯·匹茨成为了朋友。匹茨在附近经营着一家小小的珠宝制作店铺，还有一间出售非洲艺术品的画廊。鲍勃告诉伊比斯和他的朋友迪昂·威尔逊，他将在三十六岁那年死去。

伊比斯·匹茨：迪昂是我的好朋友，曾和我一起在店里工作，从而也认识了内斯塔（鲍勃）。他经常在我们身边徘徊。内斯塔告诉我们，他在这个星球上的寿命比耶稣基督多不了几年。这话在某种程度上被我当成了耳旁风，但迪昂却还记得些细节。听说内斯塔去世的消息时，他说："内斯塔说过，他会在三十六岁时死去。1981 年，他去世的时候正好三十六岁。"我回答："哦，是啊，迪昂。"

[罗杰·史蒂芬斯] 鲍勃的母亲塞德拉·布克尔证实，伊比斯和迪昂曾在 20 世纪 60 年代向她提起过这个故事。鲍勃去世后，别人都热衷于谈论他的谦逊与慷慨。

柯林·莱斯利：鲍勃曾为许多人买过房子，却没有为自己买过什么。他睡在楼上的一张简易小床上，就在霍普路 56 号的车库楼上。在他的职业生涯接近尾声之际，他生活中的几个女子才判定这样的情况太糟糕了。我们需要为他布置一间像样的卧室，于是上楼为他订做了家具。有床，还有地毯。

鲍勃从未想过要飞黄腾达、为自己谋求美好舒适的生活，因为这不是鲍勃会去思考的事情。他从不想要这些。他想要的永远都是助人为乐，还曾经以为自己的职责之一就是分享手中拥有的一切。如果你愿意的话，他就是通往上帝的渠道；尽力帮助别人是他的职责所在。这在更大程度上是他个人的想法。

鲍勃从未想过要去什么地方、像个摇滚明星一样生活，他想要和自己的人民待在一起；伙计，他热爱人民，想要和人民待在一起。他这种人是不会抛下自己的"根"的，而是会留在那里。不管鲍勃·马利的名气变得多大，他是不会离开人民的。

[罗杰·史蒂芬斯]然而，尽管人流络绎不绝，他看上去却总是形单影只。

盖尔·麦克加里蒂：我一点儿也不记得自己曾和鲍勃过多地闲聊过什么。有的时候，他会变得无忧无虑，像个孩子似的，心情大好，着实欢快无比，还会露出灿烂的微笑。我还是拥有许多美好的回忆的：我们一起走向沙滩，一起在雷镇的根源音乐舞会上掀翻舞池。他曾经告诉过我，他喜欢和我相处的其中一个原因在于，我和他看上去很像。有一次，他准备动身外出巡演，非常想让我去机场送他。听说我觉得自己不能去时，我记得他是这么说的："你认为我有很多女人，有很多人可以去在乎，但其实我非常孤单。"这话说出来非常的悲哀——事实上，尽管身边围绕着那么多的人——沟镇和十二支派的所有食客随从、公牛湾小分队和一个个女子，还有那些我确信是真心爱他、敬重他的人——这位伟人还是时常感觉寂寞。寂寞与孤单是两件截然不同的事情。他从不孤单，但有那么多人在身边，他还是会时常回自己楼上的房间里一个人坐着，默不作声。这个时候，他就会拿起吉他。人们都很好奇，鲍勃什么时候有时间坐下来好好写歌呢？因为他的身边总是有无数个人。有些时候，他只能逃离人群，一个人独处。令人吃惊的是，鲍勃的内心深处是有些不安的，而且十分寂寞。

[罗杰·史蒂芬斯] 在尚未发行的纪录片《鲍勃·马利：与节奏在一起》（*Bob Marley: Stay with the Rhythm*）中，导演乔纳森·戴米采访了马利在九里村的一个亲戚。此人声称鲍勃曾经告诉他，他有十九个子女。1996 年，鲍勃的个人助理德西埃·史密斯在洛杉矶与我交谈时说起了鲍勃的父亲角色。

德西埃·史密斯：这些孩子的父亲对待他们其实非常严格，与他们说起话来就像在和大人打交道一样，批评他们时也会把他们当作大人来对待，举手投足间都同样地严苛。所以他们也十分地坚韧，知道是非对错。他对他们的要求和对成年人是一样强有力的。好让他们能够知道并拥有某种动力，分得清对错。从那时起，这就在他们的心中牢牢扎了根。我能从他们身上看得出来，这些孩子的气场都很强大，和他一样。

[罗杰·史蒂芬斯] 2012 年，期待已久的官方纪录电影《马利》发布。许多观众都为鲍勃在子女眼中真实的家长形象感到震惊。二十一年前，针对这一话题，我曾与丽塔和鲍勃的两个孩子齐格、塞德拉进行过讨论，并特别提起了鲍勃在他们的生活中总是缺席这一事实。

齐格·马利：我们从爸爸身上学到的最重要的一课就是永远都要坚强。不过这并不是他亲口教给我们的，而是我们在生活中观察周围的事情学来的。只要坚强就对了。正如他们所言，即便是面对死亡，你也必须坚强。

塞德拉·马利：我们的身边有许多好人。还有姨妈接管一切。在某种意义上，是她把我们养大的。我们的父母都不在，常有写歌之类的事情要做。鲍勃与妈妈回家的那天，我们就不必去上学——在此之前，我们都不曾意识到他们离开了。我从鲍勃身上学到的教训就是哪儿也不要去！我们什么地方都不能去。就是这么回事："哪儿也别去。你其实不需要太多的朋友。"这是真的。在你长大的过程中，所有人都想要拥有成千上万个朋友，但我们就不被允许。这一点让我十分厌烦。你还是个孩子，会想要跑到街对面去。爸爸不在的时候，我们不得不偷偷摸摸地过街，就好像他每次回来都会知道似的。

[罗杰·史蒂芬斯] 我不知道鲍勃有一次曾经追着齐格打他，后来又给他买了冰激凌的故事是否属实。齐格笑了，承认这是真的。

塞德拉·马利：你懂的，这像是他会做的事情。我觉得这是真的，因为你永远也不能相信太多的朋友。你明白，"人与人是如此的不公平——你最糟糕的朋友"，诸如此类的话。所以这是真的。你会遭到朋友的利用与虐待。我想这就是他很久以前就试图让我们明白的，也是我会教导孩子们的一件事。

[罗杰·史蒂芬斯] 1987年情人节，哭泣者乐队来到了位于洛杉矶瓦伦蒂诺街的雷鬼音乐档案馆。这是他们第一次看到自己作品的大规模集合：影片、视频、唱片、数百小时的演唱会录像带和其他未被发表的哭泣者乐队素材，还有装满了剪报、照片等东西的橱柜。乐队要在洛杉矶中转十个小时，从金斯顿前往新西兰，为将门票抢购一空的大批观众演出。那天晚上，我们观看了一段从未被公开过的三小时视频。其中大部分片段连乐队成员都不曾见过，包括鲍勃·马利与彼得·托什在1973年伦敦演唱会上的历史性瞬间、1976年的"微笑牙买加"演唱会、1979年的哈佛大学体育场阿曼德拉公益活动、1980年的津巴布韦独立庆典。

看完录像，我们谈起了每一位音乐家最喜欢自己与马利录制的哪几首歌曲。

朱尼尔·马尔文：我最喜欢的是《战争》。歌词出自海尔·塞拉西之手，其中的讯息针对的是现如今的人类。它是鲍勃唱过的最好的一首歌！每一次鲍勃唱起《战争》，都像是第一次，也是最后一次演唱它似的。陛下说，你们必须沉浸在《圣经》中。他发表这篇演讲时，并不是针对某个人说的，而是在面向全世界。不过人们还没有意识到这一点；在认知方面，他们是迟钝的。

卡尔顿·巴雷特：我最喜欢的歌是《永远慈爱的上帝》（*Forever Loving Jah*）。为什么？因为我们必须喜欢它！

阿尔·安德森：我会说是《根源》。他创作这首歌时我就在附近，目睹了它是如何被他想出来的。那是在牙买加，他就这样把歌词唱了出来，身旁围绕着形形色色的人：有些人在做饭，从而刺激了某些东西，引发了某些能量。我还没有见过谁是这么工作的，会利用眼前的所有元素，就这么把它们写进歌里。

"顾家男人"巴雷特：我的范围很广。那我就给你三首歌好了！首先是《言之不尽》（*So Much Thing to Say*）和《愧疚》（*Guiltinessa*）（"每天停留在他们的良心上"），还有《起来，站起来》（"为了你们的权利"）。

厄尔·"怀亚"林铎：《对峙》（*Confrontation*）专辑是最严肃的。《致谢》（*Give Thanks*）和《跳吧，奈亚宾尼》（*Jump Nyabinghi*）。我喜欢《对峙》专辑里所有的歌，其中几首非常不错。

阿尔文·"西科"帕特森：我的要属《傻瓜的脏辫》。这首歌里有我的参与！我觉得其中有几句歌词是我写的。

[罗杰·史蒂芬斯]据说鲍勃的歌都是大家一起创作的。乐队会坐在门廊或录音室里，随口对他说些歌词，他就能把它们编

进一首曲子中；若是找到什么自己喜欢的内容，他还会进行进一步处理。

创作有时就是这样进行的。我们都是合著者。

朱尼尔·马尔文：鲍勃过去常会给我出主意。但是例如我在《徒劳等待》中的独奏就是自己在梦里想出来的。我听了那首歌，然后试了一次，说道："好的，我明天来弹。"回家睡了一觉回来，我第一遍就弹了出来。我在睡梦中还想着这首歌。它就是这么来的。

[罗杰·史蒂芬斯] 倒数他此生最后时光的歌词成了他的告别专辑《起义》一面中的最后一首歌曲。这也是他在匹兹堡的告别演出中唱过的最后一首歌曲（与《起来，站起来》联唱）。

多年之后，"怀亚"与朱尼尔谈起了自己最喜欢的演唱会。

厄尔·"怀亚"林铎：我觉得跟随鲍勃在伦敦参加的埃塞俄比亚庆典是我最喜欢的演出。那是 1978 年的一场慈善表演。演出的特别之处在于它的势头与发展。演出之前，伦敦到处都在宣传此事。那天晚上，我觉得他格外起劲，并不是仅仅把它当作另外一次表演。正是这场演出使他在人们心中留下了深刻的印象，他做到了，成了一个明星。

朱尼尔·马尔文：对我来说，每一场演唱会都是最精彩的，而且场场都略有不同。以我们看待事情的方式来说，每一场演唱会都是我们的第一场，也是最后一场演出。这都是受了鲍勃的影响，我们现在也是这么以为的。如今，他的影响力其实已经感染了雷鬼乐界所有的先驱。这就是雷鬼乐的基础，精神基础。没有精神基础，你是走不远的。钱财和其他任何东西都只是其中的一部分。钱财买不来生命，但精神基础却能永恒。

后记

鲍勃去世后的十几年，马利家族的故事令人悲叹，官司缠身。丽塔遭到控告，说她为了将马利的财产转移到自己名下，伪造了某些文件，还将其中一些文件的日期提前了不少。她承认自己曾按马利律师与会计师的建议做过此事。这些人也被判欺诈罪，成了共谋。她面临的指控得以撤销，可她却被移出了遗嘱执行人的名单。数年来，这笔遗产的监管都由牙买加的新西加政权接管。最终，十一个子女每人继承了一百万美元，其中还包括三个与马利没有血缘关系的孩子。

鲍勃预言雷鬼乐的影响力将越来越大，直到触及对的人群。他这话所针对的也许正是他自己，因为他也成为了 20 世纪最永恒的超级巨星之一。

1994 年，他成了第三世界国家中第一个入主摇滚名人堂与博物馆的人。千年之末，《纽约时报》盛赞他为 20 世纪下半叶最具影响力的音乐艺术家。与此同时，注定将在下一个千年——3000 年伊始之际被打开的时间胶囊中被放入了马利在 1977 年彩虹演唱会中的视频，作为 20 世纪最精彩的音乐时刻典范。

《时代》杂志选择了《出埃及记》为世纪最佳唱片。在英国国家广播电台的二十四小时全球千年庆典报道中，《唯一的爱》被当作千年主题歌，每个小时开场时都会播放某个当地译文的版本。格莱美终身成就奖、好莱坞大道上的一颗星，《燃烧》专辑

齐格·马利 | Ziggy Marley
图为他与旋律创造者乐队遭拒绝的首张专辑，1991 年摄于洛杉矶雷鬼音乐档案馆

入选美国国会图书馆的历史重要音乐档案——这些全都表明他的作品永远都不会被遗忘。

马利去世后最伟大的热门专辑《传奇》(Legend) 独树一帜，是《公告牌》杂志的入选专辑排行榜中登榜时间最长的专辑，1984 年至今时常傲居榜首。

在社交媒体的时代，鲍勃·马利的追随者在近代所有的名人中位列第二，其脸书网主页吸引了超过六千万名粉丝。

他的好几个子女、孙辈的唱片事业都非常成功。他们在斩获格莱美奖的同时，也会带着鲍勃的曲目和自己的热门歌曲展开世界巡演。

鲍勃·马利——毋庸置疑的雷鬼之王——肯定会心满意足的。

（全书完）

雷鬼之王：鲍勃·马利传

产品经理｜王　浩	技术编辑｜陈　杰
产品监制｜黄圆苑	责任印制｜刘世乐
装帧设计｜brossaille私制	出品人｜于　桐

图书在版编目（CIP）数据

雷鬼之王:鲍勃·马利传 /（美）罗杰·史蒂芬斯
著；黄瑶译. -- 上海：上海文化出版社, 2021.5
ISBN 978-7-5535-2255-5

Ⅰ.①雷… Ⅱ.①罗…②黄… Ⅲ.①马雷(Marley,
Bob 1945-1981)- 传记②马雷(Marley, Bob 1945-1981)
Ⅳ.①K837.545.7

中国版本图书馆CIP数据核字(2021)第058879号

著作权合同登记号：图字09-2020-889号

出 版 人：姜逸青
责任编辑：顾杏娣
特约编辑：王 浩
装帧设计：broussaille 私制

书　　名：雷鬼之王:鲍勃·马利传
作　　者：[美]罗杰·史蒂芬斯
译　　者：黄瑶
出　　版：上海世纪出版集团 上海文化出版社
地　　址：上海市绍兴路7号　200020
发　　行：果麦文化传媒股份有限公司
印　　刷：北京盛通印刷股份有限公司
开　　本：840mm×1092mm　1/32
印　　张：11.75
字　　数：244千字
印　　次：2021年5月第1版　2021年5月第1次印刷
印　　数：1-5,000
书　　号：ISBN 978-7-5535-2255-5 / K·245
定　　价：68.00元

如发现印装质量问题，影响阅读，请联系021—64386496调换。